U0595296

歷代全集叢刊／張印棟主編

許文正公遺書十五種

（元）許衡　撰

河南人民出版社

圖書在版編目(CIP)數據

許文正公遺書十五種 / (元) 許衡撰. —鄭州 : 河南人民出版社, 2018. 1

(歷代全集叢刊 / 張印棟主編)

ISBN 978 - 7 - 215 - 11036 - 6

Ⅰ. ①許… Ⅱ. ①許… Ⅲ. ①許衡(1209 - 1281) - 文集 Ⅳ. ①B244.995 - 53

中國版本圖書館 CIP 數據核字(2017)第 286037 號

河南人民出版社出版發行

(地址 : 鄭州市經五路 66 號 郵政編碼 : 450002 電話 : 65788063)

新華書店經銷 河南新華印刷集團有限公司印刷

開本 710 毫米×1000 毫米 1/16 印張 41.5

字數 492 千字

2018 年 1 月第 1 版 2018 年 1 月第 1 次印刷

定價 : 332.00 圓

出版前言

無論是思想體系的發展，還是社會的進步，在一定的時間段之内，都會經歷從宏觀到微觀的發展過程。這一過程也是一個漫長的不斷演化、完善的進程,其間會經歷曲折、反復,甚至可能出現倒退,但終將走向巔峰,從而進入一個更高級的階段。

春秋戰國時期，諸子争鳴，百花齊放，從而建立了中國的各類學術思想體系。這些學術思想體系的誕生，爲之後兩千多年中國學術思想的發展定型，創制基本架構。從西漢開始，儒學確立統治地位，隨之而來的是以經學、文學、史學爲代表，逐漸開始微觀化研究、實踐、發展，在不斷融合外來文明的同時，持續補正、深化本民族的本體學術思想體系。在此期間，漢代、唐宋、明代可稱爲代表，而清代則登峰造極，把中國傳統學術思想體系從各個方面全面梳理、歸納、綜覈。到清末民初，近代思潮勃興，中國學術思想體系進入了一個新的發展時期。

從政治制度上講，先秦以來，隨着疆域的擴張，人口的增加，經濟的發展，政治理論不斷創新、完善，新的機制、新的運行框架不斷出現，逐漸形成了適應這片遼闊土地的成熟制度，也讓以農業爲主體的中國成爲世界上的幾大强國之一。其中，漢、唐、明、清仍是代表時期。可以説，一個王朝、一個國家的興盛發達、長治久安必然伴隨着政治制度的改革和創新，而這都離不開微觀化的研究和實踐。

進入現代社會，無論是政治制度，還是學術思想體系，都隨着社會的巨大變化,社會分工的不斷細化,也都呈現出越來越微觀化的顯著特徵。

影響到對傳統文化的研究，也同時呈現出局部、行業、專題、個體性等等的微觀化趨勢。

每一次的社會進步、學術思想的繁榮，都必然出現集大成者、標志性的人物。這些人物歷來都是學者研究的重點，也是每一個人效仿的標杆。隨之而來的就是個人全集的興起。

唐宋時就有匯輯某一個人各類著作的全集出現。到明代，無論是編輯前人著作全集，還是匯編本人著作全集，亦或是編刻當代人物全集，都已經成爲那時的時尚風氣。進入清代以後，編纂家族成員全集更是幾乎成爲每一個家族的使命，也是學者的一個必然追求。這一風氣一直影響到當代中國。

"歷代全集叢刊"正是順應當代學術研究趨勢的一個選擇。

該叢刊選取唐以來在各個方面、各個時期有價值的個人著作全集，其來源有三類。一類是以往刊刻的全集，一類是過往叢書中已經全部匯集刊刻但未命名的全集，一類是我們據已刊散本匯編的個人全集。

這些全集均以影印方式出版。除了盡量選取最好、最全的版本，如有近人輯録的逸文、逸作，也盡量以附録的形式補入。

個人全集不僅是研究某一個重要歷史人物的最重要、最原始的資料，更是某一個歷史時期、某一種學術領域的代表性載體，其中往往記載了最原始的細節過程，若取一個時期衆人的記載，我們就能够還原一段歲月，因此，從某種程度上，可以説這就是一段歷史，而且是無比具象化、能引領人們身臨其中的一段歷史。

新中國以前的全集都是以個人、家族、地區性人物著作集形式小規模刊刻，尚未有大規模集成出版者。"歷代全集叢刊"也算是順應當下學術研究和社會的需求而生，或能于國學的勃興、學術的繁榮貢獻一臂之力。

編　語

許衡是元初理學家、教育家、天文歷法學家，其學問道德被推許爲“元朝一人”。

其著作數量卷帙并不太多，然影響所及始終不衰。明代正德年間，彭澤、何瑭等收拾其遺著，編纂爲《魯齋全書》。其時，《孝經直説》、《孟子標題》、《詩譜》等書就已失傳。嘉靖時蕭鳴鳳等重加整理、校勘，命名爲《魯齋遺書》，後被收入《四庫全書》。明萬歷年間出現六卷本《魯齋先生集》、清乾隆時又出現《許文正公遺書》。這幾種互有出入，而尤以《許文正公遺書》所收爲全，晚清基本以此本刊刻流傳，今所影印本爲清光緒十三年傳經堂刻本。

目　録

許文正公遺書

光緒丁亥春
仲旣望開雕

許文正公遺書總目

稽古千文　編年歌括

卷十一

古風　絶句　律詩　樂府

卷十二

授時歷經

卷末附錄

國學事蹟　神道碑　本傳　名儒論贊

祭文　記

右魯齋先生集十二卷首末各一卷此乾隆中祠堂本也較明本爲備然語錄中閒有脱句並遺六條今補入其餘原文闕誤悉仍其舊惟首末兩卷搜錄雖詳而意或重複亦未能發明先生之道謹

削去之但存其要者而已前歲刻鄭治亭所編先生年譜序引楊園張氏謂先生臨終悔其生平爲虛名所累不能辭官戒勿請謚立碑是以仕元爲不幸雖敬其人而未嘗不悲其遇今讀純

皇帝御論乃知先生仕元本無可疑臨終之言未足爲據然竊謂卽先生實有悔語亦斷非仕元之故蓋自古聖賢之仕將以行道道之不行或行矣而不得遂其志其心必有大不樂者孔子之未嘗終三年淹孟子辭萬鍾之養程朱之辭職致仕亦審於進退之義而已先生當世祖時仕不受祿人以爲高先生喟然嘆曰甚矣予之不幸而有是名也仕豈有不受祿者哉食求無忝而已先生去官

世祖賜之勅書先生懸梁上不以示人及卒發視之乃勅書也嗚呼即此可以知先生臨終之言之意矣先生以孔孟程朱爲法者也學者即以孔孟程朱論先生可矣光緒丁亥秋八月戊申賀瑞麟謹識

許文正公遺書卷首

聖祖仁皇帝御製贊

大儒之生與君相等應運乘時月輝日炳出處皦然

頑廉懦警致君澤民非寶非徑

御論理學源流

性理之學自周程授受粹然孔孟淵源同時如張如

邵又相與倡和而發明之從遊如呂如楊如謝如尹

又相與賡續而表章之朱子生於其後紹述周程參

取張邵斟酌於其及門諸子之同異是非然後孔孟

之指粲然明白道術一歸於正焉宋元諸儒皆所流

衍之支派宋之真元之許則其最醇者也

康熙五十六年春二月

御祭文

維乾隆十五年九月二十五日

皇帝遣戸部右侍郎伍齡安致祭於

元儒許衡之墓曰惟爾性姿穎異學術眞醇識不囿於時師早負過人之目功必要於實踐蔚爲名世之材曳組中書君相傾心於王政授經國學生徒引領於儒宗考天象以授人時正積年之差式定朝儀而立官制開一代之規模遺烈未湮追崇宜厚朕升中俊嶽考道滎河經梓里而念前徽徘徊古跡望塋堂而懷令範寤想餘風爰命有司恪修祀事神其不遠尚或來歆

御製批鑑闡要

續綱目因許衡病革戒子之語遂於其卒不具官實乖書法之正論者或謂衡不當仕元削以示貶或謂元不得而臣之變例不書二說皆悖於理夫衡未爲宋臣仕元並非失節需才擇主遇合自然有何可貶而既已身膺膴仕食祿登朝本非肥遯鳴高又豈得違君臣定分二說之謬固不待辨自明至衡之於元聞召即往且云不如此則道不行乃既得志行道忽於易簀時悔其平生不能辭官死後囑勿立碑請謚此非彌留亂命則是後人曲爲之說衡故名儒不應前後矛盾若此特改書官爵以糾續綱目之失且摘諸家曲說闢而正之

乾隆三十二年歲次丁亥

御製古槐重榮詩并序

黌宮嘉蔭樹遺蹟緬前賢初植至元歲重榮辛未年奇同曲阜檜靈紀易林乾徵瑞作人化符祥介壽筵高柯應芹藻翠葉潤觚編右相非誇繪由來事可傳

國學古槐一株元臣許衡所植閱歲既久枯而復榮當辛未一枝再茁之初適

慈寧六旬萬壽之歲槐市諸生傳爲瑞事大學士蔣溥繪圖以紀曾題六韻卷中監臣觀保等請勒石講堂垂

示久遠書以賜之

乾隆己卯長至月

象贊
三
傳經堂藏書

贊

氣私而志剛外圓而內方隨時屈伸與道翱翔或躬耕太行之麓或判事中書之堂布褐蓬茅不爲荒涼珪組軒冕不爲輝光虛舟江湖晴雲卷舒上友千古誰與爲徒管幼安王彥方元魯山陽道州蓋異世而同符者也元王磐

濂洛之學傳自武夷重徽疊照日星昭垂逮我許公爵聞行知若親摳衣寒泉之湄張皇幽眇釐析毫絲如皋陶淑問畢其情辭如后羿注矢不失其馳既入閫域遂升堂基橫經胄監衿佩鏘如袪其人私牖其天彝釋其偏岐挽其九衢德成財達昭用於時黼黻帝治甄陶泰熙明體適用公實庶幾無德弗報四海

祝尸嗚呼許公百世之師 明宋濂

魯齋余誠實仰慕竊不自揆妄爲之言曰其質粹其識高其學純其行篤其教人有序其條理精密其規模廣大其胸次洒落其志量宏毅又不爲浮靡無益之言而有厭文弊從先進之意朱子之後一人而已 薛瑄

嗚呼此魯齋先生許公像也蓋願學孔子者公之志美而且大者公之造用夏變夷者公之心而祥雲瑞日則公之貌也當時有言曰南有草廬北有魯齋嗚呼此河津夫子不能無歉於懷者與 王九思

聖賢之學帝王之佐生顧匪辰業則已大敍此彝倫光我華夏人或以仕元爲之辭吾以爲功不在禹下

康海

猗歟夫子以顏子之質成孟子之功時行則行時止則止深有合乎孔氏之遺風其爲人也忠信篤敬其爲論也博大淵通他如奏議之剴切技藝之精工有以見仁人之用心而得道者之不窮余嘗有論云春秋之時可以無顏子戰國之時不可無孟子以是歸之夫子將毋同　國朝白壽宸

考歲略續

己巳（金）永濟大安元年此行實金史綱目所紀神道碑元史本傳作泰和九年蓋據年前故主已頒之歷與九月某日神道碑作丙寅按宋金元史九月無斯日許公生公諱衡字仲平覃懷河內人也父通以避地故流寓新鄭陽緩里而生公幼有異質賦性端慤與羣兒嬉即晝坐作進退周旋之節羣兒莫敢犯年七八歲入學授章句過目輒不忘一日問讀書欲何爲師曰取科第耳曰如斯而已乎師大奇之謂其父母曰兒穎悟不凡他日必有大過人者流離之際吾聊以遣日豈能爲之師乎遂辭去如是者凡更三師亂後公知二師皆遇難而無後每歲時設位祭之終身年十餘有道士見之驚曰骨清神完目光射人當爲命世大賢人閒富貴不足道也但兩頷頗暗清節有餘而安逸不足惜乎父母俱不得而見之

甲申年一十有六舅氏適典縣史從受吏事參摭名議考求立法用刑之原久之以應辦宣宗山陵州縣追呼旁午代舅氏分辦因見執政方怒舅氏不敢見及見公應對則以溫言撫慰及還嘆曰民不聊生而日事督責以自免吾不爲也遂不復詣縣而決意求學然遭世亂且貧無書時歲飢民食橡栗或易子而食公聞人有書郎往求觀其父危之每與俱往嘗從日者家見尚書疏義皆散亂毀缺凡三往就宿鈔歸讀之卽能有所開悟由是刻意墳典欲求古者爲治爲學之序操心行己之方一言一行必質諸書雖備極艱阻亦未嘗稍廢學焉

壬辰八月蒙古師次新鄭九月公爲游騎所得九日思親五言絕句詩疑此時所作引義曲譬卒死於難時年二十有四

癸巳年二十有五是歲蒙古滅金河北稍定北往渡河由河陽有梨雖無主吾心獨無主乎之語東去隱徂徠山始得王弼易註晝誦夜思身體而力踐之既轉魯寓魏今大名府故城人見其有德稍稍從之扁其齋曰魯世因號曰魯齋先生

丁酉蒙古太宗九年遣官校儒士於河朔魏人力勸應試時年二十有九既中選占籍爲儒留魏三年始還懷

庚子年三十二由懷入洛求弟衎得之因懷政暴虐又東去隱居大名垂絳講論學者翕然歸之時肥鄉縣名隸廣平府竇默字子聲初名傑字漢卿謚文正亦隱於魏與語深加敬遇焉

壬寅年三十有四時柳城隸永平府姚樞字公茂謚文獻棄官隱居蘇門在衛輝府輝縣治西北五里傳授趙復字仁甫湖北德安府人宋末講學江漢之上學者稱爲江漢先生蒙古陷其城獲之命主燕京太極書院伊洛之學公詣求之得伊川

易傳晦庵論孟集註大學中庸章句及或問小學等書讀之深有默契一一手寫還魏聚徒謂之曰昔所授受殊孟浪也今始聞進學之序若必欲相從當悉棄前日所學章句之習從事於洒掃應對以爲進德之基不然當求他師衆皆曰唯遂悉取向來簡帙焚之使無大小皆自小學入時諸生出入惴栗惟謹客至則歡然迎而接使之惻然動念漸濡善意而後出公亦旦夕精讀不輟篤志力行以身先之雖隆冬盛暑不廢也公平生嗜朱子學不啻飢渴凡指示學者一以朱子爲主或質以他書則曰賢且專主一家則心不亂及江左混一始得閱其全文亦病其太多

戊申著揲蓍說時年四十歲

己酉年四十一自得伊洛之學冰釋理順美如芻豢嘗謂終夜以思不知手之舞之足之蹈之公於書於易尤多

致力有讀易私言一卷然每學者請問則必從事於小學卒未嘗以此語也右庚子至斯俱館大名所謂又十載羈棲古魏城是也

庚戌春自魏力疾還鄉里年四十二過衛聞懷之政猶虐遂移家蘇門與姚樞竇默日事講習凡經傳子史禮樂星歷兵刑食貨之類靡不研精慨然以斯道為己任嘗語人曰綱常不可一日亡於天下苟在上者無以任之則在下之任也

甲寅憲宗四年徵為京兆教授時世祖龍潛藩位以河南關中湯沐之地命廉希憲為宣撫使希憲嘗進公廬諮訪治道繼思所以化秦人遣使徵之公自蘇門避於大名使者訪焉乃偕往時年四十有六

乙卯二月朔詔以公為京兆提學時年四十有七從廉希憲請也

公屢辭不許仍詔須俸給之力拒不受往返凡六七不能强也時著小學大義以教學者後世祖南征始還懷

庚申世祖中統元年帝即祚開平時年五十有二詔公乘驛北上按丙辰憲宗六年世祖在潛邸命劉秉忠相宅於桓州東灤水北之龍崗遂城焉號曰開平至是世祖即位於此迨甲子至元元年世祖遷都於燕號曰中都以開平闕庭所在號曰上京亦曰上都至元八年復加號燕京為大都入見問所學曰孔子問所長曰虛名無實誤達聖聽問所能曰勤力務農教授童蒙問科舉何如曰不能帝曰卿言務實科舉虛誕朕所不取七月還燕初公北上道謁劉靜修先生劉謂之曰公一聘而起毋乃太速乎曰不如此則道不行至元中徵劉靜修至再以疾辭或問之曰不如此則道不尊

辛酉年五十三三月詔自燕至開平帝問竇默曰朕欲求如唐魏徵者有其人乎默曰犯顏諫爭剛毅不屈許衡其人也故有是召時王文統字以道以言利進為平

章政事公與姚樞入侍言治亂休戚必以義爲主文統患之且竇默與王鶚（字百一曹州東明人謚文康）復於帝前面斥文統學術不正久居相位必禍天下帝曰然則誰可相者默曰以臣觀之無如許衡帝不懌而罷文統益憾之五月（本紀作八月誤）奏授姚太子太師竇太子太傅公太子太保外佯尊之內實不欲其備顧問也公毅然以爲不可乃與姚竇懷麻力辭於闕下凡數日始從其請改授姚大司農竇翰林學士公國子祭酒尋公奉旨集唐虞以來嘉言善政爲書以進帝令王恂（字敬甫中山唐縣人謚文肅子寬賓並從公游）日侍講解且命皇子真金受業焉後公侍上言論多與王文統不合九月（本紀作七月誤）以疾辭得告南還仍賜詔卽家敎授懷孟生徒

壬戌九月詔入開平病止於燕時年五十有四假館道庵中凡權貴豪右延請皆不往惟姚竇二公時時相過始終如一初中書左丞張文謙字仲謙邢州沙河人謚文靖見公屢請執弟子禮力拒而止謙素以復古進賢爲己任一時豪俊多所薦拔士大夫多依賴之然性褊數忤權幸故被譴責至是遣人求言公貽書曰弔者在門慶者在閭一倚一伏孰知其初君子存誠克己就義始若甚難終知甚易可委者命可憑者天人無率爾事有偶然舍苗不耘固爲有害助而揠之其害甚大既徵於色又發於聲天道無他庸玉汝成後仲謙每詣公所辨析窮究至忘寢食故史稱仲謙晚交許公尤粹於義理之學云

甲子世祖至元元年年五十有六正月固懇還懷許之公自壬戌至燕辭歸頻數至是始聽其還六月迅雷起中

堂時卜築於此而未遷也公與一二從者覘役其下雷
雨驟至火光滿室墁匠從者仆地而公弗動也
乙丑十月詔爲中書左丞郎陳雷震不宜入見帝不許十
二月奉旨入省議事復以疾辭不拜丞相安童素聞公
名心慕之乃親候其館與語良久既還心悅誠服念念
不釋者累日謂左右曰若輩自謂相去幾何蓋十百而
千萬也是豈繒繳之可及耶（時年五十有七）
丙寅年五十有八上幸檀州（今順天密雲縣在燕京東北一百三十里）詔赴行
在入見諭之曰竇漢卿獨言王文統當時卿何爲徇情
不言豈孔子教法使卿若是耶卿不遵孔子教法自若
是耶往者不咎今後勿爾也是云是非云非可者行不
可者勿行我今召卿無他省中事前雖命卿卿意猶未悉

今面命卿人皆譽卿想有其實卿之名分其斟酌在我國家所以無失百姓所以得安其謀謨在卿謂卿年老未爲老謂卿年小不爲小正當黽勉從事毋負平生所學安童尙幼苦未更事卿謹輔導之卿有嘉謨先告安童以達於我我將擇焉對曰聖人之道至大至遠而學者所得有深淺臣平生雖讀其書所得甚淺今既叨特命願罄所知者言之所不知者不能强也安童聰明且有執持告以古人言論悉能領解臣以所知者盡告之但慮中有人間之則難行外用勢力納入其中則難行臣入省之日淺淺見若此未知是否

夏四月自中都分省召至上都屢蒙訪問上疏陳時務五事未幾還燕以疾不復入省元史本紀云九月戊申拜國子祭酒疑或失實

故未敘入十二月寓崇天觀著陰陽消長論

丁卯正月謝病還懷十一月復徵入中都時年五十有九

己巳年六十一二月詔與太保劉秉忠順德邢臺人徐世隆陳州西華人等同定朝儀儀成奏上之帝御高果後行宮觀之大悅舉酒賜之

八月又詔與劉太保王恂張文謙詳定官制公等歷考古今設官分職之本沿革之由與夫上下統屬之序其權攝增置行之有弊者率皆不取自省部郡縣體統之正左右臺院輔弼之制內外百司聯屬控制之差后妃儲藩隆殺之防悉圖為定制以聞翌日使集公卿雜議中書院臺行移之體公曰中書佐天子總國政院臺宜具呈時商挺在樞密高鳴在臺皆不樂欲定為咨稟因

大言以動公曰院臺皆宗親大臣若一忤禍不可測公曰吾論國制耳何與於人遂以其言質帝前帝曰衡言是也朕意亦若是時至元六年也右定官制偏考諸書倶紀爲是年事獨綱目續編紀於中統元年採元史百官志作分註今附於左俾來者參閱焉〔續編〕分註蒙古自太祖以來諸事草創設官甚簡以斷事官爲至重之任位三公上丞相謂之大必闍赤掌兵柄者則左右萬戶而已後稍倣金制置行省及元帥宣撫等官至是帝即位大新制作遂命許衡劉秉忠等酌古今之宜定內外官制其總政務者曰中書省秉兵柄者曰樞密院司黜陟者曰御史臺其次內則有寺監院司衛府外則有行省行臺宣慰廉訪牧民則有路州府縣於是一代之制始備

庚午年六十二正月詔爲中書左丞辭不允時阿合馬總尚書六部事典民與財又命其子忽辛簽樞密之任典兵柄公獨以爲不可奏曰此反側之道也上以語西相相詰曰君何以言吾反公曰吾言前世之反者皆由權

東北隅復營城闕而遷都焉仍號曰中都時呼新城爲北城舊城爲南城舊樞密院公聞命喜曰此吾事也居太學二年餘凡設敎之方訓迪之辭備載後國學事蹟內所著大學要略大中直解並稽古千文編年歌括俱以次載入各卷中

癸酉年六十有五時權臣阿合馬屢毁成法國學廪餼又不繼諸生多引去時有學者治生最爲先務之語由是以改葬親喪請歸四月召赴上都遂請朝辭以行帝以問翰林學士王磐字鹿庵一字文炳廣平永年人卒謚文忠磐以勿聽其去對又命諸老臣議其去留竇默謂許公出處關世道之隆污其自處審矣今日直當以聖賢待之我輩不可彊也遂合辭奏曰國學設立於今三年敎專嚴謹諸生學問進長許衡所以告歸之意言爲年老殘疾上世有數喪未葬欲歸了

此事其意甚哀此係人子孝道之事宜賜允從帝許之公還懷簡絕人事常處山下課童僕事耕墾居家勤儉强於自治公愛兼盡不嚴而整閨門之內若朝廷然夫婦相待如賓而夫人謙順自牧周旋道義公亦賴其內助焉凡喪葬葬親喪於李封村東二里許修武界先塋內一遵古禮不用佛老懷孟化之四方聞風亦多效之者每遇僧人未嘗面抵其非但從容款語其人已不覺內愧發赤悔其陷溺之深也時有僧德公者年百餘歲嘗謂其徒曰老僧苦行百年亦不能作佛徒爲不孝之人羞見祖宗於地下但願小僧輩還俗以壽汝祖宗之嗣比化不復度弟子蓋化之也

丙子年六十有八六月召訂歷法帝以承用大明歷歲久浸差命王恂與江南日官更造新歷以樞密副使張易董其事易恂奏歷家徒知歷數罕明歷理宜得耆儒許

重君誠不反何爲由其道相復之曰君實反耳人所嗜好者勢力爵祿聲色君一切不好欲得人心非反而何公曰果以君言得罪亦無所辭由是阿合馬銜之亟薦公宜在中書欲因事中之俄而果除左丞公辭於帝曰臣之所以不敢承受者有三一則一芥書生遽當大任非勳非舊不足以服內外之人二則無德無才不能辦陛下責任之事三則臣學迂遠恐於聖謨神筭未盡脗合陛下知臣未盡信臣未至直以虛名誤蒙採擢臣若不自度冒當聖眷其旋至悔吝必矣上曰此事皆出朕意無復多讓後連日求辭不允公在署命牙儈雇一僕役特選一能應對嫻禮節者進卻之日特欲老實耳他日領一蓬頭垢面之人至遂用之儈請其故公曰馬騎上等馬牛用中等牛人使下等人馬上等能致遠牛中等良善人下等易馴若其聰明過我則我反爲所使矣郎如司馬相公家一僕

三十年止稱君實秀才蘇子瞻來謁聞而敎之明日改稱大參相公司馬驚問以實告曰好一僕被蘇東坡敎壞了這便是樣子

五月從幸上京具奏阿合馬專權罔上蠹國害民若干事不報乃謝病請解機務不允初公劾阿合馬時或曰先生夜處疎闊無他妨備猝有橫逆柰何公曰主上在此何敢乃爾脫或有之亦命也人生不應有如許計較

辛未蒙古改國號曰元四月以公爲集賢大學士兼國子祭酒時年六十有三先是竇默言於帝曰三代所以歷數長久風俗純粹者皆自設學養士所致方今宜建學立師博選貴族子弟士民俊秀者敎之以示風化之本張文謙繼以爲請會公求罷左丞益力帝乃改除集賢大學士兼國子祭酒俾主敎事詔設學於南城按丁卯至元四年詔於燕京之

衡商訂之乃召至大都斯歲有汰冗官疏

丁丑年六十有九上生民利害疏

戊寅春二月拜集賢大學士兼國子祭酒教領太史院事

初公至京師嘗謂金雖改歷止因宋紀元歷微加增益況冬至者歷之本而求歷本者在驗氣測驗之器莫先儀表今司天渾儀宋皇祐中汴京所造不與大都天度相符比量南北二極約差四度表石年深亦復欹側乃與王恂等奏請建司天臺於大都新製儀象圭表皆銅爲之又增銅表高至四十尺則景長而眞復請於上都洛陽等處分置儀表各選監候官分道測驗從之至是詔設史院命公領其事焉斯歲上從公言遣使取杭州等處在官書籍板刻之京師

庚辰年七十有二承命改歷與郭守敬王恂等自丙子冬

日至斯測驗已周時著歷經二卷二月率太史院諸臣楊恭懿字元甫陝右人等入朝上奏帝謂公及恭懿曰二卿老矣勿自勞也命賜坐讀奏帝覽之大喜名曰授時新歷詔次年頒行天下

八月致仕還懷公自入史院恩眷日隆上每北還必問安否病則賜藥賜杖是年六月疾益進屢請致仕至斯始聽其歸

辛巳年七十有三病革醫者診之曰偏陰偏陽之謂疾今六脈皆平先生其少瘳乎公曰久病而脈平者不治吾殆將不起矣遂不服藥適春祠公曰吾一日未死寧不有事於祖考力疾奠獻如儀既徹家人餕怡怡如也越旬餘曳杖於門曰予心怦怦然瞑目坐久之曰死生何異人精神能有幾世事何時窮遂發嘆歌子朱子睡起

林風瑟瑟，覺來山月團團。身心無累久輕安，況有清涼池館。句穩翻嫌白俗，情高卻笑郊寒。蘭膏元自少陵殘，好處金章不換。歌罷，奄然而逝，時三月戊戌初二日也。朝野識與不識，聞訃哀傷，以爲斯道斯民之不幸。公嘗語子師可曰：我平生爲虛名所累，竟不能辭官。死後慎勿請謚立碑，但書許某之墓四字，使子孫識其處足矣。賢耶，不賢耶，碑於人何有？四月乙酉葬李封村先塋之南。敕賜塋内，從其治命，葬而無碑。時蒲人王楫年踰六十，衰絰赴葬。司賓者辭曰：門人衰禮與？楫曰：吾師也。術藝之師與書吏之師與，吾猶懼報之無從也，吾終以愧夫王通之門人耳。

昔王文忠公磐襟宇蓋世，少所許可，每與公語，則曰：先生神明也，磐老矣，徒增愧縮爾。及公訃音至，則曰：設若朝廷賜謚，非文正不可，後世有知公者，不易磐之言矣。

大德元年成宗詔贈司徒封榮祿大夫平章政事謚文

正元統三年順帝敕賜神道碑文樹諸墓左

元朝詔誥

咨爾許衡天資雄厚經學精專大凡講論之閒深得聖賢之奧受罰者恐陳君所短爲盜者畏王烈之知所在向風眞堪正俗可令於懷孟等處選揀子弟俊秀者舉歸教育取作範模再令董子幃前有傳授之弟子重使王通門下皆經濟之名臣毋喪斯文以弼予治主者施行中統二年

九月

上天眷命皇帝聖旨惟昔聖祖圖任相臣思與眞儒共成治效故資善大夫中書左丞集賢大學士兼國子祭酒教領太史院事許衡以天民之先覺膺巖石之具贍聖學方湮惟洙泗之源是泝嘉謨入告非堯舜之道不陳斥好志靖於熙朝辭祿不忘於耕野迎推日策明歷象以授人時

樂育英才居成均而教胄子乃眷鈞樞之列益昭模範之功允爲裕考之賓師宜副慈皇之渥命爰申卹典用賁元扃道德博洽斯謂文中立不倚斯謂正既嘉名之載易仍公秩之榮頒上期有知服兹無斁可贈榮祿大夫司徒謚文正主者施行大德元年十月

天非繼聖學之墜緒則不生命世之大才國欲興王道以比隆肆用爲烝民之先覺何物故之已久尚人思之未忘故資善大夫中書左丞集賢大學士兼國子祭酒教領太史院事許衡玉質而金相準平而繩直出處則惟義所在言動亦以禮自持休休焉有容屬屬乎其敬人能宏道惟朝聞夕死之是期我欲至仁匪晝誦夜思而不得行己似秋霜烈日化人如時雨和風來席下之摳衣滿戶外之列

履達簡在帝心者率多承弼窮固守師說者不失善良鶴鳴九皋而聲聞於高鳳翔千仞必德輝乃下爰立相以堯君舜民之志所告上皆伊訓說命之言丹扆斥姦少不避雷霆之震擊青臺治歷本於箕日月而送迎繇理窮而智益明隨任使而職斯舉今旣亡矣誰其嗣之於虖在爾身有垂沒世之名於朕心有失同時之恨雖成廟納書以命諡固已振木鐸之高風而功臣胙土則未加用申錫龍章於下地光靈如在寵數其承可贈正學垂憲佐運功臣太傅開府儀同三司追封魏國公仍諡文正主者施行至元

二年

魯國有眞儒實宏宣於道統周南得淑女必肇正於人倫肆予社稷之臣夙有閨門之化爰旌令則特示崇褒具官

許衡妻敬氏性靜以貞行恭而順自職居中饋孝克奉乎旨甘逮貴被展衣儉猶親於澣濯惟我宗工盡贊襄之道由爾內助秉柔正之儀雖善慶之報方來而哀榮之典未稱庸視茅封而進秩式須芝檢以疏恩於戲夫婦相敬如賓亦既追榮於偕老公侯必復其始尚其啟迪於後人可贈魏國夫人主者施行至大二年

舊序

魯齋先生之學實由尊信朱子而有所開發至其篤志力行玩心高明遭世多故參驗物理所自得者亦多矣在元之時而有先生者出雖志不得大行然表彰遺經開倡絶學使天下後世尙有所承藉譬之窮冬沍寒春意復生其有功於彝教何其偉歟正德間宮保幸庵彭公嘗寓書於巡撫河南今司馬梧山李公求先生之遺書刻置覃懷嘉靖甲申巡撫大中丞豐齋王公繼臨河南彭公書至且謂前刻尙多訛闕於是公命鳴鳳重校焉遂再刻於汴庠竊觀彭公之崇重此書可謂至矣而二公之意前後響應懸合又如此蓋當世大人苟留心於彝教則於先生之言固不容於不傳況是邦者先生桑梓在焉振起流風必是焉

始又庸非政體之所當先乎今去先生踰二百祀六經四書之流布且徧於天下矣然尚惜夫士之誦習乃不過爲利祿計耳質美者非不多也求所謂德性用事則莫之講衿持者非不有也至嚴於理欲之判則未之聞故雖談王說霸亦與身心無相干涉固宜所趨之日卑也是豈先生之所開倡徒有其名而無其實耶抑學校之所培養未得先生之意故士之無志者多耶夫速化之利易趨而沉潛之味難得苟非内悦於心者有足以勝紛華之習則於取舍之幾亦難乎其爲力矣然則讀先生之書要必爲先生之學爲先生之學要必有先生之志焉斯可以無負於先生乎書刻既成鳴鳳因敘三公崇重之意且願與同志者相激勸焉

鳴鳳方校是書適予友應內翰元忠奉使過沐因得就正焉元忠謂舊本次第似有未當乃重編如左續得心法并大學中庸直解俱以次增入舊本訛舛甚多當正無疑者今卽改正有可疑者不敢輕改恐相去益遠也舊本名魯齋全書竊謂先生之書尚多散逸未敢謂之全也故更名遺書云嘉靖乙酉冬十一月朔旦後學蘭陵蕭鳴鳳拜手書

自承寵建章分司直之符愉不佞之得有此懷州也爰書之暇輒訪名賢而私淑之於勝國得魯齋先生焉先生以理學鳴世而周程張朱之學賴以續明顧瞻遺像欽式予衷閒索其遺稾而讀之則漶漫分裂有自故府者有自分垣者有自郡治者重複疊出訛漏不倫家訓語錄顛秒失

序讀者病之乃力叢校讐芟其更疊補其紕繆始於壬辰迄於乙未蓋盡三寒暑乃竣事稱成書設貲梓之嗟夫不佞非能自爲書也論次格言古有附於述者不佞又述之未能獨其明行慕古躭躭有心則於何乎寄無亦惟是紀載微言尙論而次第之足發吾思豈曰空談談備矣有闕者知于心而已又非謂心盡於糟粕空取糟粕而梓之曰傳心也夫子曰事大夫之賢者邦大夫之賢孰與先生不得事其人猶事其言事其言者讀其書讀其書者豈忍坐視其書之滮漫分裂而不爲之釐聚之故夫梓之者吾心在先生盡吾心焉耳若曰讀先生之書卽得先生之心則不佞豈敢萬曆二十四年季春吉日賜進士第文林郎懷

慶府推官涇陽怡愉謹書

集羣聖之大成者曰孔子孟氏子輿私淑而亞於聖者也集羣儒之大成者曰朱子魯齋先生私淑以成其儒者也孟子去聖人之世未遠而先生之生距朱子之沒亦不過數年議者謂先生之時之遇適與孟子合而先生實慨然以孟子自任故其對世祖卽述孟子之言曰責難於君謂之恭陳善閉邪謂之敬而與權臣阿合馬論事則持正不肯少屈於王文統之言利直以義爭之其巖巖氣象亦有與孟子相彷彿者若夫以王道望其君合則畱不合則去與夫爲太子師恐坐講難行不就職其難進易退之間又庶幾乎與孟子有合也故先儒謂先生之出處合道由善學孔子得之余謂先生之善學孔子由善學孟子得之者也雖然先生有言吾於小學四書敬之如神明畏之如師

保夫以先生之敬畏四書是敬畏孔孟也先生之敬畏小學是敬畏朱子也舍小學何以至大學舍朱子何以至孔孟乃知先生之善學孔孟又自私淑朱子得之也世有善讀先生之書者論其世以友其人考其言而師其行且敬且畏亦如先生之於四書小學也於以私淑先生無難矣

康熙四十七年歲次戊子季春儀封後學張伯行謹識

蓋聞聖賢之道有傳人則將爲一世開治平之運儒者之功存著述則將爲百代崇正學之規至其澤被當時教章來世則皆有遭逢運會不容預擬而俟其自至者焉元儒許文正公因程朱之學以得乎孔孟之傳蓋眞知實踐革弊從先由小學之規積而究夫身心性命之微由愼獨之功充而至於天德王道之蘊所謂其學純其行篤條理精

密規模廣大朱子之後一人者也於時遭際元世祖入繼大統徵召頻仍所以待之之心極誠所以接之之禮極厚所謂三代以下道學君子未有遭遇若斯者也說者謂中統至正之間兵革初定使非文正公明聖學陳王道慨然以斯道爲己任則學術人心末由一正蓋今讀其對御之言以及時務五事責難陳善秉正嫉邪而通達國體切中時事一祛儒者空虛無用之弊固與語録經書諸解炳若日星者也及用爲國子祭酒則又實能教育人才以爲國用其遺風餘烈至今不絕所以嘉惠後來者可不謂厚焉顔生長北方自少即嘗敬服公之遺教迨甲辰歲恭膺
寵命來守覃懷視事之始瞻拜公祠見其頹圮飭而新之而公之裔孫天禕等復進請校勘公書竊維公之遺言固

不可不力爲從事而顔於其中又有深幸者焉今日者
聖天子稽古右文崇儒重道名賢著述在在表章前於十
五年秋
巡幸中嶽道過懷境特遣專官諭祭公墓謂爲名世韙以
儒宗
天語褒崇士林欣躍斯乃曠代之奇遇萬世之榮觀也重
於辛未之年太學古槐重榮閣臣繪圖紀瑞更蒙
宸翰紬厥前徽載逢近年開四庫館儒臣採輯全書條其
篇目我
皇上悉加欽定而文正遺書遂得抄寫進呈恭蒙
御覽藏諸玉府弆在琅函斯非尤千載一時不可逢之嘉
惠也乎蓋公之遇至是而愈奇而公之澤將至是而愈博

矣然而公之遺書行於民閒者訛誤特甚讀者難之因爲合勘諸本咸爲是正更爲博稽記載集成專書雖不足有益於前賢庶幾少便於來學而更願世之讀者因文正之書以觀聖賢之道推文正之意以究儒者之功於以輔翼世運黼黻隆平顧不韙歟而許氏子亦庶幾勉紹遺風用傳家學以共期於不朽則尤區區之心所企望也夫乾隆五十三年歲次戊申六月穀旦中憲大夫知懷慶府事署河北兵備道燕山後學布顏序

許文正公遺書卷首終

許文正公遺書卷一

語錄上

人幼小時不引得正後便難了如字畫端楷之類是也

小學內明父子之親言凡爲人子爲人婦幼男與未嫁女子皆當盡愛盡敬不敢自專事親之道也

問邵康節先生詩云欲要爲男子須要十分眞須要先了身日十分眞者盡其本然之性學到眞實無人僞處先了身者大學所謂明明德是也

凡爲學之道必須一言一句自求己事如六經語孟中我所未能當勉而行之或我所行不合於六經語孟中便須改之先務躬行非止誦書作文而已

雲從龍風從虎氣從志龍虎所在而風雲從之志之所在

而氣從之

人稟天命之性爲明德本體虚靈不昧具衆理而應萬事與堯舜神明爲一但衆人多爲氣稟所拘物欲所蔽本性不得常存或發出一件善念便有被氣稟物欲之私昏蔽了故臨事對人旋安排把捉未臨事之前與無人獨處卻便放肆爲惡故中庸教人存養省察蓋不睹不聞之時戒慎恐懼以存之所以存天理之本然而不使之須臾離道此所謂致中也存養之事也人所不知而己所獨知者一念方動之時也一念方動非善卽惡惡是氣稟人欲卽遏之不使滋長善是性中本然之理卽執之不使變遷如此則應物無少差謬此所謂致和也省察之事也

論語說操存涵養處多孟子說體驗充擴處多

問克己復禮此一句有似閑邪存誠曰也似

靜時德性渾全要存養動時應事接物要省察

或問心中思慮多柰何曰不知所思慮者何事果求所當知雖千思萬慮可也若人欲之萌卽當斬去在目知之耳人心虛靈無槀木死灰不思之理要當精於可思慮處

思慮未萌鬼神莫測豕數能知有形而不知無形

愼思視之所見聽之所聞一切要箇思字君子有九思思曰睿是也要思無邪目望見山便謂之青可乎惟知故能思

問不遷怒曰是聖人境界之事也問如何便到得曰且自

忿思難爲始

觀之初六曰童觀小人无咎君子吝曰此豈大人長者所宜觀者

庸人之目見利而不見害見得而不見失以縱情極欲爲益己以存心養性爲桎梏不喪德殞身而不已惟君子爲能見微而知著遏人欲於將萌

耳目聞見與心之所發各以類應如有種焉今日之所出者卽前日之所入也同聲相應同氣相求未嘗少差不可不愼也

君子所貴乎道者三洪範九疇初一曰五行次二曰敬用五事五事便下敬字貌言視聽思便次五行其次纔數七者聖人與天道於此可見以此知大節目與天地同

流顏淵問爲仁之目夫子告以視聽言動而已凡人行事大乖忤大和合利害成敗無非在於氣槩容色之閒於此少有忽焉則禍有不可勝言者朱子謂修身之要爲治之本實在於此或曰論性非所急此不知者也

兩物相依附必立一箇做椿主動也靜也聖人定之以中正仁義而主靜以靜爲主內外也上下也本末也皆然無物不相依附者辨方正位體國經野是正外以正內也今夫席不正不坐事其大夫之賢友其士之仁外面檢束使不致不正這是從外以及內卻有由中以正外如心正而後身修身修而後家齊此內外交相養也亦必相輔成德然必以心爲主

人心猶印板然板本不差雖摹千萬紙皆不差本既差矣

摹之於紙無不差者

格物是知底頭誠意是行底頭

聖人教人只是兩字從學而時習爲始便只是說知與行兩字不惑知命耳順是箇知字只是精粗淺深之別耳

耳順是並無逆於心者到此則何思何慮不思而得也從心不踰矩則不勉而中

先儒說出體用嘗謂孔孟未嘗言此及子細讀之每言無非有體有用者如忠告而善道之忠告體也善道之用也雖有善爲說辭者無忠告之心則不可雖有忠告之心不能善道之則犯於訐直不能入又如居上不寬爲禮不敬臨喪不哀寬敬哀其體也體立而後用行無此三者則夫所行之得失與夫繁文末節皆無足觀矣如

周子太極邵子先天圖等書皆是這箇體面程子謂學者當以論孟爲本論孟既治則六經可不治而明矣聖人所以作經之意必有定見然後沛然無所疑非後世牽合勉强所可擬也程子於論孟中反復致意其旨深矣有本有文有體有用聖人之言無所偏滯傳之萬世無弊先儒讀書精察見聖人立言之意

二程以格物致知爲學朱子亦然此所以度越諸子大學孔氏之遺書也其要在此凡行之所以不力只爲知之不眞果能眞知行之安有不力者乎博學之審問之愼思之明辯之只是要箇知得眞然後道篤行之一句伊川謂說得好話底亦難得知得不眞如何說得好話

南軒意於行字上責得重謂人雖能知不能行也程門取

人先論知見次乃考其所爲伊川自少說話便過人常言人專論有行不論知見世人喜說某人只是說得行不得正叔言只說得好話亦大難好話亦豈易說呂原明謂二公遠過衆人者皆此類

或謂人依道理行多不樂故不肯收斂入來放曠不循法度卻樂多只於那壁去了以故爲學近理者少而多喜於自恣放言自適如李太白諸詩豪皆是也此何故曰天下只問是與不是休問樂與不樂若分明知得這壁是那壁不是雖樂亦不從也如大家有諸子一子服田力穡以堂構爲己任一子荒縱飲宴市樓若論樂與不樂力田之苦誠不如市樓之樂爲其父祖者愛力田者乎愛荒縱者乎使誠知服田力穡之爲樂無窮也則於

荒宴不肯一朝居矣彼誠不知耳苟能知之必不如是也所以大學要致知

或問窮理至於天下之物必有所以然之故與其所當然之則所謂理也曰博學審問愼思明辯此解說箇窮字其所以然與其所當然此說箇理字所以然者是本原也所當然者是末流也所以然者是命也所當然者是義也每一事每一物須有所以然與所當然

貪字有合貪有不合貪讀書窮理學聖賢做底是合貪

講究經旨須是將正本反復誦讀求聖人立言指意務於經內自有所得若反復誦讀至於二三十遍以至於五六十遍求其義意不得然後以古註證之古註訓釋不明未可遽曉方攷諸家解義擇其當者取一家之說以

爲定論不可汎汎莫知所適從也

誦經習史須是專志屏棄外物非有父母師長之命不可因他而輟

閱子史必須有所折衷六經語孟乃子史之折衷也譬如法家之有律令格式賞功罰罪合於律令格式者爲當不合於律令格式者爲不當諸子百家之言合於六經語孟者爲是不合於六經語孟者爲非以此衷考古之人而去取之鮮有失矣

閱史必且專意於一家其餘悉屏去候閱一史畢歷歷默記然後別取一史而閱之如此有常不數年諸史可以備記苟閱一史未了雜以他史紛然交錯於前則皓首不能通一史矣惟是讀三傳當參以史記讀史記當參

以前漢文辭繁要亦各有法不可不知

看史書當先看其人之大節然後看其細行善則效之惡則以爲戒焉所以爲吾躬行之益徒記其事而誦其書非所謂學也

茅愈鋤治愈旺不治三年則塞死物有此理人之心力亦然心常思則義理出力常運則百事可作

明道詩四時佳興與人同謂四時運行都於興況濃處行將去人厭寒便行將溫處去要長養要收成要閉藏要發達都於興況濃處行其景色亦然人於四時之氣其興況亦自新自新不窮其意味誠可樂也又不能私於一己聖賢樂處如此

人將好物綾錦段子收斂入庫藏若遇支出來的卻是元

收斂入去底好物怎生支出陳穀爛麥來在人學亦然

天下事只有二不是自己事便是他人事學者當先己後人成己成物是也

問朝聞道夕死可矣曰聖人之道也

可以爲萬世法者當學孔子雖學不至亦無弊也

禹平水土契敷五敎稷播百穀子孫皆有天下天之報施如此是皆裁成天地之道輔相天地之宜以左右民於天有功故天之報施如此後世法術功利與異端之教賊天明亂聖法行之者殃及其身於子孫福澤無有也而怪誕之士繼踵不絕以欺世惑衆如武帝凡誅數人而來者猶不止可哀也謬妄如此而後世猶惑之可哀也士君子當以聖道爲心有補於天地生靈斯可矣不

然亦天地鬼神之所不與也其受禍非不幸也法術如申商縱橫如儀秦兵法如孫吳欺誕如方士惑亂如異端皆非所以爲學也君子愼所學

問學者當學顏子入聖人爲近有用力處學得不錯須是學顏子曰從自己身上用力克己復禮是矣

天下人類中有出衆者便是第一人如碁博亦有國手但不是大義中第一人似此等類何足效

世間事一壁靜便能一壁動俱動則困憊隨之且如平地行不困沙裏行便困是如何只爲舉足時所立處不穩故也人行事只要一壁極靜故動而不困人精力要使在當用處於不當用處用了殊可惜也且如人能提精力都在拳頭上射弓時精力都在指爪上精力所在期

於必中苟能移此精力於所當用則聖人賢者之地爲不難也

德性是學問中大節目不可須臾離也聖人言論句句是尊德性一有失墜萬事隳敗如道千乘之國便不説制度如何只説敬事而信節用而愛人使民以時

張侯論爲世所貴則張禹之學過於蕭望之韋賢輩何晏集諸家之書則又賢於禹然視其所爲乃爾則聖人之道當眞知當踐履當求之於心章句訓詁云乎哉

或問道學之目不可如此標榜所以多謗議曰不然此二字庸何傷道也學也天下之大事也但問上之人好尚如何耳賤工末技一日崇尚尚且掀然於天下況聖人大公至正之道以此爲學庸可議乎

問開物成務傳云物凡物也務事也開明之也成處之也事無大小不能明則何由能處曰此是聖人之事也在大學開物是知也成務是行也非但開發自己要開發他人只要開發得是

問精義入神以致用也傳云精義積也致用施也曰精微義理入於神妙到致用處是行得熟百發百中

問膽欲大而心欲小智欲圓而行欲方曰膽欲大者勇於義也心欲小者事事謹慎也智欲圓者知者樂水如水之周流無凝滯齊人歸女樂膰肉不至孔子行見幾而作是也行欲方者如君止於仁臣止於敬父止於慈子止於孝各得其所止之方所也

問窮神知化曰聖人之事也在大學窮神是知也知化是

行也窮盡天地神妙處行天地化育之功

春秋大一統在天下尊王在國尊君在家尊父這三件起來便治這三處失位便亂在人身尊德性德性用事便治才性用事便亂聖人汲汲說忠信孝悌仁義只是爲這幾處說

自古及今天下國家惟有箇三綱五常君知君道臣知臣道則君臣各得其所矣父知父道子知子道則父子各得其所矣夫知夫道婦知婦道則夫婦各得其所矣三者既正則他事皆可爲之此或未正則其變故有不可測知者又奚暇他爲也

學則三代共之皆所以明人倫也人倫明於上則小民親於下舜明於庶物察於人倫後世君臣父子兄弟夫婦

朋友此五者禍亂相尋只是人倫不明故致如此且如大舜處頑嚚傲三者之閒孜孜如此只是人之人倫合如此故無怨尤愛之則喜而不忘惡之則勞而弗怨人只於此處明得然後盡得人道

事親大節目是養體養志致愛致敬四事中致愛致敬尤急所以孝只是愛親敬親兩事耳天子之孝推愛敬之心以及天下亦惟此二事爲能刑於四海固結人心舍此則法術矣其效與聖人不相似

養老須酒食之精者老人宜少食精粹不宜多食粗糲蓋氣弱而不服糲食故也古人於飲食必謹慎氣體係焉不得不謹食不飽則氣不充氣不充則體爲之弱古人以養老爲大事

父母在不遠遊爲子者恃血氣何所不往但父母思念之心宜深體當以父母之心爲心

父在觀其志父沒觀其行所以觀爲子也此意大抵爲父道有闕爲子者當始終敬慎三年無改於父之道可謂孝矣在三年時方以惻怛哀慕爲心不暇改也此以仁字爲主三年喪畢視其所闕徐而正之以合於義此以義字爲主天地間事如四時五行各有一件爲主其他皆相輔以行每事須觀在何時便當以一件爲主如作文題目亦如此又曰德性用事則自然所施中節非有安排做造人欲用事則當哀而不哀當改而不改學者但當杜絶私蔽無害德性則所處皆得其宜

爲人臣者常存心於君以君心爲心承順不忘顧國家之

事都得成就卽是至公心可謂仁也於自己爲臣之分各有所當職常保守其分不敎虧失可謂義也爲人子者常存心於父以父心爲心願一家之事都得成就卽是公心可謂仁也於自己爲子之分各有所當職常保守其分不致虧失可謂義也仁義之心不存非臣子之道也或曰此卽是心之所存者理一身之所行者分殊否曰便是

愛之能勿勞乎忠焉能勿誨乎忠與愛當如此乃可世間只兩事知與行而已誨之使知勞之使行其忠愛無窮焉愛焉而勿勞則驕易流於惡忠焉而勿誨則妄行犯於過咎反有害乎忠愛矣爲子爲弟者當知父兄所以忠愛之道

正倫理篤恩義家人之道也人之處家在骨肉父子之間

大抵以情勝理以恩奪義惟剛立之人則能不以私愛失其正理故家人卦大要以剛爲善

天下皆以陽者爲天爲君爲夫陰者爲地爲臣爲婦陽尊而先下求於陰天先乎地君先乎臣夫先乎婦者合乎理也其在下陰求乎陽止有二焉一則爲臣在遭難中不能自保者一則童蒙求師發蒙者除此皆不可求也

兄弟同受父母一氣所生骨肉之至親者也今人不明義理悖逆天性生雖同胞情同吳越居雖同室迹如路人以至計分毫之利而棄絕至恩信妻子之言而結爲死怨豈知兄弟之義哉

凡取友必須趨向正當切磋琢磨有益於己者若乃邪僻

卑污與夫柔佞不情相誘爲非者謹勿近之

凡在朋儕中切戒自滿惟虚故能受滿則無所容人不我告則止於此耳不能日益也故一人之見不足以兼十人我能取之十人是兼十人之能矣取之不已至於百人千人則在我者可量也哉

凡求益之道在於能受盡言或議論經旨有見不到或撰文字有所未工以至凡在己者或有未善人能爲我盡言之我則致恭盡禮虚心而納之果有可從則終身服膺而不失其或不可從則退而自省也

繫辭同心之言其臭如蘭此言非必格言至論也但與彼同心則其臭便如蘭聖莫如堯舜周孔然其言難與庸夫愚兒道或嗤鄙戲慢至市井俚諺同心則必愜意入

耳矣天下之言無美惡但此與彼相投便其臭如蘭道不同則不相爲謀矣

教之一字爲人倫生如本末字爲木設源流字爲水設而後世皆通用之教之一字亦猶是也學者當知教之所自不知教之所以設則差之豈但千里之遠哉

聖人是因人心固有良知良能上扶接將去他人心本有如此意思愛親敬兄藹然四端隨感而見聖人只是與發達推擴就他元有的本領上進將去不是將人心上元無的强去安排與他後世卻將人良知良能都斲喪了卻將人性上元無的强去安排栽接如雕蟲小技以此學校廢壞卻天下人才及去做官於世事人情殊不知遠近不知何者爲天理民彝似此民何由嚮方如

何養得成風俗他於風化人倫本不曾學他自家本性已自壞了如何化得人

善惡消長善少惡多則長其善而不敢攻其惡善多惡少然後敢攻治病亦然瘤疾之人且當扶護元氣至於聖人於門弟子教養之際亦如此

革人之非不可革其事要當先革其心其心既革其事有不言而自革者也

教人使人必先知有恥無恥則無所不爲既知恥又須養護其知恥之心督責之使有所畏榮耀之使有所慕督責榮耀皆非所以爲教也到無所畏不知慕時都行不將去

責得人深者必自恕責得己深者必薄責於人蓋亦不暇

責人也自責以至於聖賢地面何暇有工夫責人見人有片善早去做學他蓋不見其人之可責惟責己也顏子有之以衆人望人則皆可以聖賢望人則無完人矣子曰賜也賢乎哉夫我則不暇

責己者可以成人之善責人者適以長己之惡

喜怒哀樂愛惡欲一有動於心則氣便不平氣既不平則發言多失七者之中惟怒爲難治又偏招患難須於盛怒時堅忍不動俟心氣平時審而應之庶幾無失忿氣劇炎火焚如徒自傷觸來勿與競事過心清涼

或言有一兵衆辱其尉尉欲怒一老胥即止之曰是必有故尉當自思尉怒即解凡人無故爲人辱者必我有可乘之隙也我無釁也人不敢易也君子求諸己

人欲分別人之是非須先用等秤稱盤自己所憂處是孔子所謂德之不修學之不講聞義不能徙不善不能改是爲這幾件爲憂所樂處是孟子所謂父母俱存兄弟無故仰不愧於天俯不怍於人得天下英才而教育之而王天下不與存焉是爲這幾件爲樂如此得同然後能辯人之是非也常人雖有父母昆弟俱存不似如此樂自己差謬處極多怎辯得他人是非

有不虞之譽有求全之毀不虞無故而致譽也無實而得譽可乎大譽則大毀至小譽則小毀至必然之理也惟聖賢得譽則無所可毀大名之下難處在聖賢則異於是無難處者無實而得名故難處名美器也造物者忌多取非忌多取忌夫無實而得名者

毀不可遽譽亦不可遽喜不可遽怒亦不可遽處人須要重厚待人須要久遠顧歲晏如何耳一時一暫便動搖去從他做毀譽後段便難收拾

毀人有過譽人亦招過衆座上譽一人衆或不平謂其不舉揚我之長而譽他人也毀譽可不慎乎伊洛諸君子以其譽同道過當而蔑視諸人故獲罪於人堯之授舜以位未嘗譽之也以行與事示之而已矣人有寸長喜人稱道可以得衆必欲責備然後稱之所失多矣無求備於一人孔子所以稱周公與人不求備書贊湯之德如此宜知毀譽之機

稱人之善宜就迹上言議人之失宜就心上言蓋人之初心本自無惡特以利欲驅之故失正理其始甚微其終

至於不可救仁人雖惡其去道之遠然亦未嘗不愍其昏暗無知誤至此極也故議之必從始失之地言之使其人聞之足以自新而無怨而吾之言亦自爲長厚切要之言善迹既著即從而美之不必更求隱微主爲一定之論在人聞則樂於自勉在我則爲有實驗而又無他日之弊也

同人于宗吝同人于野亨同人于宗同者幾人則其所失者多矣所以孤立無援人要與天下人同何必同宗伯牙子期豈所謂同人者耶同人于宗所得蓋少或有乖異便失所同如孔子溫良恭儉讓與聞國政天下翕然相從桓魋之害武叔之毁蓋一二耳不害其大同也伊洛諸先生有同人于宗之弊其氣類同者則推尊標榜

無所不至其不同者則擯斥不能合謂其同者皆善類不同者皆惡人也寧有是理此所以百年孤立嘗有仇敵惜哉聖人不如此出門同人同人于野中閒有三五箇違悖不合離棄者不能爲多助之害當知此

如何惡人欲害善人只爲善人疾他惡人故致如此聖人說不如此故曰疾之已甚亂矣又謂以善養人然後能服天下

臨之象曰君子以敎思無窮容保民無疆君子之於小人當知所以教導之容保之如父兄之於子弟子弟雖不善父兄詎忍棄絕之必也教導容保之而已只爲君子不能容小人小人便陷害君子敎思無窮之義大矣敎之亦多術矣然必先容保之乃能敎之不然以法治小

人未有能勝者也然亦非天道坤西南得朋陰方也乾之道無不包坤則止於西南而已如君父夫無不親也臣子妻各有職分便有他管不著處在臣子妻地位而專擅衆務逆道也待遇小人當知愛之誨之有惻隱之心是非之心知之端也只是知其是非而已不是要揀擇出不收拾羞惡之心義之端也爲其可羞惡而已亦非棄絕之也只是以惻隱之心爲主便能敎思無窮容保無疆

每事須要成人之事在己者雖不得可也今人只是成己雖稍知自克終不能克也只要成己事別人事雖壞了不恤也己欲立而立人己欲達而達人成己便成物聖人所爲又全別

志伊尹之所志學顏子之所學出則有爲處則有守丈夫當如此出無所爲處無所守所志所學將何爲

天地閒當大著心不可拘於氣質局於一己貧賤憂戚不可過爲隕穫貴爲公相不可驕當知有天地國家以來多少聖賢在此位賤爲匹夫不必恥當知古昔志士仁人多少屈伏甘於貧賤者無入而不自得也何欣戚之有

人要寬厚包容卻要分限嚴分限不嚴則事不可立人得而侮之矣魏公素寬厚及至朝廷事凜然不可犯也所以爲當世名臣今日寬厚者易犯威嚴者少容於事業之際皆有病

頑字最不好到合頑忍時卻便成了大事如舜事父母與

待其弟非堅忍負重安得如此之久敏字最好然有不合敏處亦多敗事大抵百行皆用當其可得以成事此聖門所以汲汲要格物致知不然則仁慈禮讓孝友恭默亡國敗家者皆是也可不務乎大抵聖賢成事只是將好惡黜陟殺生予奪布擺得是上下順理桀紂只是布擺得差了其心亦不欲至覆宗絶祀也

汲汲焉毋欲速也循循焉毋敢惰也非止學問如此日用事爲之閒皆當如此乃能有成

每臨事且勿令人見喜既令人見喜必是偏於一處隨後便有弊蓋喜悦非人長之理既不令人喜亦不令人怒便是得中

世俗有名利之説子路車馬輕裘與朋友共敝之無憾於利也

顏子無伐善無施勞不求名也晦翁謂施勞如張大其功勞者然則二子豈名利所能動者乎道不同不相爲謀今與貪名利者游而曰吾於名利非所好豈能相爲謀宜其與世疎闊矣

前人謂得便宜事莫得再做得便宜處不得再去休說莫得再只先一次已是錯了世間豈有得便宜底理汝既多取了他人底便是欠下他底隨後卻要還他世間人都有合得底分限你如何多得他便宜萬無此理愚鄙之人妄意尋便宜處做是無義命也又人道得便宜是落便宜實是如此所得便宜無幾而於天理人心欠闕不可勝道天理也不容汝人心也放你不過外面事不停當反而求之此心歉然於義理所欠多矣如何得安

稍能自思自反者此理不難見也其反報甚速大可畏也可爲愛便宜者之戒

巧言令色人欲勝天理滅矣人但當修心自理不問與他人合與不合果能自修天下人皆能合若只以巧言令色求合則其所合者可知矣

坎不盈祗既平无咎人行到憂患處如水還到流得滿然後行過去少些子不滿過去不得所以要宏毅堅重如舜事瞽瞍只得竭力供子職負罪引慝而已到底豫時是坑坎纔滿然後流得出天下事到行不得處皆如此寸步也進不得只得動心忍性以待不敢急躁到見幾而作不俟終日時卻便不得如此浚井完廩皆不敢稍怠不敢少違到不告而娶卻便自處聖人行事皆當其

可易此則悖義傷教不可勝言

時有萬變事有萬殊而中無定體當此時則此爲中於彼時則非中矣當此事則此爲中於他事則非中矣是以君子戒愼恐懼存於未發之前察於既發之際大本立而達道行故堯舜湯武之征讓不同而同於中三仁之生死不同顏孟之語默不同其同於中則一也明乎此則可論聖賢之時中矣

陽貨以不仁不智刦聖人聖人應得甚閒暇他人則或以卑遜取辱或以剛直取禍或不能禦其勃然之勢必不得停當聖人則辭遜而不卑道存而不亢或曰孟子遭此如何曰必露精神

浩然之氣非說修養氣本說不動心無疑懼自不動心孟

子浩然之氣乃是集義所生心無愧怍內省不疚自無疑懼不是强排遣

象數莫過於邵先生義理莫過於程先生

老氏言道德仁義禮智與吾儒全別故其爲教大異多隱伏退縮不肯光明正大做將去吾道大公至正以天下公道大義行之故其法度森然明以示人雖然三代以前人忠厚篤實必不如老氏所說老氏衰世之書也其流必變詐刻薄知老氏之所長復知老氏之所短可也後世澆薄不如三代篤實或可以老氏濟之如文帝子房之所爲是也

老氏以道德仁義皆失然後至於禮禮爲忠信之薄而亂之首又謂以智治國國之賊不以智治國國之福孟子

曰智之實知斯二者弗去是也又謂禹之行水行其所無事非老氏所見之智也孟子開口便說仁義蓋不可須臾離也道指鴻荒之世又謂上德不德皆所見之異不必概舉

莊子好將末大見趨及義理粗淺處徹說得不知大小無邊際緘縢得深密教人窺測不著讀此等書便須大著眼目與看破休教被他瞞了引了

高祖自有取天下才量如推車子須是自推得六七分別人扶領二三分雖陡峻處都行得若全推不得全仰別人平地上也行不得況陡險乎諸功臣但輔翼之也躡足不悟後大害事

不問利害只求義理孔明見得眞當時只以復漢討賊爲

當然至於成敗利鈍非臣之明所能逆覩也歸之天而已只得如此做便是聖賢之心常人則必計其成敗利害也

金欲悔宋之和遣使以必死辱高宗高宗不動徐拒其使曰聞卿北方名家何必乃爾殊不動聲氣金伏其機使我必蹈而高宗處之若此其過人遠矣

論古今文字曰二程朱子不說作文但說明德新民明明德是學問中大節目此處明得三綱五常九法立君臣父子井然有條此文之大者細而至於衣服飲食起居洒掃應對亦皆當於文理今將一世精力專意於文鋪敘轉換極其工巧則其於所當文者闕漏多矣今者能文之士道堯舜周孔曾孟之言如出諸其口由之以責

其實則胥壞矣使其無意於文由聖人之言求聖人之心則其所得亦必有可觀者文章之爲害害於道優孟學孫叔敖楚王以爲眞叔敖也是豈可責以叔敖之事文士與優孟何異上世聖人何嘗有意於文彼其德性聰明聲自爲律身自爲度豈後世小人筆端所能摸倣德性中發出不期文而自文所謂出言有章者也在事物之間其節文詳備後人極力爲之有所不及何者無聖人之心爲聖人之事不能也

或問凡人爲詩文出於何而能若是曰出於性詩文只是禮部韻中字已能排得成章蓋心之明德使然也不獨詩文凡事排得著次第大而君臣父子小而鹽米細事總謂之文以其合宜又謂之義以其可以日用常行又

謂之道文也義也道也只是一般
文之一字後世目詞章爲文殊不知天地人物文理粲然
不可亂也孔子稱斯文也豈詞章而已矣三代聖人立
言垂訓皆扶持斯文者也君臣父子五教人文之大者
也下至事物皆有文人有事不順者曰錯了既曰錯是
文理差舛故也既文理差舛則事不成矣
讀魏晉唐以來諸人文字其放曠不羈誠可喜身心卽時
便得快活但須思慮究竟是如何果能終身爲樂乎果
能不隳先業而澤及子孫乎天地閒人各有職分性分
之所固有者不可自泯也職分之所當爲者不可荒慢
也人而慢人之職雖曰飽食暖衣安樂終身亦志士仁
人之所不取也故昔人謂之幸民凡無檢束無法度豔

麗不羈諸文字皆不可讀大能移人性情聖人以義理誨人力挽之不能回而此等語一見之入骨髓使人情志不可收拾從善如登從惡如崩古語有之可不慎乎

宋文章近理者多然得實理者亦少世所謂彌近理而大亂眞宋文章多有之讀者直須明著眼目

或一篇文字將前世敗而成功者說了又將勝而輕敵以致敗亡者說其文雄贍讀者稱嘆以爲成敗之理信如此不知幾千年中有此數事耳大抵皆勝而成敗而亡者也湯武以來皆是也讀者不究所以然便以爲眞如此苻堅一敗塗地以敗而亡者皆是也皆當究所以然之理無爲一時文章所惑

凡立論必求事之所在理果如何不當馳騁文筆如程試

文字捏合抑揚且如論性說孟子卻纔得荀子道性惡又纔得揚子道善惡混又纔出性分三品之說如此等文字皆文士馳騁筆端如策士說客不求眞是只要以利害惑人若果眞見是非之所在只當主張孟子不當說許多相纔之語

能文之士必蔽彼將天地閒文理都於紙上布擺成文則事物之當文者所闕多矣甚至於不識父子之親愚謬不可勝道天地閒文理物物有之此多則彼少自然理也

嘗戒弟子姚燧曰弓矢爲物以待盜也使盜得之亦將待人文章固發聞士子之利器然先有能一世之名將何以應人之見役哉非其人而與之與非其人而拒之鈞

罪也非周身斯世之道也

許世子事歐公論只是法吏斷手非聖人意也又論傳不可信不然或無所據如傳所云聖人書之爲萬世慮也其防微杜漸有功於世多矣孟子謂始作俑者其無後乎慮其流弊之害世也當求聖人意是如何

先賢言語皆格言然亦有一時一事有爲而言者故或不可爲後世法或行之便生弊唯聖人言語萬世無弊雖有爲而言皆可通行而無弊如生事死葬以禮本爲孟懿子三家之僭而言然通天下萬世行之無弊也大抵俱類此

許文正公遺書卷一終

許文正公遺書卷二

語録下

聖人以中道公道應物而已無我無人無作爲以天下才治天下事應之而已但精微之理聖人之能事也

臨卦大象君子以教思無窮容保民無疆教之使知道理容養保護使之安樂父母之於子不過是矣詩云愷悌君子民之父母以此臨民其有不安者乎

堯典一篇只四件事一明德二愛民三用人四處變自稽古帝堯至黎民於變皆明德事也自乃命羲和以下皆敬授人時事也授時不可緩此愛民之至情也先儒只説天象非聖人定書意也明德愛民二事君道之大綱也如四時纂要只是順時育物而已命羲和只是如此

四岳謂肖子朱啟明帝謂嚚訟可乎又共工方鳩僝功帝謂靜言庸違象恭滔天此是堯知人用人處丹朱必俊辯共工必材幹常人論人所見只是俊辯材幹便是人才堯不如此卻只於言行上考察言忠信行篤敬此聖人取人法也楊國忠理財賦人十日不能了己一日了之此其材爲如何然大悞天下處乃在此堯以其子不肖故求天下之賢聖禪以天位付以天民此豈常人所能而堯能之此所以爲大聖人到事行不得處須看道理順天命常人便用智力聖人則一順天命

夫子哂子路爲國以禮其言不讓大抵禮不是强生出來束縛人只是天理合有底行將去後世所謂禮近於法束縛禁忌教人安行不得非聖人所謂禮也子路不因

人情之所固有便要硬做將去堯舜之治天下因人情而已非有所作爲也三代以後人材多是硬做如孔明尙不免聖人不如此

天地只是箇生物心聖人只是箇愛物心與天地心相似百端用意只是如此禮樂刑政皆是也刑法家說便不如此便失了聖人本心便與事物爲敵一切以法治之無復仁恩

古法能按摩人血氣使去疾病如人能參天地贊化育代天工以成天下之務到此胸懷眼目眞是大

德性用事物欲不行能隨時變易以合於道在楚漢時便能爲子房伎倆在孝文地位自能寒心銷志恭儉淵默幾致刑措

孔子曰政寬則民慢慢則糾之以猛猛則民殘殘則施之以寬寬以濟猛猛以濟寬政是以和斯不易之常道也上天下澤履君子以辯上下定民志伊川傳理甚詳民志不定天下之爭未已也古時公卿大夫以下位稱其德終身居之得其分也位未稱德則君舉而進之士修其學學至而君求之皆非有預於己也農工商賈勤其事而所享有限故皆有定志而天下以治後世自庶士以至公卿日志於尊榮農工商賈日趨於富侈億兆之心交鶩於利天下紛然雖英明之君有不得而理者矣此趨競之風不可遏其君子則志欲無厭其小人則放僻邪侈無不爲已嘗謂中國之俗必土著有恆產使安其居樂其俗土田種樹父子兄弟嬉嬉於田里不知有利

慾之可趨也民志一定則治道可行也孟子說王道便說明君制民之產使足以仰事俯畜其旨深矣後世之人豈必皆無恆心以安其分限亦上之人區處不明有以驅之也

道之以政齊之以刑民免而無恥金朝政如此有貶黜之命亦必鼓吹不爾謂之怨上然一旦有土崩之勢忍於叛上而不顧也惟先王能道之以德齊之以禮使人感戴無已臣子除授有不願者聽其自便宋朝政如此其不行於臣下似難看然顛沛之際不忍叛其上守節死義不顧也德與刑其效如此之異君人者當知之無爲法家之所愚也

天下有道行有枝葉天下無道辭有枝葉愚謂有道則人

皆修行無道則行實既不充必修飾言辭聖人所謂巧言鮮仁者歟

凡人之情敬慎於憂危惰慢於暇豫惟聖人不如此堯舜只兢兢業業無已時憂危暇豫處之如一一日二日萬幾何得惰慢程子謂惟慎獨可以致王道初未然之徐而思之不如此不能行王道蓋功夫有閒斷故也以太宗之英明猶於此不能進兩漢文帝光武敬慎終身然聖學不足以成就之惜哉

唯仁者宜在高位爲政必以德仁者心之德謂此理得之於心也後世以智術文才之士君國子民此等人豈可在君長之位縱文章如蘇黃也服不得不識字人有德則萬人皆服是萬人共尊者非一藝一能服其同類者

也

爲人君止於仁天地之心仁而已矣麟鳳爲羽毛鱗介之長中國夷狄君子小人俱要得所隋煬遼東還見市人尚衆而訝此豈君人者耶故樂殺人者不可得志於天下

臣子執威權未有無禍者豈惟人事在天道亦不許夫月陰魄也借日爲光與日相遠則光盛猶臣遠於君則聲名大威權重與日相近則光微愈近愈微臣道陰道理當如此大臣在君側而擅權此危道也古人舉善薦賢不敢自名欲恩澤出於君也刑人亦然恩威豈可使出於己使人知恩威出於己是生多少怨敵其危亡可立待也故月星皆借日以爲光及近日卻失其光此理殊可玩索

後世臣子謀於君只說利害若如此以利害相恐動則利害不應時都不信了或者於上前說旱災可畏稅課害人爲害不細後皆無損再有便難說後來雖因此壞了天下也說不得唐懿宗爲諫驪山事曰彼叩頭者何足信此其驗也人只當言義理可與不可當與不當且如天道福善禍淫有時而差是禍福亦不足信也顏之貧夭跖之富壽人豈可爲跖之惡豈可以顏之貧夭喪其爲善之本心乎哭死而哀非爲生者也人只得當於義理而已利害一切不恤也

易四爻近君六四便順九四便不順知爲臣之不可專也九五六四便順六五九四多凶理如此也

說趨競曰此上之人有以召之也上之人喜於政柄在手

能進退人沾沾自喜曰我爲某成就此事己得其名人得其利及天下人翕然趨之卻無所措置所以一人得進百人生怨此是造命之所君主當專之人或竊之不祥莫大焉作福作威豈凡人所專者景帝謂田蚡曰卿除吏盡未吾亦欲除吏此凶道也作福作威凶害隨之必不得已在此地位一切當歸之君主如王者用刑賞亦曰天討有罪天命有德猶歸之天如何竊威福之柄爲己私乎宜限以辟舉之法不稱則罪舉主以革趨競之弊

或人託梯媒求進曰今日用人者只是五六等人得進用汝在此五六等數中乎在則得進不在則不濟也其人遂止所謂得進者預私行賄權勢相臨母黨妻黨昵近

効力吾無勢以臨之雖固託之亦不濟也今日豈有道義相親者乎豈有以才德爲用者乎

問常人求進務要在人之上曰清者宜在上濁者宜在下豈不見水清在上水濁在下雖撓之不分清濁不多時必又清者在上濁在下更有易見者天清在上地濁在下

恐害己者必思所以害人也豈知利人則未有不利於己者也至於推勘公事已得大情適當其法不旁求深入是亦利人之一端也彼俗吏不達此理專以出罪爲心謂之陰德予曰不然履正奉公嫉惡舉善人臣之道也有違於此則惡者當害之而反利之善者當利之而反害之顯不能逃其刑責幽不能欺於神明顧陰德何有

焉

御吏接物只是愛敬兩字工夫人事君親亦然無這兩箇字羞惡是非辭讓皆無所措

學則三代共之皆所以明人倫也司徒之職教以人倫而已凡不本於人倫皆非所以爲教樹之君以立政謹此教也作之師以立教教以此也先王皆本於人心之所固有不强以其所無有故人易從而風俗美非後世所謂學所謂教也文公小學四書次第本末甚備有王者起必須取法

先王設學校養育人材以濟天下之用及其弊也科目之法愈嚴密而士之進於此者愈巧以至編摩字樣期於必中上之人不以人材待天下之士下之人應此者亦

豈仁人君子之用心也哉雖得之何益於用上下相待其弊如此欲使生靈蒙福其可得乎先王設學校後世亦設學校但不知先王何爲而設也上所以教人人所以爲學皆本於天理民彝無他教也無異學也

唐宋科目甚多詞賦一科爲四六者設經生多不能此因設此一科既及第便掌誥命入金馬玉堂故因之相尊尚焚香禮進士撤幕待經生天下翕然歸之後來於此科取人材多出將相由用四六起人於富貴尊榮上多用心故此科轉盛

有家有國所以立適嗣無所爭者出於無爲而分定故也如走兎在野人競逐之積兎在市過而不顧此之謂分定

任用人材興作事功自己已有一定之見然不可獨用己意獨用己意則排沮者必多吾事敗矣稽於衆取諸人以爲善然後可堯之禪舜也以聖人見聖人不待三載之久而後知也當一見便知之然而不敢以己之見便以天位付之必也賓於四門納於大麓歷試諸艱使天下之人共知之四岳十二牧共推之若不出於堯之意也然後居天位理天職人無閒言後世稱聖後之任用人材立事功者皆獨出己意憲宗淮蔡功成而裴中立不得安於朝矣況大於此者乎

堯知舜可禪矣知之審矣然不敢遽以天位授之者諸人不能知之也不能知之遽授之必不安必反害舜故歷試諸艱使之主事而事治使之主祭而百神享賓於四

門四門穆穆百揆時敘烈風雷雨弗迷然後以天位與之人不得而閒也使堯以言喻諸人未必信也示之以事則不言自喻矣

傳記中人材傑然可觀以道理觀之只是偏才聖人則圓融渾全百理皆具古今人材多是血氣用事故多偏聖人純是德性用事只明明德便自能圓成不偏駁便見古人好處便能用人之所長

大聖大賢本末具舉極其規模之大盡其節目之詳克勤小物而後盡於大事降此一等亦豪傑之士然舉其大則遺其細盡其小則昏於大材具稍大便不謹細行所以有材大便疎之語謹於細小者多不識大體不能謀大事用人者宜知之後世功名之士到禮樂制度便進

不去蓋到此稍細密亦精力有所不及故須別用一般

人物

堯舜桀紂皆有好惡有用舍有舉錯但堯舜好忠良所用皋夔所舉十六相紂所好奸邪所用廉來所舉皆凶類下及士君子與學者所好惡趨舍亦皆然君子小人之所以分在此知而爲之是不仁不知而爲之是不知所以君子必務學要知義理之所在舉錯趨向之際可不愼乎

才之不可以已或饋生雁長鳴欲飛不能也有志無才故也聖人稱才難不其然乎人貴有才

聖人感人心天下和平聖人和順積於中發之爲禮樂禮樂之本在是古人所以作樂寓情性風化於其中非爲

鐘鼓之鏗鏘也小雅盡廢四夷交侵禮壞樂崩不能固結人心人心無所係屬元氣虚隙邪氣乘之以入三百篇古樂章也與後世樂章大異尤以見古人敦本業厚人倫念念在是未嘗流於邪僻也傷人倫之廢哀刑政之苛禮樂廢故也

地力之生物有大數人力之成物有大限取之有度用之有節則常足取之無度用之無節則常不足生物之豐歉由天用物之多少由人

天地閒爲人爲物皆有分限分限之外不可過求亦不得過用暴殄天物得罪於天

嘗作室或顧役者曰以一人之身而百工之所爲備其煩勞若是因謂老氏貴簡靜亦是厭繁文末節之多也今

日觀周家制度何其細碎若是曰不如是易謂恆雜而

不厭惟其雜陳於前故無厭斁古人簡古亦不可久八

索九邱亦是黃帝以來行不得底且如老氏之清淨無

欲謂民自正民自化在今日視之只自家口管不得更

說甚理天下他也立官府有統權者聚斂者有散施者

其餘節目甚多所謂清淨無欲已自行不得至如山林

枯槁之士亦豈能久於其所天地二氣相推遷故恆久

到今日隨時變易以從道也羊肉之美者也亦不能單

食之必雜以菜蔬鹽酪乃可久食古今恆久之道只如

此不如此皆偏滯者也讀伊川恆卦注腳二氏亦漸無

著落

凡物興盛時是下面人捧擁裹面人和睦相推尊故興今

彼下面漸無人尊信裏面人自不相信不相推讓此是衰謝氣象易下卦屬內凡物在下者皆屬內每興造功業者皆由下起由內順此理皆然

凡言性者便有命凡言命者便有性

堯舜君天下天命也德爲聖人所性也故曰有大德者必受命貴賤命也賢不肖天也然賢可學而貴不必求

合虛與氣有性之名虛是本然之性氣是氣禀之性又曰仁義禮智信是明德人皆有之是本然之性求之在我者也理一是也貧富貴賤死生修短禍福禀於氣是氣禀之命一定而不可易者也分殊是也又曰性者即形而上者謂之道理一是也氣者即形而下者謂之器分殊是也

大哉乾元萬物資始是彼受其德性虛靈不昧人皆有之是衆來取皆得求之卽與之所得深淺厚薄分數在乎人爲也此說是理一也雲行雨施是施恩澤也在乎氣主乎氣者是命也不在彼來求取與不與在乎天天者君命也此說分殊也此段恐有訛誤

禍福死生修短雖有一定之分然其中有正命有非正命正命者盡其道而不立乎巖牆之下修身以俟之乃天之所命非人所爲非正命者行險徼幸桎梏而死乃人所自取非天所命也

世人懷智挾詐而欲事之善豈有此理必盡去人僞忠厚純一然後可善其事至於死生禍福則一歸之天命而已人謀孔臧亦可以保天命人能攝生亦可以保神氣

自暴自棄而有凶禍皆自取之也

人處貧富貴賤如天之春夏秋冬天行春夏令人有春夏衣服天行秋冬令人準備秋冬衣服冬裘夏葛卽其義也天有命人有義雖處貧賤富貴各行乎當爲之事卽義也只有一箇義字都應對了隨遇而安便是樂天知命也

禍福榮辱死生貴賤如寒暑晝夜相代之理若以私意小智妄爲迎避大不可也

貧賤富貴死生修短禍福稟於氣皆本乎天也是一定之分不可求也其中有正命有非正命者盡其道而不立乎巖牆之下修身以待之然此亦有吉凶禍福死生修短來當以順受所謂莫之致而至者皆正命也乃係乎

天之所爲也非正命者行險徼幸行非禮義之事致於禍害桎梏死者命亦隨焉人之自召也

不聽父命者則爲不孝不聽君命者則爲不忠其或不聽天命者獨無責耶君父之命或時可否之閒設教者猶曰勿逆勿怠況乎天命大公至正無有不善何苦而不受命乎

說知命不是術數家言命亦非二氏福孽之命是天之所賦盡力行去至於死生禍福貧富壽夭委之於天而已當其可爲而爲於其不可爲而止不必問今歲如何明歲如何假令今歲命快或無可爲之事當如何

凡事物之際有兩件有由自己的有不由自己的由自己的有義在不由自己的有命在歸於義命而已

人於患難閒只有箇處置放下有天之所爲有人之所爲合處置者在乎人之所爲以有義也合放下者在乎天之所爲以有天命也先盡人之道義內省不疚然後放下委之於命也

學仙長年一說世所決無決不可得世閒萬事有樣子可做只此無樣子古仙者不可見長年者亦無有看誰做樣子今富貴者見有樣子其所以取富貴者又皆可學可倣倣然終身盡智力有不可得況徼幸無可倣倣者乎

長生長春如何長得春夏秋冬寒暑代謝天之道也如春可長亦不足貴矣

人生天地閒生死常有之理豈能逃得卻要尋箇不死豈

有是理右二段疑是一段

韓文公原鬼雖義理未當亦見其不惑神怪高出諸人遠甚世豈有所謂僊人武帝詔書自悔其狂悖可知也

人寄天地間惟有生死變較大故以爲異要之亦常事也一消一息常理如此不知命無以爲君子

或問心也性也天也一理也何如曰便是一以貫之又問理出於天天出於理曰天即理也有則一時有本無先後

心統性情者也性者心之體情者心之用也

人與天地同是甚底同人不過有六尺之軀其大處同處指心也謂心與天地一般

問一心可以宰萬物一理可以統萬事曰是說一以貫之

天下皆有對惟一理無對便是太極也

心之所存者理一身之所行者分殊

率性便是循理循理便是率性

醉者不是本性是亂性

爲惡者是氣爲善者是性

盡其心者知其性也若能明德都總了盡心知性

知其性是物格盡其心是知至也先知其性然後能盡心

非盡其心而後知其性

盡其心者知其性也知其性則知天矣在大學所謂物格

知至也是知到十分善處也存其心養其性所以事天

也在大學所謂意誠心正是也行到十分善處也存謂

操而不舍養謂順而不害事謂奉承而不違也常存養

其德性而發爲惻隱羞惡是非辭讓之情不使少有私意變遷夫如是乃所以事天也或夭或壽一聽天之所爲不敢有二心此則盡心知性之功至修身以俟之則事天以終身此之謂立命也

問樂善所以樂天也貧賤患難不憂所以知命也曰天賦與萬物無不盡善譬若父母養育幼子少與飯食衣服多與飯食衣服皆是愛惜固是嗔責教訓使之成人亦是無不是底父母無有錯了的天自古老天造化豈有錯了處只有人錯了天與富貴福澤教人行善天與貧賤亦教人行善是天降大任之説若父母愛之喜而不忘父母惡之勞而不怨順性一於爲善此是樂天者也樂天者樂性中之善也知命者是知天道流行之命不

知命無以爲君子也知有天命不敢違雖得貧賤患難亦不爲憂可謂以順受也樂天便是知命知命便樂天也此說君子之事也孔子五十而知天命窮理盡性以至於命聖人之事也

五常性也天命之性性分中之所固有君臣父子夫婦長幼朋友所行之道也率性之道職分之所當爲

仁爲四德之長元者善之長前人訓元爲廣大貞是有理蓋心胸不廣大安能愛敬又安能教思無窮容保民無疆

仁者以天地萬物爲一體都知得痛癢方是仁也

福自内出仁者以其所愛及其所不愛禍自外至不仁者以其所不愛及其所愛其理甚明當體認

仁與元俱包四德而俱列並稱所謂合之不渾離之不散

仁者性之至而愛之理也愛者情之發而仁之用也公者人之所以爲仁之道也元者天之所以爲仁之至也仁者人心之所固有而私或蔽之以陷於不仁故仁者必克己克己則公公則仁仁則愛未至於仁則愛不可以充體若夫知覺則仁之用而仁者之所兼也元者四德之長故兼亨利貞仁者五常之長故兼義禮智信此仁者所以必有知覺不可便以知覺名仁也

元者善之長也先儒訓之爲大徐思之意味深長葢不大則藩籬窘束一膜之外便爲秦越其乖隔分爭無有已時何者所謂善大則天下一家一視同仁無所往而不爲善也二小兒同父母兄弟也或因小事物相惡罵郎

呪其爺娘令死不知彼父母亦我父母也其愚如此與世人何以異世人只顧己便宜與否不恤他人也他雖死喪患難不顧也己安而已矣安知所謂大之一字彼得所則己亦得所矣

横渠教人以禮使學者有所據守程氏教人窮理居敬然横渠之教人亦使知禮之所以然乃可禮豈可忽耶制之於外以資其内外面文理都布擺得是一切整暇心身安得不泰然若無所見如喫木札相似卻是爲禮所窘束知與行二者當並進

凡天倫如父子兄弟夫婦長幼禮應如法不可妄意增損簡易者略之細密者過之皆非也禮者人事之儀則天理之節文聖人之於儀則節文乃所以當然者不可易

也

禮只是箇敬之節文不可令人後來有悔心亦不可使己有悔心故曰已辭者猶可受已與者不可奪也饋獻亦然

苟志於仁矣無惡也志於仁則事有本故能立人而不仁如禮樂何禮樂無所措矣無本不立

孟子曰存其心養其性所以事天也又曰事孰爲大事親爲大守孰爲大守身爲大此孝子仁人之心也人當知所本當知所尊敬

天賦與之德性父母生之體髮百骸完具物理皆備人而暴棄則不肖悖天逆理爲甚今者尊長有所賜與必敬而受之寶而藏之至如果肉不敢棄核與骨則人之所

受於天地於父母者至貴至靈有不可形容者反慢而易之不知顧惜是何心哉弗思爾矣

堯舜文武事天事祖宗事親禮文嚴敬非是聖人作爲勉强在理當如此非聖人妄意欲如此整肅天道人事當如此大人君子自當嚴敬豈可如小人之褻瀆爲也

凡在上者清在下者濁天氣清明日月星辰燦然文理光彩人面目清明皆萃焉又且日日洗滌人在萬物之上故靈明鳥獸便污濁

天理不可誣聖言不可忽非是聖人姑爲一等繩墨之語約束人天命人心當然之理不容已也

日用閒若不自加提策則怠惰之心生焉怠惰心生不止於悠悠無所成而放僻邪侈隨至矣

天尊地卑乾坤定矣貴賤位矣在上者必尊之然後事可得而理爲君長敬天地祖宗鬼神爲百執事敬事君長此不易之理也舍此便逆便不順今有人曰無天地鬼神無君長父兄尊在我而已雖極力自尊終必敗亡蓋無從你自尊之理祖宗以來傳授到你須有祖考神靈在上如何得從你自尊如三家僭越當時自尊如此不旋踵爲家臣所制而三桓子孫微矣君父其可不尊公室豈可削弱公室弱則無所依以自存其爲不智甚矣不智便不仁便無君父無長上自尊便敗亡

聖人之心如明鏡止水物來不亂物去不留用工夫主一也主一是持敬也

東萊嘗云南軒言心在焉則謂之敬且如方對客談論而

他有所思雖思之善亦不敬也纔有間斷便是不敬

或問天變曰胡氏一說好如父母嗔怒或是子婦有所觸瀆而怒亦有父母別生憂惱時爲子者皆當恐懼修省此言殊有理天變常有無應時此何理也

聖賢以理爲主常人以氣爲主

聲色臭味發於氣人心也便是人欲仁義五常根於性道心也便是天理

有是理而後有是物譬如木生知其誠有是理而後成木之一物表裏精粗無不到如成果實相似如水之流滿出東西南北皆可體立而用行積實於中發見於外則爲惻隱爲羞惡內無不實而外自無不應凡物之生必得此理而後有是形無理則無形孟子所謂非人者無

此理何異於禽獸哉

事物必有理，未有無理之物。兩件不可離，無物則理何所寓。讀史傳事實文字，皆已往粗迹，但其中亦有理在。聖人觀轉蓬便知造車，或觀擔夫爭道而得運筆意，亦此類也。但不可泥於迹而不知變化，雖淺近事物，亦必有形而上者。但學者能得聖神功用之妙，以觀萬事萬物之理可也，則形而下者事爲之閒，皆粗迹而不可廢。

孔子不通於時，只爲欲尊君父，當時魯三家、晉六卿、齊田氏僭逼如此，孔子之道不能行也，故筆之於經。或曰：六卿之徒陵僭如此，後嗣如何有國享數世，何也？曰：在二氏說便別，在吾道只得言理。易曰：小人而乘君子之器，盜斯奪之矣；上慢下暴，盜斯伐之矣。當時禮法廢壞，上

下如此故小人乘時奪取之君子不得也

天運時刻不暫停聖人明睿所照見於無形非常人智慮所及者

安處善樂循理世間要安樂無如此者晦翁以此釋富而好禮欲求安欲求樂無如此者舍是或有可苟安者不旋踵憂危及之矣人能循理爲善則與天爲徒雖君父命令亦有不必從者蓋時少有誤也唯天理善道豈有差誤豈有誤人者哉政恐信之不篤積之不實若能積久物無不動事無不行今事有不能行者物有不信化者只是不曾積實釋氏有所謂如意寶珠有所欲爲無不如志此正指德性而言天理在是善道亦在是苟於此焉眞積力久其所欲爲無不如志者反身而誠樂莫

大焉每事是實理無一點人僞閒雜安得不樂書生入大學以工課不及人受人薄賤及一旦赶上人便寬行大步下得一盤好碁贏了人猶快活況此眞實道理應事接物一切如志其樂爲如何哉

萬物皆備於我反身而誠樂莫大焉件件事至誠惻怛做將去其心安其氣舒俯仰無愧其樂可知此天下廣居也

反身而誠是氣服於理一切順理而行氣亦是善豈有損於其閒强恕而行是氣未服順理當西而氣欲東必勉强按服必順於理然後可也

强恕而行求仁莫近焉事爲之際或遠於理氣未得平必勉强其氣以從於理人之不善未合於理亦在容恕未

庸遽與之爭也在事必勉强在人必容恕苟在事不能强於爲善在人不能容其未善則吾之仁遠矣故能强恕而行求仁莫近焉所謂萬物皆備於我試以斯二者體之則世間何事不備於我在君臣爲義在父子爲仁無不可者正所謂如意寶珠也反身而誠是氣與理合爲一强恕而行是氣與理未合須是用力按服他至功深力到則與反身而誠一矣

問推己及人恕也以己及人仁也曰推字譬之身上有些痛從上至下遍身尋覓挸著所謂推己猶自用工夫仁者便知身上痛癢處不須尋覓

德不孤必有隣處事接物只要於德性上發出不要氣血爲主既是德性上發出則無不善此既善則彼善亦應

無所往而非善德不孤矣一有不善於血氣上發出則彼亦動其血氣以不善相應淪胥於凶禍而不悟也未有我爲善而彼以不善報之也感應之理如此

草木到秋精氣展盡裏頭縮故風霜亦摇落之人精神耗散故疾病侵之到德行虧時便患難及之人若德行充實雖遇禍患不害也禍患自外來中間充實無受患處如何有害孟子有浩然之氣只是德行充實裏頭縮一分外面侵一分福自内積禍由外來人當積實無虧欠人有召禍之由則凡物皆能爲祟難防備

先天圖俱相對六十四卦是三十二對如乾坤是也三百八十四爻是一百九十二對如潛與亢對見與飛對夕惕與或躍對夕惕是憂危或躍是勇敢如棟橈棟隆老

夫女妻老婦士夫藉用白茅至慎也過涉滅頂至不慎也甘節苦節不節若則嗟若與安節之類皆是也世間只有一箇感應大事小事雖秋毫未嘗無對人爲不善便有凶禍相對

天道常於不足處行將去亦屈伸消長乘除對待之理天之道損有餘補不足人則不能合天道也

天有寒暑晝夜物有生榮枯瘁人有富貴貧賤風雨露雷無非教也富貴福澤貧賤憂戚亦無非教也此天地所以造化萬物日新無敝者也

問一元之氣變於四時在人亦然人生四變嬰兒少壯老耄死亡曰此是邵先生所言豈止人萬物皆有四段

兩剛則不能相下兩柔則不能相濟物理是如此陰陽亦

如此事之初智勇者相合相資事既定則相忌到後來勇與怯者合智與愚者合莽之死卓茂爲太傅理應如此功臣多難全不知時也又兩雄難並居久則忌

天地陰陽精氣爲日月星辰日月不是有輪郭生成只是至精之氣到處便如此光明陰精無光故遠近隨日所照日月行有度數人身血氣周流亦有度數天地六氣運轉亦如是到東方便是春到南方便是夏行到處便主一時日行十二時亦然萬物都隨他轉過去便不屬他如紂天命未改只得爲君一日天命改便是獨夫天地陰陽人物都是如此精氣行到他處便得爲君爲長到去了卻只是匹夫人有人神所在處不敢犯亦猶是也

萬物皆本於陰陽要去一件去不得天依地地附天如君臣父子夫婦皆然

小畜是陰畜陽柔畜剛婦畜夫臣畜君到於密雲而已終不雨也雨則反常上九既雨既處是合和而尚德載無德不可居也婦雖貞猶厲月幾望君子征凶陰疑於陽到此更進則凶矣垂戒甚深到此極難處大人君子亦不濟也

南北東西是定體相對春夏秋冬是流行運用卻便相循環一體一用

因霜降曰天道二氣此一氣消縮彼一氣便發達此一氣來彼一氣必往無俱往並發之理陰氣方長陽便伏又嚴霜以肅之使陽氣必伏

大壯則止遯則退此君子尙消息盈虛者也有深意存焉康節詩此意思甚多大壯時便當知止遯時便當知退則無過咎矣大壯而不知止則失其壯遯之時不知退則凶陰方長與之力爭必凶且如大風暴雨得嵓龕避過可也天怒尙可避況人惡何不可避遯之時義大矣哉氊能護礮兩人相角能避其鋒乃勝遯之義類甚多

天下事常是兩件相勝負從古至今皆如此大抵只是陰陽剛柔相勝前人謂如兩人角力相抵彼勝則此負此勝則彼負但勝者不能止於其分必過其分然後止負者必極甚然後復各不得其分所以相報復到今不已如中國與夷狄中國勝窮兵四遠臣伏戎夷戎夷勝必潰裂中原極其慘酷如此報復何時能已三代盛時分

別中夏夷狄君子小人各安其分所以大治後世不及也且如周成康漢文景世所謂大治者然土宇廣狹可見彼四君者未嘗事遠略也治吾所當治者而已不取其勝夷狄也故亦不至爲夷狄所敗世事都如此

天之低以濁者又復清而浮地之裂以洩者又復凝而塡人物之歇滅萎敗者又復生息而繁滋此陰陽運氣泰而通則前日之混沌者復爲之開闢矣

凡事一一省察不要逐物去了雖在千萬人中常知有己此持敬大畧也

父子之親君臣之義與夫婦長幼朋友亦莫不各有當然之則此天倫也苟無學問以明之則違遠人道與禽獸殆無少異

五帝之禪三代之繼皆數然也其閒有如堯舜有子之不肖變也堯舜能通之以揖遜而不能使己之無丹朱商均湯武遇君之無道變也湯武能通之以征伐而不能使夏商之無桀紂聖人遇變而通之亦惟達於自然之數一毫之己私無與也

春秋上下二百餘年其閒人材有一節一行之可稱者固難以指而數若夫宏碩之器明敏之識端實之行正大之議論未嘗不相望於世今試舉其材美之著者言之如齊之鮑叔管仲晉之舅犯先軫郤克趙襄宋之華元楚之子文蔿賈秦之百里奚鄭之子產吳之季札此數輩者皆足以尊主而庇民皆足以捍災而制變皆足以繼絕世興治平若較之三代王佐之才固未可同日語

若求之漢唐全盛之際未見出其右者

方楚漢爭雄之時能使沛公激發天下之大機括者誰歟

三老董公說之以三軍素服共誅楚之弑義帝者順德

逆德之辭昭然與日月爭光人心稍知義者其從順去

逆已如此決擇矣董公之說又豈蕭何文墨議論之比

以子房號爲君師籌帷之閒亦未見有此大計當時仗

義而東西天下爲之嚮應者董公力也以上六條從明本補

許文正公遺書卷二終

许文正公遗书卷三

小学大义

古者民生八岁，上自王公，下至庶人之子弟，皆令入小学，教之以洒扫应对进退之节，礼乐射御书数之文。及其十有五岁，自天子之元子、众子，公卿大夫元士之适子，与凡民之俊秀者，皆入大学，教之以穷理正心修己治人之道。此小学大学所以分也。当其幼时，若不先习之于小学，则无以收其放心，养其德性；及其年长，若不进之于大学，则无以察夫义理，措诸事业。先之以小学者，所以立大学之基本；进之于大学者，所以收小学之成功也。三代盛时，贤才辈出，风俗醇厚，盖由尽此道也。自秦始皇焚书已后，圣人经籍不全，无由可考古人为学之次第班孟堅漢史雖說小學大學規模大略然亦不見其間節目之詳千有餘年學者各以己意爲學其高者入於空虚下者流於功利雖苦心極力博識多聞要之不悖於古人者鮮矣至唐韓文公始引大學節目以爲爲治之序及前宋伊洛諸先生又表章大學一篇發明古者大學教人之法近世新安朱文公以孔門聖賢爲教爲學之遺意參以曲禮少儀弟子職諸篇輯爲小學之書四卷其綱目則有三曰立教明倫敬身

立教者明三代聖王所以教人之法也蓋人之良心本無不善由有生之後氣稟所拘物欲所蔽私意妄作始有不善聖人設教使養其良心之本善去其私意之不善其上者可以入聖其次者可以爲賢又其次者不失爲

善人此先王之時所以民用和睦上下無怨而比屋可封也然所謂教者非出於先王之私意蓋天有是理先王使順其理天有是道先王使行其道因天命之自然爲人事之當然迺所謂教也故引中庸天命之謂性率性之謂道修道之謂教數語爲説蓋爲教而不本於道則非教也爲學而不本於道則非學也道者何父子也君臣也夫婦也長幼也朋友也此天之性也人之道也知此則爲師者知所以教人之道爲弟子者知所以進學之方矣

明倫明者明之也倫者倫理也人之賦命於天莫不各有當然之則如父子之有親君臣之有義夫婦之有別長幼之有序朋友之有信乃所謂天倫也三代聖王設爲

庠序學校以教天下者無他明此而已蓋人而不能明人之倫理則尊卑上下輕重厚薄淆亂而不可統理其甚者至於父不父子不子君不君臣不臣夫婦長幼朋友各不居其夫婦長幼朋友之分豈止淆亂而不可統理將見禍亂相尋淪於禽獸而後已此所以古之教者必以明倫爲教而學者必以明倫爲學

敬身序引孔子言君子無不敬也敬身爲大身也者親之枝也敢不敬乎不能敬其身是傷其親傷其親是傷其本傷其本枝從而亡聖人以此垂戒則知凡爲人者不可一日離乎敬也況人之一身實萬事萬物之所本於此有差則萬事萬物亦從而差焉豈可不敬乎敬身之目其則有四心術威儀衣服飲食心術正乎內威儀正

乎外則敬身之大體得矣其衣服飲食二者所以奉身也苟不制之以義節之以禮將見其所以養人者反害於人也分而言之心術威儀修德之事也衣服飲食克己之事也統而言之皆敬身之要也蓋唯敬身故於父子君臣夫婦長幼朋友之閒無施不可此古人修身必本於敬也

稽古載三代時聖人賢者已行之迹其綱目亦有三立教明倫敬身用此事迹以實前言其外篇嘉言善行皆載漢以來賢者所言之嘉言所行之善行其綱目亦各有三立教明倫敬身此外篇也衍內篇之言以合外篇則知外篇者小學之支流約外篇之言以合內篇則知內篇者小學之本源合內外而兩觀之則小學之規模節

目無所不備朱文公集小學之書大意如此

大學要略

大學之書是孔夫子的言語當時孔子爲魯君不用就魯國便去周流齊燕趙宋陳楚衞七國那七國之君也不用孔子卻來魯國教三千徒弟於内有箇徒弟唤做曾子那箇記述孔子的言語做成大學阿的是根脚起處如伏羲神農黄帝從有天地以來爲頭兒立這箇教人的法度選著好人做司徒復示以教人的緣由伏羲在位一百六十四年神農在位一百四十五年黄帝在位一百年堯在位一百單二年舜在位五十年後頭到夏商周三代這教人的法度漸漸的完備了朝廷的宫裏大城子裏小城子裏以至村裏都立著這學房上至朝

廷的孩兒下至公卿大夫每的孩兒百姓每的孩兒聰明的八歲入小學十五入大學

大學之道在明明德德是人心都有這德性虛靈不昧因後來風俗變化多有昏昧了處孔子所以說這在明明德正是教後人改了那昏昧都教德性明著明德中便知天地造化陰與陽相爲運行中間便有五行金木水火土陰陽是春夏秋冬四季春屬木夏屬火秋屬金冬屬水四季屬土土寄旺四季各十八日木是仁火是禮土是信金是義水是智夫婦是陰陽人受五行之氣成人天與人的仁義禮智信仁是溫和慈愛得天地生萬物的道理義是決斷事物不教過去不教赶不上都是合宜的道理禮是把體面敬重爲長的道理智是分辨

是非的道理信是老實不說謊的道理這五件雖是天與人的德性一箇箇人都有人人各有稟受不同稟得清氣多的生得精細稟得濁氣多的生得不精細便如密蜂兒有箇頭兒便自理會得那君臣的道理大蟲豹子不喫他孩兒便自省得那父子的道理鴈大的小的斷隨著成行飛呵便自省得那兄弟的道理狗認得主人便自省得那恩義的道理雖是人後來多被昏濁的氣蔽得那德性不明天生好聰明的人出來教與萬民做主又做師父教道著人教都省得他元有的仁義禮智信不教昧了其間行得高了人及不得的做得大事可以做聖人行得較低處可以做賢人便如湯王去沐浴盆上寫著苟日新日日新又日新如人身上有塵垢

今日洗了明日又洗每日洗得身上乾淨若一日不洗呵便塵垢生出來恰似人心裏常常的思量呵好公事每日行著不教錯了若一日不思量呵恐怕便行得錯了這的是那明明德又說那在新民呵民是天下百姓若不教道多是合仁處不仁合義處不義合禮處不禮合智處不智合信處不信眼中只要見好顏色耳中只要聽好音樂口中只要喫好茶飯鼻中只要聞好香氣只要快活一就把那心都使得這上頭去了不問道理合與不合只揀他愛的便做此等人雖有人形便與禽獸一般了聖人出世自己能明明德見這般人教與那天與的仁義禮智信五常之德將在前錯行了的改過自新這的便是新民在止於至善是那事最上等好處

且說朝廷根前行呵把心敬謹便是爲官的道理最上等好處爺娘根前孝順便是爲子的道理最上等好處以至孩兒每根前慈愛便是爺娘的道理最上等好處與人做件當呵信實不說謊便是伴當其間的道理最上等好處這幾件都依著行呵便是止於至善一件事到根前心裏知有處置便心定心既定更休動便是靜能心靜不亂便是能安能安呵是能處置便理會得那不合怕的不怕不合喜的不喜不合怒的不怒不合憂的不憂敬心常在這其間將事上心細尋思自有得處然後理會格物致知聖人教人今日學一件把那一件道理窮究到是處明日再去爲一件又恁的窮究今日明日只管窮究將去或看文書評論古人是的不是的

或是眼前見的事思量合做不合做的這幾般一件件分揀得是呵便是格物這般窮究了多咱心裏都理會得久而聞天下事好的歹的合做的不合做的都省得了心上明白無些昏蔽便是致知誠意是那不昧自己不謾別人便是誠意如臭穢之物人見便嫌是眞箇嫌好的顏色人見便愛是眞箇愛此便是誠意雖獨自坐時也常把心來休教縱了小人於人不見處甚的歹勾當不做出來及至見人口裏則說道俺做好公事卻不知道好人先自知他做的歹了那肚皮裏肝合肺上事都被高人見了這般說慌呵謾不過人怎似那人誠實的心正正當當的孔子道修身在正心心是一身的主宰心若主得正呵身裏行得不錯了若那心偏了呵不

合怒的便怒不合喜的便喜不合憂的便憂不合怕的便怕我若行的正做得正呵我又怕甚麽怒也怒的是喜也喜得是憂也憂得是比如怕呵有幾般怕便似做宰相的人見朝廷行得錯了便合諫若朝廷怒呵也不合怕死若怕死隨著朝廷行得錯了不諫呵便是不合怕的怕不合怕的怕便是箇不合進的進不合退的退一般意見若事上不用心眼前見也不明白耳中聽也不分明口中喫也不知滋味心既正身自修得正身既修得正家便可齊齊家又在修身身是一家的主自己一身既是做得正咱一家人大的小的親的不親的家法自然不亂了若是自己有偏愛的有偏嫌的有偏怕的有偏敬重的有偏可憐見的有偏小覷的愛的不合

將那歹處也愛嫌的不合將那好處也嫌更說比喻爺娘愛孩兒好不知孩兒每不是處身上有一件偏向便是不會齊家齊得家事便是治國的法度治國又在齊家凡人心既正了身又修得正在一家之中爲父者慈爲子者孝一日在朝廷爲官決忠於君在家兄弟和睦在外與人做伴當老實心裏慈愛覷著百姓恰似覷著家裏孩兒每一般只要教百姓快活便是自家快活一般所謂一家仁一國興仁如堯帝舜帝行仁天下皆行仁桀王紂王不行仁德政事暴虐待教天下行仁百姓每怎生行得仁上頭人不曾教導下頭人怎生學得自古好人都會自己身上尋思自己心正便能修身齊家治國平天下都做得有如平天下在治國若能以禮讓

治國呵必能以禮讓治天下比這堯帝讓位於舜朝廷衆官皆興讓這的是一家讓一國興讓天下皆這般地呵那裏有那相爭還報的道理在上的敬老人在下便孝順在上的重長上在下的便敬長上上頭人恤孤念寡下頭人便可憐見那孤寡在上者不以正禮使在下人在下者也不肯盡心以事其上若不以正禮使在前人在後者也不肯盡心若不以正禮使右邊人左邊人也不肯盡心齊家治國平天下的道理文人武人都是這箇道理聖人千言萬語不過只是說這幾件的道理這幾件的道理須索用自己心一件件體驗過依著行呵便有益若不用心體驗便是一場閒話也似這般說過去了便無益錢穀是國家大事生財有箇道理作生

活者多食用者少做造者多使用處不過當這般呵財常不闕少宋宰相呂正獻公曾說做宰相只理會錢呵不是好事百姓是國之本財是百姓之心多收斂錢財必損著百姓損著百姓必損著國家小人多收斂錢財教君王見喜君王不覺百姓難受卻道國家有利益君王又道此人肯受天下怨卻不知天下怨氣只在君王處因此上賢的君王在事前處置得不教生亂

孔子道修身在正心這的是大學裏一箇好法度能正心便能修身能修身便能齊家能齊家便能治國能治國便能平天下那誠意格物致知都從這上頭做根腳來大槩看來這箇當於正心上一步一步行著去一心正呵一身正一家正一國正這的便是平天下的體例這

般心正的人有那好勾當便肯向前去做見那歹勾當便不肯向前去做如那朱晦菴解了六經四書諸家文字許多生受了他是箇正心的人肯去做呵做的都是那好勾當如古時有箇柳盜跖專一要做賊打劫喫人的心肝他是一箇昧心不是那正心的人都做得歹了教後人道不好將那顏回來比呵便見得柳盜跖歹顏回好顏回是能正心的人盜跖是不能正心的人若是正心呵恐怕身上有些兒不是處一日加三遍思量不教有些兒不到處都教做得正正當當地好似這般便能齊家能齊家則俺家大的小的都學俺一般樣好不教大的不做大小的不做小治得這家齊呵便治得那國事也好治國是做朝廷的政事大勾當平天下是治

得那國事好教天下四海內外都太平的勾當心若有些兒不正便是昧了心便是要去謾人謾了下頭人呵便是昧心謾了上頭人呵天也不可憐見有一等人常常的做歹勾當卻來人面前說道俺做的勾當好便如掩著那耳朶子去偷那鈴的相似他自道別人不見他不知道別人先自見了他和他的肺上肝上的事都見了這般的便是那心不正昧了心要謾人的人大槩論來大學只是明明德新民止於至善細分開卻有八件且如明德新民比著堯帝去征苗民有苗民並驩兜作歹的人將那已前歹的心都改正了重新做箇好人卻用做好勾當又如楚平王在臨潼鬬寶用那賢人羸了諸國楚書說楚國無以爲寶惟善以爲寶這的是那楚

國有好人所以楚國强這般樣思量呵便是明德新民到那至善的意兒這三項都從心正上做若心正也能誠意也能格物也能致知這其間一箇心正仁義禮智信三綱五常君臣父子老的小的都正如桀王暴虐紂王寵妲己只理會快活多徵百姓每差發錢積在那鹿臺庫裏糧積在那鉅橋倉裏卻不思量這般東西卻是百姓每身上脂膏教百姓每怨不好天下諸侯都怨爲這上賢的人比干諫他又將比干殺了天下諸侯每都投奔西伯昌西伯昌死西伯昌的孩兒武王興兵伐紂將紂王殺了這的都是那不能正心做壞了家國又如周幽王愛褒姒褒姒是幽王的妃子褒姒尋常不好笑幽王要褒姒笑卻去烟火臺上擂鼓燒火諸侯每尋常

將這火鼓爲信號纔見擂鼓燒火則道是賊來害幽王諸侯每都來救幽王平白地擂鼓燒火諸侯每都來褒姒見了大笑諸侯每來到見沒事知道幽王召咱每來只是要引得褒姒笑或別一日申伯將引西番軍馬來殺幽王幽王燒火擂鼓諸侯每都不來救幽王被西番殺了褒姒被西番擄了這的是不能正心便是沒誠意自將國家壞了如隋煬帝科天下數萬人夫開河修路栽花插柳打造龍船準備開了河道差天下夫都拽船去遊翫揚州這般害殺天下百姓壞了國家至今人都笑駡將這堯帝讓位與舜帝比呵堯帝是箇正心的人認得舜帝也是那止心的人便肯將那位來讓舜做若當時堯立丹朱爲主呵也由堯帝堯有這般肯心讓與

舜帝天下都無相爭還報的心是以正心用正人天下後世說做仁賢之君孔夫子教人理會得這大學正要教人行得這大學便是正正當當的人心若正便有些行不盡的政事決沒一些箇歪斜偏向處大凡爲人件件從那正心上行得來自然有箇主張不胡亂行事又如前賢說道學好人的如造塔兒一般一步高如一步學歹的人似穿井一般一步低如一步天下事不揀甚麼公事都從那正心上做將出來撇不得那正心兩箇字心正的勾當在上的正呵在下的也正一家正呵在下孩兒每都正一國正呵天下的人心都正備細思量正心是大學的好法度

論明明德答丞相

古之聖人以天地人爲三才天地之大其與人相懸不知其幾何也而聖人以人配之何耶蓋上帝降衷人得之以爲心心形雖小中間藴藏天地萬物之理所謂性也所謂明德也虚靈明覺神妙不測與天地一般故聖人說天地人爲三才明德虚靈明覺天下古今無不一般只爲受生之初所稟之氣有清者有濁者有美者有惡者得其清者則爲智得其濁者則爲愚得其美者則爲賢得其惡者則爲不肖若得全清全美則爲大智大賢其明德全不昧也身雖與常人一般其心中明德與天地同體其所爲便與天地相合此大聖人也若全濁全惡則爲大愚大不肖其明德全昧雖有人之形貌其心中暗塞與禽獸一般其所爲顛倒錯亂無一是處此大

惡人也若清而不美則爲人有智而不肖若美而不清則爲人好善而不明其清而美者類鏡之明而平其濁而惡者類鏡之不明而又不平也其清而不美者類鏡之明而不平其美而不清者類鏡之平而不明也清美之氣所得的分數便是明德存得的分數濁惡所得的分數便是明德暗塞了的分數明德止存得二三分則爲下等人存得七八分則爲上等人存得一半則爲中等人明德在五分以下則爲惡常順爲善常難明德在五分以上則爲善常順爲惡常難明德正在五分則爲善爲惡常交戰於胸中戰而未定外有正人正言助之則明德長而爲善外有惡人惡言助之則明德消而爲惡清的分數濁的分數美的分數惡的分數參錯不齊

所以便有千萬般等第右論生來所稟氣陰陽也蓋能變之物其清者可變而爲濁濁者可變而爲清美者可變而爲惡惡者可變而爲美縱情慾則清美變爲濁惡明明德則濁惡變爲清美天生聖人明德全明不用分毫功夫於天下萬事皆能曉解皆能了幹見天下之人皆有自己一般的明德只爲生來的氣稟拘之又爲生以後耳目口鼻身體的愛欲蔽之故明德暗塞與禽獸不遠聖人哀憐故設爲學校以變其氣養見在之明開未開之明使人人明德皆如自己一般此聖人立教之本意然爲學之初先要持敬敬則身心收斂氣不粗暴清者愈清而濁者不得長美者愈美而惡者不得行靜而敬常念天地鬼神臨之不敢少忽動而敬自視聽色貌言事疑忿得一一省察不要逐

物去了雖在千萬人中常知有己此持敬之大略也禮記一書近千萬言最初一句曰毋不敬天下古今之善皆從敬字上起天下古今之惡皆從不敬上生在小學便索要敬在大學便索要敬爲臣爲子爲君爲父皆索要敬以至當小事當大事都索要敬這一件先能著力然後可以論學學先要窮理如論人才如何知得高下○文疑不全

總論小學大學答或問

人稟天地之德五行之秀所以爲人故人之德有五仁義禮智信人之倫亦有五父子君臣夫婦長幼朋友以人之德行於五者人倫之間各盡其分乃所謂奉天命立人道也然人生氣稟不齊上品之人不教而善中品之人教而後善下品之人教亦不善凡上品下品之人分數常少而中品之

人分數常多聖人立教使民生八歲皆入小學及十有五歲學有長進始與王公卿士之子同入大學小學教人自下事上之道如子孝於父臣忠於君等之類大學教人自上臨下之道如敬天修德節用愛民之類上知所以臨下則下順下知所以事上則上安上安下順此古昔治平之興必本於小學大學之教也

許文正公遺書卷三終

許文正公遺書卷之四

大學直解

大學

是這一部書名

大學之道在明明德

大學之道是大學教人爲學的方法明是用工夫明之明德是人心本來原有的光明之德夫子說古時大學教人的方法當先用工夫明那自己光明之德不可使昏昧了

在親民

親字本是新字民是指天下百姓說大人爲學既明了自己明德又當推此心使那百姓每各去其舊染

之汚以明其明德也都一般不昏昧

在止於至善

止是必到這裏不改移的意思至善是說極好的去處大人之學明自己的明德新百姓每的明德都要到那極好的去處不可一些改移方是成功這三句是大學一部書的綱領所以叫做三綱領

知止而后有而后能后能靜靜而后能安安而后能慮慮而后能得

這是承上文說止字便是在止於至善的止字明德新民都有箇所當止的去處人若是先曉得那所當止的去處志便有箇定向無疑惑了這便是知止而后有定志若有了定向心便有箇主張不妄動了這

便是定而后能靜心既能靜身子便到處皆安穩自然不動摇這便是靜而后能安身既能安凡事便會子細思量自然不錯亂這便是安而后能慮事既能慮然後明德新民都得了所當止的至善這便是慮而后能得

物有本末事有終始

本是根本末是梢明德新民譬如兩件物明德便是本新民便是末終是臨了始是初起知止能得乃是一件事知止便是始能得便是終

知所先後則近道矣

明德爲本知止爲始在所當先新民爲末能得爲終在所當後人之爲學能曉得這先後的次序則於道

理便不遠了所以說則近道矣

古之欲明明德於天下者先治其國

國是指人君所居的國都說乃是天下的根本古時人君要使天下的人無一箇不明其明德必先治那一國的人使他都明了明德所以說欲明明德於天下者先治其國

欲治其國者先齊其家

家是指人君一家說乃是一國的根本若要使一國的人無一箇不明其明德必先齊那一家的人使他都明了明德所以說欲治其國者先齊其家

欲齊其家者先修其身

齊家是整齊一家的人身是一家的根本若要齊一

家的人必先修治自家一身事事都合道理不可有些違背所以說欲齊其家者先修其身

欲修其身者先正其心

心是一身的主宰若要修治自家一身必先端正自家的心常在道理上不可有些放肆所以說欲修其身者先正其心

欲正其心者先誠其意

誠字解做實字意是心之所發若要端正自家的心必先誠實那心之所發處不可有一些自欺所以說欲正其心者先誠其意

欲誠其意者先致其知

致是推極的意思知是知識若要誠實心之所發必

先推極本心之知識不可有一些不盡所以說欲誠其意者先致其知

致知在格物

格字解做至字物是事物若要推極本心的知識又在窮究天下事物之理直到那至極處不可有一些不到所以說致知在格物這以上八件是大學教人子細用功處故叫做八條目

物格而后知至

人於天下事物之理既能窮究到至極處然後本心的知識無一些不盡矣所以說物格而后知至

知至而后意誠

本心的知識既無一些不盡然後心之所發處可得

而誠實矣所以說知至而后意誠

意誠而后心正

心之所發既能誠實然後心有所主可得而端正矣所以說意誠而后心正

心正而后身修

心之所主既能端正然後身之所行無有偏私可得而修治矣所以說心正而后身修

身修而后家齊

自家一身既能修了然後一家的人皆取法我一身無有不齊矣所以說身修而后家齊

家齊而后國治

一家的人既能齊了然後一國的人皆取法我一家

無有不治矣所以說家齊而后國治

國治而后天下平

一國的人既能治了然後天下四方的人又皆取法於一國無有不平矣所以說國治而后天下平

自天子以至於庶人壹是皆以修身爲本

庶人是衆民壹是是一切自天子而下諸侯卿大夫以至於庶民百姓貴賤雖不同一切都要把修身做根本蓋身是天下國家的根本有天下國家之責者能修這身則家可齊國可治而天下可平矣大學之敎最緊要全在修身上所以說壹是皆以修身爲本

其本亂而末治者否矣

本是指身說末是指家國天下說否是不然的意思

身為家國天下的根本身若不修則其根本先亂了如何得家齊國治而天下平所以說否矣

其所厚者薄而其所薄者厚未之有也

所厚是指家說所薄是指國與天下說家比國與天下所當厚若是於家裏的人先薄了卻能厚於國與天下必無此理所以說未之有也這一段是結上文兩節之意上句教人以修身為要下句教人以齊家為要

右經一章蓋孔子之言而曾子述之其傳十章則曾子之意而門人記之也

這一段是宋儒朱子的註解右經一章是指前面大學之道到未之有也一章說聖人的言語叫做經蓋

是疑詞曾子是孔子的弟子朱子說大學這一章書義理精深疑是孔夫子平日的言語曾子傳述的其傳十章則曾子之意而門人記之也賢人的言語叫做傳後面解說經文的十章乃是曾子平日的意思他門弟子記纂的

舊本頗有錯簡

舊本是舊時傳下的大學本子錯是差錯簡是竹片古人未有紙用竹片寫字所以舊時傳下的大學本子頗有簡編差錯處

今因程子所定而更考經文

程子是宋時大儒程頤號伊川先生他曾把大學一本書差錯處參定來朱子因他參定的又把那經文

逐一考究過

別爲序次如左

序次是先後的次第左是指後面說朱子考究那經文乃分別一箇次第在後面如今這本書便是所以說別爲次序如左

康誥曰克明德

康誥是周書篇名克是能武王作書告康叔說人人皆有明德都昏蔽了獨文王能明自家明德

大甲曰顧諟天之明命

大甲是商書篇名顧是常常看著諟字解做此字天之明命即是上天與我的明德伊尹作書告大甲說人人皆有天的明命都喪失了獨成湯常常看著這

明命無一時不明

帝典曰克明峻德

帝典是虞書堯典篇峻字解做大字大德即是明德

堯典中說人人皆有這大德多不能明獨帝堯能明

這大德

皆自明也

這一句是總結上面三句說文王成湯帝堯三箇聖

人都是自明其明德所以說皆自明也

右傳之首章釋明明德

首字解做頭字釋是解釋前面這一段是大學傳的

頭一章解釋孔夫子經文中明明德的意思

湯之盤銘曰苟日新日日新又日新

湯是商王成湯盤是沐浴的盤銘是銘刻於盤以自警省的言語苟字解做誠字是著實的意思成湯以人之洗濯其心以去惡如沐浴其身以去垢故銘刻幾句言語在盤上說爲人君的著實能一日之閒洗去那舊染之污以自新則當因這已新的而日日新之又無時不新之工夫不可畧有些閒斷這便是苟日新日日新又日新

康誥曰作新民

康誥是周書篇名武王告弟康叔的言語作是振作的意思新民是百姓每能自新的武王告康叔說人君於那百姓每遷善改過能自新的要鼓舞振作之使他常常爲善不要住了這便是作新民

詩曰周雖舊邦其命維新

詩是大雅文王篇邦是國都命是天命曾子引詩說周家自從后稷開國以來邦國雖舊及至文王能新其德以及於民方纔受天命以有天下所以說其命維新

是故君子無所不用其極

是故是承上文說極即是至善曾子又總結說君子新自家的明德與新百姓的明德都要止於那至善的去處

右傳之二章釋新民

這前面四節是大學傳的第二章解經文中新民的意思

詩云邦畿千里惟民所止

詩是商頌元鳥篇邦畿是天子的國都止是居詩人說天子所都其地千里有衣冠文物之美四方百姓每都願居止於內是邦畿乃民所當止的去處

詩云緡蠻黃鳥止于丘隅

詩是小雅緡蠻篇緡蠻是鳥聲丘隅是山高樹多處詩人說緡蠻之聲的黃鳥雖是箇微物都知道棲止在那山高樹多處是丘隅乃鳥所當止的去處

子曰於止知其所止可以人而不如鳥乎

子是孔子孔子因讀緡蠻黃鳥止于丘隅這一篇詩遂解釋說黃鳥是微小之物於欲止之時尚且曉得揀擇箇好止的去處況人爲萬物之靈豈可反不如

那禽鳥知所當止乎這是勉人當知所止

詩云穆穆文王於緝熙敬止

詩是大雅文王篇穆穆是深遠的意思於是歎辭緝是繼續熙是光明敬止是無不敬而安所止詩人說文王之德穆穆然深遠因他持敬的工夫繼續光明無少閒斷故其所行之事無一不止於至善這是言聖人能得所止

爲人君止於仁

仁是仁愛曾子說爲人君的道理在於仁文王爲國君時管著百姓每他件件事都盡得那仁愛的道理無一箇人不得其所所以說爲人君止於仁

爲人臣止於敬

敬是恭敬爲人臣的道理在於敬文王爲西伯時服事著天子他件件事都盡得那恭敬的道理無一些怠忽的意思所以說爲人臣止於敬

爲人子止於孝

孝是孝順爲人子的道理在於孝文王爲人子時服事他父母早起晚息念念不忘盡得那孝順的道理所以說爲人子止於孝

爲人父止於慈

慈是慈愛爲人父的道理在於慈文王爲人父時撫養他兒子教訓成就都做箇好人盡得那慈愛的道理所以說爲人父止於慈

與國人交止於信

信是誠實與人交的道理在於信文王與國人交接時言語無一些虛詐所行事都件件著實能盡得那信的道理所以說與國人交止於信文王是聖人凡事都止於至善曾子指出這五件來示人要人把文王做箇樣子去學他

詩云瞻彼淇澳菉竹猗猗

詩是衛風淇澳篇瞻是觀看淇是水名澳是水涯的曲處菉詩經上作綠色的綠字猗猗是美盛貌詩人說觀看那淇水的曲處綠色之竹猗猗然美盛這是託物起興以美衛之武公也

有斐君子如切如磋如琢如磨

斐是文章著見之貌君子是指衛武公切用刀鋸磋

用鑢錫琢用椎鑿磨用沙石詩人說斐然有文的衛武公他學問工夫譬如治骨角的既切以刀鋸又磋以鑢錫他自修工夫譬如治玉石的既琢以椎鑿又磨以沙石是說他治之有緒而益致其精的意思

瑟兮僴兮赫兮喧兮

瑟是嚴密的意思僴是武毅的意思赫喧是宣著盛大的意思詩人說衛武公德之存於心的瑟然嚴密而不麤疎僴然武毅而不怠弛這便是瑟兮僴兮德之見於身的赫然宣著而不闇昧喧然盛大而不局促這便是赫兮喧兮

有斐君子終不可諠兮

斐是有文章的意思諠字解做忘字詩人又說衛武

公員是箇有文章的君子他德澤感人之深人都仰慕他雖歲月久遠終是忘他不得這便是有斐君子終不可諠兮

如切如磋者道學也

道是言說學是講習討論詩人所言如切如磋這是說衞武公學問工夫已精而益求其精的意思

如琢如磨者自修也

自修是省察克治詩人所言如琢如磨這是說衞武公修身工夫已密而益求其密的意思

瑟兮僩兮者恂慄也

恂慄是戰懼詩人所言瑟兮僩兮是說衞武公爲學工夫已到自然有那戰懼的意思常常存在心裏

赫兮喧兮者威儀也

威是有威可畏儀是有儀可象詩人所言赫兮喧兮是說衛武公既常常戰懼自然有威嚴人都畏懼他有儀容人都取法他

有斐君子終不可喧兮者道盛德至善民之不能忘也

盛德是指理之得於身者說至善是指理之極處說詩人所言有斐君子終不可諠兮這是說衛武公有是盛德至善深入百姓的心百姓每到老也忘他不得如君之至善在仁他能盡仁便是君之盛德臣之至善在敬他能盡敬便是臣之盛德以至能盡孝慈與信便是他爲子爲父與人交的盛德所以人人自然仰慕不能忘了這是說明明德止於至善

詩云於戲前王不忘

詩是周頌烈文篇於戲是歎詞前王是指文王武王詩人歎息說文王武王雖去世已遠天下之人思慕他的功德終不能忘

君子賢其賢而親其親小人樂其樂而利其利此以沒世不忘也

君子是指後賢後王小人是指後世的百姓曾子說文王武王所以能使人思慕不忘者因他盛德至善的餘澤及於後世後世爲賢人的得以仰他德業之盛爲王的得以思他覆育之恩是君子皆得其所爲百姓的含哺鼓腹安饗太平之樂耕田鑿井安饗自然之利是小人皆得其所此所以文王武王去世雖

遠而人思慕他終不能忘也這是說新民止於至善

右傳之三章釋止於至善

總前面這五段是大學傳的第三章解釋經文中止於至善的意思

子曰聽訟吾猶人也必也使無訟乎

子是孔子聽是聽斷訟是詞訟猶人是與人相似的意思曾子引孔子說若論判斷詞訟使曲直分明我與人也一般相似必是能使那百姓每自然無有詞訟不待判斷方纔是好蓋聽訟非難使民無訟然後爲難也

無情者不得盡其辭大畏民志

情是情實辭是訟辭畏是畏服志是心志曾子既引

孔子之言又申說聖人如何能使百姓無訟只是說謊不著實的人向聖人面前不敢盡意說他那妄誕的虛辭蓋因聖人能明自家的明德於事理所止處件件都明白大能使百姓每畏服他自然無那顛倒曲直相爭訟的所以訟不待聽而自然無了

此謂知本

本是指明德聖人不務聽訟只要使百姓每畏服自然無訟這便是知得那明德爲新民的根本所以說此謂知本

右傳之四章釋本末

這是曾子傳大學的第四章解釋經文中本末的意思

此謂知本此謂知之至也

此謂知本這一句前面已有了此處又說乃是衍文衍是多餘的意思此謂知之至也這一句只是箇結語上面別有闕文闕是欠闕的意思

右傳之五章蓋釋格物致知之義而今亡矣

蓋是疑辭亡是亡失前面是傳文第五章疑是曾子解釋經文中格物致知的意思因古時簡編壞爛這一章書如今遂亡失了朱子補在後面

閒嘗竊取程子之意以補之

閒是近嘗字解做曾字竊是私竊朱子說我近曾私下取用程子的意思補那傳文的殘闕

曰所謂致知在格物者言欲致吾之知在即物而窮其

理也

這以下是朱子所補的傳文卽字解做就字朱子說經文所言致知在格物者是說人要推極自家心裏的知識呵便當就那每日所接的事物上逐件窮究其中的道理務要明白不可有一些不盡處

蓋人心之靈莫不有知而天下之物莫不有理

心是人之神明人之一心雖不過方寸然其本體至虛至靈莫不有箇自然知識物卽是事物天下事物雖是萬有不齊然就一件件上觀看莫不有箇當然的道理

惟於理有未窮故其知有不盡也

人若於天下事物的道理不能一件件窮到那極至

處則他心裏雖有自然的知識也未免昏昧欠缺有不能盡了所以說惟於理有未窮故其知有不盡也

是以大學始教必使學者卽凡天下之物莫不因其已知之理而益窮之以求至乎其極

始字解做初字人於事物之理有未窮則己之知識必有不能盡所以大學中始初教人必使爲學的於凡天下的事物無大無小件件上莫不因他本心已知識的道理益加工夫窮究必要求到那至極的去處

至於用力之久而一旦豁然貫通焉

豁然是開悟的意思學者窮究事物的道理今日窮究一件明日窮究一件用工到那積累多時有一日

間忽然心裏自然開悟通透則衆物之表裏精粗無不到而吾心之全體大用無不明矣表是外面指道理易見處說裏是裏面指道理難見處說精是道理精妙的粗是道理粗淺的人之一心能具衆理的是全體應萬事的是大用人若到那豁然貫通處則於萬物的道理顯隱精粗無一些曉不到此心所具的全體大用無一些不明了

此謂物格此謂知之至也

衆物之表裏精粗無不到這便叫做物格吾心之全體大用無不明這便叫做知至這兩句是總結上文

所謂誠其意者毋自欺也

誠意是自修第一件事毋是禁止辭自欺是自家欺瞞不著實的意思曾子說經文中所言誠其意者在於禁止自家的欺瞞不要有一些不著實處

如惡惡臭如好好色此之謂自謙

謙字解做快字又解做足字人於惡惡必如惡那惡臭一般唯恐有些染著於身好善必如好那好色一般務要得之於己這等呵便自家心上方纔快足所以謂之自謙

故君子必慎其獨也

獨是自家心裏獨知處好善惡惡實與不實他人所不及知是我自家心裏獨自知道這等去處君子必要謹慎以審其幾微所以說君子必慎其獨也

小人閒居爲不善無所不至

小人是不好的一樣人閒居是自家居沒人看見處曾子說小人在沒人看見處幹那不好的事千般百樣都做出來

見君子而后厭然揜其不善而著其善

君子是好的一樣人厭然是惶恐要藏躱的模樣揜是遮蓋著是顯著曾子又說小人在沒人處幹了不好的事及至見了君子的人卻心裏惶恐左遮右蓋要揜他不好的事顯出他好的事來這等人不是不知善當爲惡當去只是他不能著實爲善去惡所以至此

人之視己如見其肺肝然則何益矣

視是看然是相似的意思曾子說小人陰爲不善而陽欲揜之不知道別人看著自家把肚裏那肺肝都見了相似要遮揜那惡也遮揜不得要詐爲那善也詐爲不得這等心不誠實又哄人不過有甚益處所以說則何益矣

此謂誠於中形於外故君子必愼其獨也

誠是實獨是人所不知自家所獨知的去處上文所言人之視己如見其肺肝這是說小人實有那不好的心在裏面便有那不好的形迹露出在外面此君子所以重以爲戒必致謹於那心裏獨自知道的去處而不敢自欺也

曾子曰十目所視十手所指其嚴乎

這是門人引曾子平日的言語發明上文的意思說那小人在幽獨處幹了不好的事只說人不得知不知被人將他肺肝都看見了便與那十目同視著十手同指著一般這幽獨處豈不甚是可畏

富潤屋德潤身心廣體胖

潤是潤澤廣是寬廣胖是舒泰的意思人若富足呵房屋便粧飾得鮮美人若有德呵身體便發見得潤澤如何得見那有德的人他中無愧怍心裏廣大寬平身體自然舒泰這便是德潤身處

故君子必誠其意

人若意誠方纔德潤其身所以爲學君子必使這箇念頭常常著實好善便著實好善惡惡便著實惡惡

不可有一毫自欺

右傳之六章釋誠意

這是曾子傳大學的第六章解釋經文中誠意的意思

所謂修身在正其心者身有所忿懥則不得其正有所恐懼則不得其正有所好樂則不得其正有所憂患則不得其正

身有的身字當作心字忿懥是惱怒的意思恐懼是畏怕的意思好樂是歡喜的意思憂患是愁慮的意思曾子說經文所言修身在正其心者爲何蓋惱怒畏怕歡喜愁慮這四件是人心裏發出來的情人人都有但當察箇道理上不當惱怒卻去惱怒則惱怒

便偏了不當畏怕卻去畏怕則畏怕便偏了不當歡喜卻去歡喜則歡喜便偏了不當愁慮卻去愁慮則愁慮便偏了這四件偏了心便不正如何能修得自家的身子

心不在焉視而不見聽而不聞食而不知其味

曾子說心是一身的主宰心若不在呵雖是眼前的物件也都看不見耳邊的聲音也都聽不得口裏喫的飲食也都不知滋味了所以君子常要存著這心以檢束其身

此謂修身在正其心

上文兩節前一節說心有偏的弊病後一節說心不在的弊病都是說人要修治其身先要端正其心

右傳之七章釋正心修身

這是曾子傳大學的第七章解釋經文正心修身的意思

所謂齊其家在修其身者人之其所親愛而辟焉之其所賤惡而辟焉之其所畏敬而辟焉

之猶於也辟猶偏也經文中所謂齊其家在於修其身者爲何葢人於骨肉之間固當親愛然只管隨其情之所向不知父有不義也當爭子有不善也當教便是陷於親愛的一偏人於卑污之人固當賤惡然只管隨其情之所向不知他尚有可化或有可取便是陷於賤惡的一偏人於尊長固當畏敬然只管隨其情之所向不知雖君上之尊爲臣下者也當進救

責難便是陷於畏敬的一偏

之其所哀矜而辟焉之其所敖惰而辟焉

哀矜是憐憫的意思敖惰是簡慢的意思人於貧窮的人固當憐憫若只管隨其情之所向不知這樣人也有不當憐憫處一向憐憫他這便是哀矜陷於一偏平常的人固當簡慢若只管隨其情之所向不知這樣人也有不當簡慢處一向簡慢他這便是敖惰陷於一偏

故好而知其惡惡而知其美者天下鮮矣

鮮字解做少字這是承上文說人若偏於所好雖其人有可惡的惡也不知了人若偏於所惡雖其人有可好的美也不知了若於其所好的人卻能知其惡

於其所惡的人卻能知其美這等好惡不偏的人天下不可多得所以說天下鮮矣

故諺有之曰人莫知其子之惡莫知其苗之碩

諺是俗語苗是田苗碩是茂盛曾子說人的情有所向便不免陷於一偏所以俗語說那溺愛不明的人他的兒子雖是不肖也不知只說是好那貪得無厭的人他的田苗雖是茂盛也不知只說不茂盛這等的都是偏之爲害家所以不齊了

此謂身不修不可以齊其家

上文兩節是說身爲一家的根本人若陷於一偏而身不修便不能齊家

右傳之八章釋修身齊家

這是曾子傳大學的第八章解釋經文中修身齊家的意思

所謂治國必先齊其家者其家不可教而能教人者無之

經文中所說欲整治一國必先整齊一家謂何蓋家爲一國之本若一家的人不能教訓他做好人卻能去教訓那一國的人都做好人必無此理所以說其家不可教而能教人者無之

故君子不出家而成教於國

君子居人之上若能自修其身教得一家之內父父子子兄兄弟弟都做了好人不必出到家庭之外那一國的百姓自然感化也都曉得這道理要做好人所以說君子不出家而成教於國

孝者所以事君也

孝是善事其親曾子說國之有君與家之有親一般在家事親之孝卽是國之所以服事其君的道理

弟者所以事長也

弟是善事其兄長是尊長國之有長與家之有兄一般在家事兄之弟卽是國之所以事奉尊長的道理

慈者所以使衆也

慈是慈愛卑幼衆是小民國之有小民與家之有卑幼一般在家撫愛卑幼的慈卽是國之所以使衆的道理這孝弟慈三件是君子所以修身而教於家的然一國中事君事長使衆的道理不外乎此此所以家齊於上而教成於下也

康誥曰如保赤子

康誥是周書赤子是小兒曾子引周書說爲人上的愛養那百姓每當如那慈愛母保愛小兒子一般方盡得愛養的心

心誠求之雖不中不遠矣

誠是誠實曾子又解釋周書說小兒或饑或寒自家不會說爲慈母的保愛他用心誠實探求他所欲雖不能盡中其意也不甚相遠若百姓每的好惡比小兒又容易曉爲人上的但推此心誠實去求之未有不得其所欲者

未有學養子而後嫁者也

曾子又說女子嫁與人方纔有爲人母之道未有在

家先學養子而後出嫁的道理蓋甚言慈母養子之
心出於天性之自然也

一家仁一國興仁一家讓一國興讓一人貪戾一國作亂
其機如此

一人指人君說貪是貪欲戾是乖戾不順理機是機關發動處曾子說爲人君的能使父慈子孝而一家之內皆仁則一國的人皆興起於仁能使兄友弟恭而一家之內皆讓則一國的人皆興起於讓若人君一身貪欲乖戾則一國的人便都做出悖亂的事來上以此感則下以此應機關觸動處自然止遏不住如此

此謂一言僨事一人定國

這兩句是古人的言語僨是覆敗曾子又說古人曾說一句言語有差失足以敗壞了事人君一身行得好時便可以安定其國這都是教成於國的效驗

堯舜帥天下以仁而民從之桀紂帥天下以暴而民從之

堯舜是自古兩箇聖君帥是帥領桀紂是兩箇無道的君承上文說堯舜之爲君他躬行仁愛於上天下之人見他所行的是仁也都去學他行仁這是堯舜帥天下以仁而民從之桀紂之爲君他自行暴虐於上天下之人見他所行的是暴也都去學他行暴這是桀紂帥天下以暴而民從之

其所令反其所好而民不從

令是政令堯舜所好在仁故民從其仁桀紂所好在

暴故民從其暴若人君出令教人以仁而平日所好卻是暴這是所令反其所好了下民決不肯從他此可見人君不可不先正身以帥天下之人

是故君子有諸己而后求諸人無諸己而后非諸人

是故是承上起下之辭君子是有位的人求是責非是說人的不是要正他的意思有位的君子必須自家有這等善處然後可以責那下人之善若自家無這善呵便如何去責得他自家無這等惡處然後可以正那下人之惡若自家有這惡呵如何去正得他

所藏乎身不恕而能喻諸人者未之有也

藏是存恕是推己以及人喻是曉自家不能有善而無惡卻要去責人之善正人之惡這便是所存乎身

的不恕了如何能曉喻得他人使他爲善而不爲惡必無此理所以說未之有也

故治國在齊其家

這一句是通結上文人若不能修身而教於家必不能成教於國所以說故治國在齊其家

詩云桃之夭夭其葉蓁蓁之子于歸宜其家人宜其家人而后可以教國人

詩是周南桃夭篇之子是說女子之嫁者婦人謂嫁曰歸宜是善這一章詩說桃樹夭夭然少好其葉蓁蓁然美盛以興女子之歸于夫家必能和順以善處那一家的人曾子引之而言國之本在家能善處一家的人使老安少懷則一國之人自然觀感而化所

所以說宜其家人而后可以敎國人

詩云宜兄宜弟宜兄宜弟而后可以敎國人

詩是小雅蓼蕭篇這一句詩說人能於一家之中既善事其兄又善撫其弟曾子引之而言國之本在家能善處其兄弟使一家長幼和睦則一國之人自然觀感而化所以說宜兄宜弟而后可以敎國人

詩云其儀不忒正是四國其爲父子兄弟足法而后民法之也

詩是曹風鳲鳩篇儀是禮儀忒字解做差字曾子上文引詩咏歎齊家治國的道理其意猶未足於此又引詩說人君一身所行的禮儀無有一些差錯便能表正東西南北四方國都的百姓引詩如此又解詩

說人君爲父能慈爲子能孝爲兄爲弟能友愛足以爲人的法則然後一國之人皆有所取法爲父的也慈爲子的也孝爲兄爲弟的都友愛所以說其爲父子兄弟足法而后民法之也

此謂治國在齊其家

曾子旣引三詩又總結說一家是一國的根本這三詩所言雖有不同皆是說人君欲治其國在先齊其家之意

右傳之九章釋齊家治國

前面是傳文第九章解釋經文中齊家治國的意思

所謂平天下在治其國者

曾子說經文中所言均平天下在於先治其一國之

人謂何

上老老而民興孝上長長而民興弟上恤孤而民不倍

上指人君說老老是父母老老是盡事老之禮興是興起長長是兄長長長是盡事長之禮恤是哀矜孤是幼而無父的人倍是違背爲人君的能以事老之禮孝順自家的父母則下面百姓也都興起事父母的孝心爲人君的能以事長之禮恭敬自家的兄長則下面百姓也都興起事長的弟心爲人君的能哀矜那孤幼的人則下面百姓也都興起其慈心愛恤孤幼不肯違背了

是以君子有絜矩之道也

絜是度矩是爲方的器具孝弟慈三件上行下效可

見人同此心，是以君子在上，必當因其所同，推以度物，使天下之人各遂其願也。都盡得那孝弟慈的道理，不可使他有一箇不得其所，所以説君子有絜矩之道也

所惡於上，毋以使下；所惡於下，毋以事上

惡是憎惡，不欲如此的意思。曾子釋解絜矩二字的意思，説假如不欲在上的人以無禮使我，便以我的心度量在下的人，知他的心與我一般，也不敢以此無禮使他。如不欲在下的人不忠於我，便以我的心度量在上的人，知他的心與我一般，也不敢以此不忠事他

所惡於前，毋以先後；所惡於後，毋以從前

前是先字的意思如不欲前面的人以不善待我便以我的心度量後面的人也不敢以此不善先加於他如不欲後面的人以不善待我便以我的心度量前面的人也不敢以此不善及於他

所惡於右毋以交於左所惡於左毋以交於右

曾子說如不欲右邊的人以不善加於我便以我的心度量左邊的人也不敢以此不善交於他如不欲左邊的人以不善加於我便以我的心度量右邊的人也不敢以此不善交於他

此之謂絜矩之道

此字是指上文所惡於上至毋以交於右一節曾子又總結說人能把此心度量這上下四旁處得他都

要均齊方正不使有一物不得其所這便是絜矩之道要平天下須用這道理

詩云樂只君子民之父母

詩是小雅南山有臺篇樂是嘉樂只是語辭君子指在上的人說曾子引詩說可嘉可樂的君子在人上是百姓母的父母

民之所好好之民之所惡惡之此之謂民之父母

曾子又解說君子在位能體下民之心如飽暖安樂民心所好便因其所好而好之使他各得其所如饑寒勞苦人心所惡便因其所惡而惡之使他各適其情以一己之心安衆人之心譬如父母愛養他兒子一般所以說此之謂民之父母

詩云節彼南山維石巖巖赫赫師尹民具爾瞻

詩是小雅節南山之篇節是截然高大的模樣巖巖是積石赫赫是顯盛師尹是指周太師尹氏說周王信用尹氏致得天下亂了所以詩人託物起興說道望著南邊的山截然高大山上的石頭也巖巖的堆著如今尹氏做著太師其名分勢位赫赫的顯盛恰便似那高山一般百姓每都瞻仰著他

有國者不可以不愼辟則爲天下僇矣

愼是謹愼辟是偏辟僇字與刑戮的戮字同意曾子又解詩說凡有國家的百姓每都瞻仰著他不可不常常謹愼若是不能盡得那絜矩的道理只管恣一己的偏私既不順民之所好使他飽暖安樂都不得

遂又不順民之所惡使他饑寒勞苦都不能免天下之民都生怨恨必然衆叛親離身與國家如何保得所以說辟則爲天下僇矣

詩云殷之未喪師克配上帝儀監于殷峻命不易

詩是大雅文王篇殷是成湯有天下之號喪是失師字解做衆字配字解做對字上帝卽是上天儀字當作相宜的宜字監是視峻字解做大字曾子引文王詩說殷朝比先祖宗做天子時所行的事件件都合道理不曾失了衆人的心那時天命都歸他所以能對乎上帝而有天下及紂之時所行的事件件都不合道理失了衆人的心遂失了天下後來周家做天子的當要鑒視殷家這上天的大命保守甚難不可

失了人心

道得衆則得國失衆則失國

道字解做言字曾子又解詩說有天下的若能絜矩所行都合著人心則天下的百姓都來歸向而能配乎上帝這便是得衆則得國若不能絜矩所行不合著人心則天下的百姓都不來歸向不能配乎上帝這便是失衆則失國爲人上者豈可不以得人心保天命爲念哉

是故君子先愼乎德

是故是承上起下之辭君子是指在上的人愼是謹愼德是明德曾子因上文不可不愼的言語又說在上的君子當先用格物致知誠意正心修身的工夫

謹慎在己之明德不可有一些怠忽昏昧

有德此有人有人此有土

有人是說得衆有土是說得國君子既有了這明德那百姓每同有這德的一箇箇都感化歸順這便是有人既有了這衆人百姓居住的地土一處處都屬他管轄這便是有土

有土此有財有財此有用

財是貨財用是用度既有了國土那地中所生的諸般財貨百姓每都來貢賦與國家這便是有財既有了財貨國家諸般日用供給自然都勾用了這便是有用

德者本也財者末也

德便是明德本是根本末是末梢有德則有人有土而後有財用所以說德者本也財者末也

外本內末爭民施奪

爭民是使百姓每爭鬬施奪是教百姓每刼奪爲人君者以德爲外不去自明其德以財爲內專去聚斂那財百姓每見在上的人如此也都爭鬬刼奪起來便是爲人君的教他一般所以說外本內末爭民施奪

是故財聚則民散財散則民聚

是故是承上文說人君以德爲外以財爲內則百姓每都爭鬬刼奪如何得相聚所以說財聚則民散若是以德爲內以財爲外則百姓每都愛戴歸向如何

得離散所以說財散則民聚

是故言悖而出者亦悖而入貨悖而入者亦悖而出

言是言語悖是違悖不順理貨是財貨曾子承上文說人若有不順理的言語出自於我加於他人他人也把那不順理的言語加之於我正似那財貨一般若有不順理取將進來的終也不順理散將出去這是必然之理

康誥曰惟命不于常道善則得之不善則失之矣

康誥是周書命是天命道是言曾子又承上文引周書康誥篇說上天之命不可爲常這是說爲人君的若能絜矩而散財得民便得了天命而國家可以常保若不能絜矩而亡身殖貨便失了天命而國家不

可保矣天命不常如此爲人君的豈可不思所以保之哉

楚書曰楚國無以爲寶惟善以爲寶

楚書是楚國史官所記的言語寶是貴重的物楚書說王孫圉聘於晉晉趙簡子問楚國之寶何在王孫圉說我楚國不以金玉爲寶只是有德的善人便當做寶

舅犯曰亡人無以爲寶仁親以爲寶

舅犯是晉文公舅姓狐名偃字子犯亡人是指晉文公說比先晉文公做公子時出亡在外以後文公的父獻公薨逝了秦穆公勸文公歸國以取富貴故舅犯教文公對他說出亡在外的人不以富貴爲寶只

以愛親爲寶若不去哀痛思慕其親卻去興兵爭國便不是了此兩節曾子引來皆以明不外本而內末的意思

秦誓曰若有一个臣斷斷兮無他技其心休休焉其如有容焉

秦誓是周書篇名秦穆公告誓羣臣的言語斷斷是誠一無詐僞的意思技是才能休休是和易正直好善的意思容是容受曾子引秦誓說若有一个大臣斷斷然誠一沒有別的才能只是易直好善容愛得人更有甚麼物可比他的度量

人之有技若己有之

這一个大臣能容受得人他見天下有才能的便心

裏喜好恰似自家有這才能一般畧無一些嫉妒的心其能容人之才如此

人之彦聖其心好之不啻若自其口出寔能容之

彦是美士聖是通明不啻是不止的意思大臣見有德性美好通明的人心裏愛得深切不止如他口中所言其能容人之德如此這可見他於有才有德的人著實能容受得無一些虛假

以能保我子孫黎民尚亦有利哉

以是用保是安黎民是黑髮之人指天下的百姓尚是庶幾利是利益人君若能用這等有容的大臣必能保我子孫常饗富貴保我黎民常饗太平於國家豈不有利益哉這說人君用大臣得其人則其效驗

如此

人之有技娼嫉以惡之人之彥聖而違之俾不通寔不能容

娼是妒忌惡是憎嫌違是拂戾不相合的意思俾是使秦穆公又說若做大臣的其心裏容不得人見箇有才能的人便妒忌憎惡不愛見他見箇美好通明的人與他便不相合使不得進用這等的人是他卑污褊淺著實無容人之量

以不能保我子孫黎民亦曰殆哉

殆是危殆不安的意思穆公又說人君若用這等不能容人的做大臣如何能保輔我的子孫又如何能保愛我的百姓子孫百姓也都保不得國家必然危

殆不安了所以說亦曰殆哉

唯仁人放流之迸諸四夷不與同中國

仁人是指在上的人說放是放棄流是流徙迸是趕逐的意思曾子說這等媢嫉之人妨賢而病國唯是仁人在上知其爲惡十分惡他或放棄之或流徙之務要趕逐出外夷地面去不容他在中國以爲善人之害

此謂唯仁人爲能愛人能惡人

曾子又引孔子之言說唯仁人放流這媢嫉之人以保安善人使不受其害是能盡愛人之道禁伏凶人使他不得肆其惡是能盡惡人之道蓋由仁人至公無私故能得好惡之正如此

見賢而不能舉舉而不能先命也

賢是有才德的好人命字當作慢字曾子說人君見那有才德的好人卻不能舉用雖知要舉用又不能急急然早先用他使在朝廷之上這便是怠慢了

見不善而不能退退而不能遠過也

不善是無才無德的惡人過是過失曾子又說人君見那無才德的惡人卻不能黜退雖知要黜退又不遠遠的迸諸四夷不與同中國這便是過失了這一節是說人君知所愛惡而未能盡愛惡之道的蓋進善退惡是人君第一件事若雖知好善而不能進雖知惡惡而不能退則賞罰不明賢否無別何以致天下之治哉

好人之所惡惡人之所好

曾子說無才無德的惡人是衆人之所同惡人君於那衆人所同惡的不能退而遠之反去信任他便是好人之所惡有才有德的好人是衆人之所同好人君於那衆人所同好的不能進而用之反去疏斥他便是惡人之所好這好惡全失其道矣

是謂拂人之性菑必逮夫身

拂是違逆的意思菑是災害逮是及好善惡惡是人之本性人君好人之所惡惡人之所好便是拂逆了衆人的本性人心便都不服必然衆叛親離亡家敗國一身也保不得其災害無甚於此所以說菑必逮夫身人君好惡不明其害至於如此可不謹哉

是故君子有大道必忠信以得之驕泰以失之

君子是說有位的人大道是修己治人的大道理忠是發於己心而自盡信是循於物理而無違驕是矜高泰是侈肆曾子承上文說有位的君子修己治人有箇大道理必要發於己心而自盡循於物理而無違方纔得了這大道理若是矜高自尊侈肆自縱必然失了這大道理曾子此章既引文王詩說得衆則得國失衆則失國又引康誥說道善則得之不善則失之到這裏凡三言得失而語益加切蓋天理存亡之幾決於此矣

生財有大道生之者衆食之者寡爲之者疾用之者舒則財恒足矣

生是發生衆是多寡是少疾是速舒是寬恒是常八

曾子說財貨雖是末事然國家用度也少不得若要

發生這財貨自有箇大道理財貨出於土田須使百

姓每都去耕種不要閒了這便是生之者衆百姓每

納得賦稅與臣做俸祿無有冒濫喫俸祿的人這便

是食之者寡百姓每耕種要宜趕趁時候不妨悞了

他這便是爲之者疾國家用度時必須酌量撙節常

有些餘剩這便是用之者舒人君若能如此則財自

然常常足用了這便是生財之道

仁者以財發身不仁者以身發財

發是發起來的意思曾子又說仁德之君知道這生

財的道理不專取民之財使百姓每都富足則百姓

每都來歸向他其身自然發達起來這便是以財發身無仁德的君不知生財的道理雖身弒國亡也不相顧只管橫取於民積聚那財貨起來這便是以身發財

未有上好仁而下不好義者也

曾子說在上的人果能好仁事事都愛惜那在下的人則在下的人必能好義也事事忠愛那在上的人豈有上好仁而下不好義的

未有好義其事不終者也未有府庫財非其財者也

既是在下的人箇箇好義必能每事盡心向前去做朝廷的事豈有幹不了的事既幹了則上安其位下守其分安富尊榮府庫之財常常保得又豈有悖出

之患哉這是說以財發身的效驗

孟獻子曰畜馬乘不察於雞豚伐冰之家不畜牛羊

孟獻子是魯國的賢大夫畜是畜養馬四匹爲乘察是留心的意思豚是豬孟獻子說養四匹馬的人家是士初試爲大夫的他已有俸祿了不當留心去養雞豚伐冰之家是卿大夫以上喪祭得用冰的他俸祿愈加厚了不當去養牛羊這都是說做官的不當與民爭利

百乘之家不畜聚斂之臣與其有聚斂之臣寧有盜臣此謂國不以利爲利以義爲利也

獻子又說有百乘的人家都是百姓每供給不當養聚斂之臣蓋聚斂的臣剝民膏血以奉其上不比盜

竊之臣止盜府庫之財而禍不及民故君子與其有聚斂之臣寧可有盜竊之臣曾子又解釋說獻子此言是說國家不當以利爲利只是好義自然有利是以義爲利也

長國家而務財用者必自小人矣

長是君長自是由曾子說人君之治國家不肯修德專務聚財害民必由小人引導得他如此

彼爲善之

這一句上下疑有闕文誤字不可解

小人之使爲國家菑害並至雖有善者亦無如之何矣

菑是天菑害是人害善者是有才德的好人曾子又說人君若用小人治國家他聚財害民無所不爲必

然致得天菑人害一時並見到這時節雖去用那好人也救不得了所以說無如之何矣

此謂國不以利爲利以義爲利也

曾子又重說這兩句解獻子之言見得國家不當以利爲利只以義爲利蓋義利之分不可不察故於篇終深致意焉爲人君者所當知也

右傳之十章釋治國平天下

這前面說話是大學傳的第十章解釋經文中治國平天下的意思

凡傳十章前四章統論綱領旨趣後六章細論條目工夫

朱子說曾子傳大學總是十章前面四章是總論明

德新民止至善三件綱領的章旨意趣後面六章是細論格致誠正修齊治平八件條目的次第工夫其第五章乃明善之要第六章乃誠身之本

朱子又說第五章論格物致知是明善窮理的要法第六章論誠意是誠實此身的根本

在初學尤爲當務之急讀者不可以其近而忽之也

明善誠身這兩件在初學用之尤是至切要的急務讀這書的不可把做淺近忽畧看過須知成己成物爲聖爲賢皆自此始

許文正公遺書卷之四終

中庸直解

中庸

這是一書的總名孔子之孫子思所作

子程子曰不偏之謂中不易之謂庸

程子是宋時大儒名頤字正叔號伊川下一子字是男子之通稱上一子字是後學之尊稱程子解中庸說這理具於人心無所偏倚所以名之曰中行之日用不可改易所以名之曰庸

中者天下之正道庸者天下之定理

程子又說中者是天下共由的正道庸者是古今常行不變的定理如父子之親君臣之義夫婦之別長

幼之序朋友之信天下之人誰能不由這道理行從古至今誰能變易得所以說中者天下之正道庸者天下之定理

此篇乃孔門傳授心法子思恐其久而差也故筆之於書以授孟子其書始言一理中散爲萬事末復合爲一理

此篇是指中庸這一本書子思是孔子之孫名伋孟子是子思弟子名軻恐是懼怕的意思程子說中庸這一本書乃是孔門師弟子相傳授心上的妙法孔子傳之曾子曾子傳之子思當時只是口口相傳及到子思之時恐怕去聖愈遠後面未免有差失處乃把平日口授的言語寫在書上傳與他的弟子孟軻

這一書始初說性命原於天只一箇理到中間卻散
爲萬事如達道達德九經三重之類無所不備及至
末章推到上天之載無聲無臭又只是這一理
放之則彌六合卷之則退藏於密其味無窮皆實學也
善讀者玩索而有得焉則終身用之有不能盡者矣
放是推開的意思彌是充滿上下四方叫做六合卷
是收斂的意思玩是玩味索是思索程子又說這箇
中庸的道理推開去則充滿於六合收斂來則退藏
於一心中間意味無有窮盡都是著實有用的學問
不比那虛無寂滅之教不可見於行事善讀這書的
玩味思索於其中義理件件看得明白以之修身而
身修以之治人而人治自少至老終身受用有不能

盡者矣

天命之謂性

命是令性卽是理天生人物旣與之氣以成形必賦之理以爲性便是天命令他一般所以說天命之謂性

率性之謂道

率是循道是道路人物各循其性之自然則其日用事物之閒莫不各有當行的道路所以說率性之謂道

修道之謂教

修是品節之也性道雖是一般而氣稟或異故不能不失其中聖人於是因其所當行者而品節之以爲法於天下所以說修道之謂教

道也者不可須臾離也可離非道也

道是日用事物當行之理皆性之德而具於心無物不有無時不然如何須臾離得他若其可離則是外物而非率性之道矣所以說道也者不可須臾離也可離非道也

是故君子戒慎乎其所不睹恐懼乎其所不聞

是故是承上文說子思說君子因道不可離心裏常存敬畏於那目所不覩之處雖是須臾之頃亦戒慎而不敢忽於那耳所不聞之處雖是須臾之間亦恐懼而不敢慢所以存天理之本然而不使離道於須臾也

莫見乎隱莫顯乎微故君子慎其獨也

隱是幽暗微是細事獨是人所不知而己所獨知之地就指那隱微說子思又說幽暗之中細微之事人以爲可忽者殊不知其迹雖未形而幾則已動人雖不知而己獨知之則是天下之事更無有著見明顯而過於此者所以君子之心既常戒懼而於此幽暗之中細微之事雖人所不知而己所獨知之地尤必極其謹慎而不敢忽所以遏人欲於將萌而不使其潛滋暗長於隱微之中以至離道之遠也

喜怒哀樂之未發謂之中發而皆中節謂之和

喜是喜悦怒是忿怒哀是悲哀樂是快樂子思說喜怒哀樂這四件是人之情未與物接時都未發出來乃是人之性這性渾然在中無所偏倚故謂之中及

其既與物接這喜怒哀樂發將出來件件都中節無所乖戾故謂之和

中也者天下之大本也和也者天下之達道也

子思又說這未發之中便是天命之性天下萬事萬物之理皆從此出道之體也所以爲天下之大本這發皆中節之和便是率性之道天下古今所共由之路道之用也所以爲天下之達道

致中和天地位焉萬物育焉

致是推極的意思位是安其所育是遂其生子思又說人能自戒懼而約之以至於至靜之中無所偏倚則吾之心正天地之心亦正故三光全寒暑平山岳奠河海清而天地各安其所矣自謹獨而精之以至

於應物之處無少差謬則吾之氣順天地之氣亦順故草木蕃盛鳥獸魚鼈咸若而萬物各遂其生矣

右第一章

前面自天命之性至萬物育焉是子思作中庸第一章書

仲尼曰君子中庸小人反中庸

仲尼是孔子的表字君子是能體道的人中庸是不偏不倚無過不及平常的道理小人是不能體道的人反是相背的意思子思引他祖孔子之言說君子之人於中庸之道身體而力行之日用常行無不是這道理故曰君子中庸小人之人於中庸之道不能身體而力行之日用常行都背著這道理故曰小人

反中庸

君子之中庸也君子而時中小人之中庸也小人而無忌憚也

時中是隨時處中無忌憚是無敬忌畏憚的意思子思解上文說君子之所以爲中庸者以其能戒謹不睹恐懼不聞既有了君子之德而又能隨時以處中故曰君子而時中小人之所以反中庸者以其有小人之心而又無所忌憚故曰小人而無忌憚也

右第二章

這前面是中庸書第二章

子曰中庸其至矣乎民鮮能久矣

中庸即是那不偏不倚無過不及平常的道理子思

引孔子說天下之理過則失中不及則未至惟有這中庸的道理不失之太過不失之不及所以爲至只是百姓每少能盡得這道理已非是一日了所以說

民鮮能久矣

右第三章

這前面是中庸書第三章

子曰道之不行也我知之矣知者過之愚者不及也

道者天理之當然卽是那中庸的道理子思又引孔子說這中庸的道理不行於天下我知道這緣故只爲那明智的人知之太過以爲道不足行那愚昧的人知之不及又不知道之所以行所以這道理不行於天下

道之不明也我知之矣賢者過之不肖者不及也

賢者是有德的人不肖者是不賢的人孔子說這中庸之道不明於天下我知道這緣故只是賢者好行那驚世駭俗的事既以道爲不足知常過乎中了不肖者卑汙苟賤既不能行這中道又不求所以知常不及乎中了此道之所以不得明於天下也

人莫不飲食也鮮能知味也

飲食是譬喻明與行說味是譬喻中說孔子又說人於日用閒誰不飲食只是少有能知其滋味者正恰似這中庸的道理誰不要明誰不要行只是明不到那中處行不道那中處所以有太過不及之弊

右第四章

這前面是中庸書第四章

子曰道其不行矣夫

孔子說中庸之道因是不明於世所以不行於世子思引來承接上文鮮能知味之言以起下章大舜能知能行之意

右第五章

這前面是中庸書第五章

子曰舜其大知也與舜好問而好察邇言隱惡而揚善執其兩端用其中於民其斯以爲舜乎

舜是虞帝知是知之明問是訪問察是審察邇言是淺近的言語隱是不宣露的意思惡是不好的言語揚是不隱匿的意思善是好的言語執是執持兩端

如小大厚薄之類中是中道子思引孔子之言說有虞帝舜他是大知的聖人他凡遇事物之來好要訪問雖聞淺近的言語也好要審察若所言不好的便隱而不發若言語好的便稱揚於衆不但如此於那好言語中間又執持兩端自家度量取其合著中道的用之這是大舜不自用其知取衆人之知以爲知此知之所以無過不及而道之所以行也

右第六章

這前面是中庸書第六章

子曰人皆曰予知驅而納諸罟擭陷阱之中而莫之知辟也人皆曰予知擇乎中庸而不能期月守也

知是聰明的意思驅是逐罟是網擭是機檻陷阱是

掘的坑坎都是擗取禽獸者期月是滿一月子思引孔子之言說天下之人箇箇都說自己明知然日用之間禍機在前便當辟去今乃被人驅逐如禽獸落在網罟機檻之中陷在陷阱坑坎之内不知辟去如此豈得爲知乎天下之人箇箇都說自己明知然處事之時辨别衆理擇得箇中庸便當謹守不失今乃不能滿一箇月便已失去如此又豈得爲知乎言知禍而不知辟譬喩能擇而不能守皆不得爲知也

右第七章

這前面是中庸書第七章

子曰回之爲人也擇乎中庸得一善則拳拳服膺而弗失之矣

回是孔子弟子顏回擇是辨別的意思拳拳是奉持的意思服是著膺是胸子思引孔子之言說回之爲人於天下事物都辨別箇中庸的道理但得了一件善道便拳拳然奉持在心胸閒守得堅定不肯須臾失了這是顏回知得中庸道理明白故擇之精而守之固如此此行之所以無過不及而道之所以明也

右第八章

這前面是中庸書第八章

子曰天下國家可均也爵祿可辭也白刃可蹈也中庸不可能也

均是平治孔子說天下國家是至難平治的然資稟之近於知者能均得爵祿是至難推卻的然資稟之

近於仁者能辭得白刃是至難冒犯的然資禀之近於勇者能蹈得三者雖若至難其實容易至於中庸是不偏不倚無過不及而平常之理雖若容易然非義精仁熟而無一毫人欲之私者不能到得所以說中庸不可能也

右第九章

這前面是中庸書第九章

子路問强子曰南方之强與北方之强與抑而强與

子路是孔子弟子姓仲名由字子路抑是語辭而是汝子路好勇故以强爲問孔子答他說汝之所問者乃是南方之所謂强與北方之所謂强與抑是汝之所當强者與其說詳見下文

寬柔以教不報無道南方之强也君子居之

寬是寬容柔是柔巽無道是横逆不循道理孔子説如何是南方之强人能寬容柔巽以教誨人之不及人或以横逆不循道理的事來加我我亦直受之不去報復他這便是南方之强蓋南方風氣柔弱故以含忍之力勝人爲强此則君子之道故曰君子居之

衽金革死而不厭北方之强也而强者居之

衽是席金是刀鎗之類革是盔甲之類孔子又説如何是北方之强那刀鎗盔甲是征伐時所用的凶器人所畏怕的今乃視之如卧席一般雖至於死而無厭悔之意這便是北方之强蓋北方風氣剛勁故以果敢之力勝人爲强此則强者之事故曰强者居之

故君子和而不流强哉矯中立而不倚强哉矯國有道不變塞焉强哉矯國無道至死不變强哉矯

君子是成德之人和是和順流是流蕩强是强勇矯是强貌强哉矯是贊歎之辭倚是偏著變是改變塞是未達孔子說人若和順易至於流蕩君子雖與人和順而不至於流蕩其强之矯矯者人若中立易至於偏倚君子能卓然中立而不至於偏倚其强之矯矯者君子當國家有道之時達而在上不改變了未達之所守其强之矯矯者當國家無道之時雖至於死不改變了平生之所守其强之矯矯者這四件是君子之强乃學者之所當勉孔子以是告子路所以抑其血氣之剛而進之以德義之勇也

右第十章

這前面是中庸書第十章

子曰素隱行怪後世有述焉吾弗爲之矣

素字當作索字是求也隱是隱僻怪是怪異述是稱述孔子說有等人深求隱僻之理要知人之所不能知過爲詭異之行要行人之所不能行這等所爲足以欺世而盜名故後世或有稱述之者此知之過而不擇乎善行之過而不用其中不當强而强者也聖人豈肯爲此事哉所以說吾弗爲之矣

君子遵道而行半塗而廢吾弗能已矣

遵是依塗是路廢是棄已是止孔子說君子能擇乎善遵依此道而行然用力不足行到半塗中卻廢棄

了此其知雖足以及之而行有不逮當强而不强者也聖人自謂我卻遵道而行行必到盡處自不肯半塗而廢了非勉焉而不敢廢蓋至誠無息行必到那盡處自有所不能止所以說吾弗能已矣

君子依乎中庸遯世不見知而不悔唯聖者能之

依是循遯是隱遯悔是怨悔孔子又說君子不爲索隱行怪則依乎中庸之道而行又不肯半塗而廢是以隱遯於世人不見知亦無怨悔此中庸之成德正吾夫子之事而謙不自居所以說唯聖者能之

右第十一章

這前面是中庸書第十一章

君子之道費而隱

道卽是中庸之道惟君子爲能體之所以說君子之道費是用之廣隱是體之微子思說君子之道有體有用其用廣大而無窮其體則微妙而難見如下面說的便是

夫婦之愚可以與知焉及其至也雖聖人亦有所不知焉

子思說這君子之道就一事上說雖至愚的夫婦他也有箇自然之良知不待學而知者若論到那全體至極處雖生知的聖人也有知不盡處

夫婦之不肖可以能行焉及其至也雖聖人亦有所不能焉

子思又說這君子之道就一事上看雖是箇不肖的夫婦他也有箇自然之良能不待學而能者若論到

全體至極處雖安行的聖人也有行不盡處這兩段都是說君子之道費而隱的意思

天地之大也人猶有所憾

憾是怨恨的意思子思說這君子之道若論到那全體至極處不止聖人不知不能雖天地也有不能盡處如天能覆而不能載地能載而不能覆或當寒不寒當熱不熱或水旱蟲蝗或風雷霜雹或爲善的不降與他福爲惡的不降與他災也未免與人怨恨

故君子語大天下莫能載焉語小天下莫能破焉

子思又說這君子之道若就那廣大處說則極於至大而無外舉天下載不了就那微小處說則入於至小而無內舉天下破不開這都是用之廣處然其所

以然者則隱而莫之見便是體之微處
詩云鳶飛戾天魚躍于淵言其上下察也
詩是大雅旱麓篇鳶是鴟鳥戾是至躍是跳淵是水深處其是指此理而言察是昭著詩人說鳶之飛則至於天魚之躍則在于淵子思引而觧之說鳶飛戾天是言此道理昭著於上魚躍于淵是言此道理昭著於下皆出率性之自然這便是費然其所以然者則非見聞所及這便是隱
君子之道造端乎夫婦及其至也察乎天地
造端是託始的意思子思又說君子之道自其近小處而言託始於夫婦居室之間無非此道之流行及那至極處昭著於天高地下之間無非此道之呈露

子思言此所以通結上文費隱之意

右第十二章

這前面是中庸書第十二章

子曰道不遠人人之爲道而遠人不可以爲道

道便是率性之道子思引孔子之言說率性之道只在君臣父子夫婦長幼朋友之閒衆人之所能知能行者故常不遠於人若爲道的人厭其卑近以爲不足爲離了君臣父子夫婦長幼朋友務爲高遠難行之事則便不是道了所以說不可以爲道

詩云伐柯伐柯其則不遠

詩是豳風伐柯之篇伐是砍伐柯是斧柄則是法則豳風之詩說人手中執著斧柄去砍那木來做斧柄

那斧柄長短之法則不必別處遠求只就這手中所執的便是道之不遠於人亦是如此

執柯以伐柯睨而視之猶以爲遠

睨是斜看孔子又解詩說把手中所執的斧柄與那所伐的斧柄比來雖是法則相似還有彼此之不同故伐木做斧柄的看那手中斧柄的法則尚以爲遠

故君子以人治人改而止

以是用治人猶言責人改是改過孔子又說執柯伐柯故有彼此之不同若是以人治人則爲人的道理都在各人身上所以君子責人就用他身上原有的道理如事親之孝事長之弟這道理都是各人原有的若是不孝不弟便把那孝弟的道理去責他他若

肯改過爲孝爲弟就便止了再不去責他這是責之以其所能知能行不是要他遠人以爲道也

忠恕違道不遠施諸己而不願亦勿施於人

盡己之心叫做忠推己及人叫做恕違是彼此相去的意思道卽是率性之道孔子說忠恕這兩件與率性之道相去不遠如人以橫逆加於我我心裏不欲他如此則推己之心以度人知道他的心與我一般我也不以此橫逆加於人這便是忠恕之事

君子之道四丘未能一焉

丘是孔子的名孔子自謙說君子之道有四件我於這四件的道理一件也不能盡得下文乃詳言之

所求乎子以事父未能也所求乎臣以事君未能也所求

乎弟以事兄未能也所求乎朋友先施之未能也
求是責孔子說所謂君子之道四而未能一焉者何
以見之且如爲子之道在於孝我之所責乎子者欲
其孝於我反求乎我之所以事父卻未能如我之所
以責子者爲臣之道在於忠我之所責乎臣者欲其
忠於我反求乎我之所以事君卻未能如我之所以
責臣者悌爲事兄之道所責乎弟者欲其悌於我反
求乎我之所以事兄者卻未能克盡其悌信爲朋友
之道所責乎朋友者欲其信於我反求乎我之所以
交朋友者卻未能先施之以信這四件君子之道孔
子都說未能其實是自謙之詞

庸德之行庸言之謹有所不足不敢不勉有餘不敢盡言

顧行行顧言君子胡不慥慥爾

庸是平常庸德是常行的德行庸言是常說的言語行是踐其實謹是擇其可慥慥是篤實的模樣贊美之辭也孔子說人於那平常之德必要踐其實以爲行於那平常之言必要擇其可而後說然行常失於不足有不足處不敢不勉力行將去言常失於有餘若有餘處不敢盡說出來德不足而勉則行益力言有餘而訒則謹益至謹之至則言顧行矣行之力則行顧言矣言行相顧如此豈不是慥慥然篤實之君子乎凡此皆不遠人以爲道之事也

右第十三章

這前面是中庸書第十三章

君子素其位而行不願乎其外

素是見在位是地位願是願慕子思說君子之人但因見在所居之位而爲其所當爲無有慕外之心

素富貴行乎富貴素貧賤行乎貧賤素夷狄行乎夷狄素患難行乎患難

富貴是有爵祿的貧賤是無爵祿的夷狄是外國患難是困苦君子見在富貴便行那富貴所當爲的事見在貧賤便行那貧賤所當爲的事見在夷狄便行那夷狄所當爲的事見在患難便行那患難所當爲的事這是說素位而行的意思

君子無入而不自得焉

自得是安舒的意思子思說君子於富貴貧賤夷狄

患難之間惟爲其所當爲隨其身之所寓坦然安舒無所入而不自得這是承上文素其位而行說

在上位不陵下在下位不援上正己而不求於人則無怨上不怨天下不尤人

陵是陵虐援是攀援怨是怨憤子思又說君子居人上以臨下則安於在上之位不肯陵虐那下面的人居人下以事上則安於在下之位也不敢攀援那上面的人惟正其身而不求於人自然無有箇怨憤的心上面不敢怨憤於天下面也不敢過尤於人這是承上文不願乎其外說

故君子居易以俟命小人行險以徼幸

易是平地俟是等候命是天命險是不平穩的去處

徼是求幸是不當得而得的子思說君子素位而行
隨其所寓都安居在平易的去處一聽候著天命無
有慕外的心小人卻常行著險阻不平穩的去處以
求理所不當得者君子小人之不同如此

子曰射有似乎君子失諸正鵠反求諸其身

射是射箭射的裏面畫布叫做正棲皮叫做鵠子思
又引孔子之言說射箭的人與那君子人相似君子
凡事正己而不求人射箭的人若是不中那正鵠只
責自家射的不好不怨尤他人豈不有似君子乎這
是通結上文的意思

右第十四章

這前面是中庸書第十四章

君子之道辟如行遠必自邇辟如登高必自卑

道卽是中庸之道辟與譬喻的譬字同邇是近登是升卑是下子思說君子之道固無所不在而進道的工夫卻自有箇次序不可躐等辟如行路一般要到那遠處必須從近處起程方可到得未有不由近而能至遠者辟如登高一般要到那高處必須從下面上去方可到得未有不由下而能升高者所以說君子之道辟如行遠必自邇辟如登高必自卑

詩曰妻子好合如鼓瑟琴兄弟既翕和樂且耽宜爾室家樂爾妻帑

詩是小雅常棣之篇合是和合鼓是彈琴瑟都是樂器翕也是和合耽是久孥是子孫詩經裏說人能和

於妻子意氣和悅有如彈琴瑟一般宜於兄弟心志和樂樂而且久爲室家的則相諧和無乖戾的意思爲妻孥的則相懽樂無怨怒的意思

子曰父母其順矣乎

順是安樂孔子因讀這詩歎息說人能和於妻子宜於兄弟如此則上面爲父母的心其亦安樂矣乎子思引詩及此語所以發明上文行遠自邇登高自卑之意

右第十五章

這前面是中庸書第十五章

子曰鬼神之爲德其盛矣乎

鬼是陰氣之靈神是陽氣之靈氣之伸處便是神氣

之歸處便是鬼這是天地之功用造化之迹這德字不是德行只是說性情功效性情是鬼神之體功效是鬼神之用這便是德子思引孔子之言說鬼神在天地間無所不在無所不能豈不極盛矣乎

視之而弗見聽之而弗聞體物而不可遺

體物是爲物之體子思又引孔子之言說鬼神無有形象目視之而不可見無有聲音耳聽之而不可聞其體雖至隱而其用則至顯凡物之生都是陰陽之氣合凡物之死都是陰陽之氣散是鬼神爲物之體凡物都遺他不得此鬼神之德所以爲盛也

使天下之人齊明盛服以承祭祀洋洋乎如在其上如在其左右

齊是齊戒明是明潔盛服是美盛的衣服洋洋是流動充滿的意思左右是兩旁子思又引孔子之言說鬼神之靈能使天下的人齊明以齊其內盛服以飾其外畏敬奉承以供祭祀當此之時但見那鬼神之靈洋洋乎流動充滿仰瞻於上便恰似在上面一般顧瞻於旁便恰似在左右一般這便是體物而不可遺之驗

詩曰神之格思不可度思矧可射思

詩是大雅抑之篇格是來度是測度矧字解做況字射是厭三箇思字都是語辭孔子論鬼神爲德之盛於此引大雅抑之詩說鬼神之來格視不見聽不聞不可得而測度況可厭怠而不敬乎

夫微之顯誠之不可揜如此夫

誠是眞實無妄之謂孔子又說鬼神視之不見聽之不聞雖若微妙難知然體物不遺洋洋如在卻又甚是顯著夫鬼神之德微之所以顯者何哉葢鬼神不過是箇陰陽合散而陰陽之合散無非是箇眞實無妄的故其發見昭著之不可揜如此這又是總結上文的意思

右第十六章

這前面是中庸書第十六章

子曰舜其大孝也與德爲聖人尊爲天子富有四海之內宗廟饗之子孫保之

宗廟是祭祀祖先的去處子思引孔子之言說古之

聖君帝舜其可謂之大孝也與何以見之以言其德則德之盛至於爲聖人以言其位則位之尊至於爲天子以言其富則兼四海之內而皆有之由是上而有宗廟之建則祖考歆饗其祭祀下而有嗣續之傳則子孫保守其肩祚帝舜德位福祿件件都到那至極處此其所以爲孝之大也

故大德必得其位必得其祿必得其名必得其壽

位祿名壽是大德的徵驗子思又引孔子之言說人君有盛大之德必然得天下至尊之位必然得天下至厚之祿必然得美好的聲名必然得長遠的壽數蓋有其德必有其驗如舜有大孝能得祿位名壽便是

故天之生物必因其材而篤焉故栽者培之傾者覆之

材是材質篤是厚培是培養覆是覆敗孔子又説上天生物必因他材質而加厚他凡物之栽植的有生長之理便降雨露以滋養他物之傾仆的有覆敗之理便降霜雪以覆敗他所以明舜之有德必得位祿名壽乃是天道自然如此

詩曰嘉樂君子憲憲令德宜民宜人受祿于天保佑命之自天申之

詩是大雅假樂篇嘉樂是可嘉可樂憲字本是顯字令德是美德宜是合民指百姓説人指百官説保佑是眷顧的意思申是重孔子引詩説可嘉可樂的君子有顯顯之美德在外合乎百姓的心在內合乎百

官的心故能受天之祿而爲天下之主天既從而眷顧之又從而申重之卽是天因其材而篤之的意思

故大德者必受命

受命是受天命爲天子孔子又總結上文之意說有大德於己者必受上天之命而爲天子如舜有大德而得祿位名壽便是

右第十七章

這前面是中庸書第十七章

子曰無憂者其惟文王乎以王季爲父以武王爲子父作之子述之

憂是憂慮文王是周文王王季是文王的父武王是文王的子作是創始述是繼述孔子說從古帝王心

無憂慮的只有文王如何見得蓋文王上有王季之賢而爲之父下有武王之聖而爲之子王季克勤王家其功德已創作於前武王奄有四海其功業又繼述於後此文王之心所以無憂也

武王纘大王王季文王之緒壹戎衣而有天下身不失天下之顯名尊爲天子富有四海之內宗廟饗之子孫保之

武王是周武王纘是承繼大王是武王的曾祖王季是武王的祖父文王是武王的父緒是統緒戎衣是盔甲之類孔子又說武王纘繼他祖宗大王王季文王的統緒一著戎衣以伐商紂遂有了天下百姓每都仰戴稱美他他自身不失了天下顯著的名聲以言其尊則至於爲天子以言其富則兼四海之內而

皆有之上而祖考則安享宗廟之祭祀下而子孫則
世世保守帝王之基業此武王所以爲達孝也
武王末受命周公成文武之德追王大王王季上祀先公
以天子之禮
末是老大王是王季的父王季是文王的父先公謂
組紺以上至后稷又是大王王季的祖孔子說當初
武王到老年來方纔受天命爲天子故制作的事不
曾爲得到周公相成王乃推文王武王的意思及乎
王迹之所由起故大王王季生時未嘗稱王今特追
尊以王者的稱號組紺以上未嘗爲天子又推大王
王季的意思把天子的禮來祭之
斯禮也達乎諸侯大夫及士庶人

斯字解做此字達是通庶人是百姓上文那尊親的禮不獨行於朝廷又推之以制爲禮法通行於天下使凡天下爲諸侯的爲大夫的爲士與百姓的各得以尊其親這可見周公的達孝

父爲大夫子爲士葬以大夫祭以士父爲士子爲大夫葬以士祭以大夫

葬是葬埋祭是祭祀孔子說周公制禮法以通行於天下若爲父的會做大夫爲子的卻做士父沒了時安葬便用大夫之禮祭祀便用士之禮若爲父的只做士爲子的卻做大夫父沒了時安葬便用士之禮祭祀便用大夫之禮蓋葬用死者之爵祭用生者之祿禮當如此

期之喪達乎大夫三年之喪達乎天子父母之喪無貴賤一也

期是一年喪是喪服達是通達的意思子思又引孔子之言說周公制禮以通行天下大凡伯叔兄弟一年的喪服自庶人以上通於大夫皆行之天子與諸侯都不行了若是父母三年之喪則下自庶人以上至於天子皆通行之葢人皆由父母而生恩深義重無有分别所以說無貴賤一也

右第十八章

這前面是中庸書第十八章

子曰武王周公其達孝矣乎

達是通達孝是通天下之人皆謂之孝子思引孔

子之言說武王周公能孝其親通天下之人無一箇不稱他做孝所以謂之達孝下面說的便是

夫孝者善繼人之志善述人之事者也

善是能繼是繼續志是心志述是傳述事是事功人是指前人說孔子又說武王周公所以謂之達孝者無他只是他能繼志述事而已蓋前人有欲爲的心志而未成他便能繼續之使有成就前人有已成的事功而可法他便能傳述之使不廢墜了所以通天下的人無不稱他做孝

春秋脩其祖廟陳其宗器設其裳衣薦其時食

脩是整飭祖廟是祭祀祖先的去處陳是陳設宗器是先世所藏的重器裳衣是先世所遺的衣服薦是

供薦時食是四時該薦的品物孔子又説武王周公制爲祭禮當那春秋的時節便整飭那祭祀的去處陳那先世所藏的重器設那先世所遺的衣服供薦那四時該用的品物

宗廟之禮所以序昭穆也

序是次第昭穆是宗廟的位次左邊向南爲昭取昭明之義右邊向北爲穆取深遠之義武王周公制祭祀宗廟之禮祖宗神位左邊爲昭右邊爲穆各有箇次序其子孫助祭的也各因祖宗的昭穆以爲次序故曰所以序昭穆也

序爵所以辨貴賤也序事所以辨賢也旅酬下爲上所以逮賤也燕毛所以序齒也

爵是公侯卿大夫事是宗祝有司之職事旅是衆酬是導飲毛是毛髮齒是年數宗廟中祭祀必以公侯卿大夫的爵位爲次序所以辨别貴賤之等宗祝有司的職事必擇禮儀純熟者爲之所以辨别賢能之人到那祭祀將畢行旅酬之禮賓弟子兄弟之子各舉觶於其長而衆相酬這是逮及賤者使亦得以申其敬也到那祭祀已畢行燕飲之禮則以毛髮之色爲坐次高下這是只論其年數之長幼也

踐其位行其禮奏其樂敬其所尊愛其所親事死如事生事亡如事存孝之至也

踐是踐履位是祭祀的位禮是祭祀的禮奏是作樂是祭祀的樂敬是恭敬所尊是先王的祖考愛是慈

愛所親是先王的子孫臣庶事是事奉孔子又說武王周公善繼人之志善述人之事其所制祭祀之禮當祭之時踐履著先王祭祀的位行著先王祭祀的禮奏著先王祭祀的樂誠意篤至恭敬先王的祖考恩誼周徧慈愛先王的子孫臣庶先王雖死事奉他如生的一般先王雖亡事奉他如存的一般這祭祀中閒都是繼志述事的意思所以謂之孝之至也

郊社之禮所以事上帝也宗廟之禮所以祀乎其先也明乎郊社之禮禘嘗之義治國其如示諸掌乎

郊是祭天社是祭地先是指祖宗說禘天子宗廟之大祭追祭太祖之所從出於太廟而以太祖配之嘗是秋祭之名四時皆有祭此特舉其一件示與視看

的視字同掌是手掌示諸掌言易見也孔子又說郊社所行之禮所以祭祀上帝與后土宗廟中所行之禮所以祭祀祖宗這禮中間都有箇義理人能明得祭祀天地之禮祭祀祖宗之義則仁孝誠敬無所不至推之以治天下便似看那手掌一般的容易所以說治國其如示諸掌乎

右第十九章

這前面是中庸書第十九章

哀公問政子曰文武之政布在方策其人存則其政舉其人亡則其政息

哀公是魯國的君文武是周文王武王布是陳列方是木版策是竹簡古時未有紙劄用木版竹簡寫書

息是滅魯哀公問孔子說爲政的道理是如何孔子對說文王武王雖已沒了當時所行的政事都陳列在木版竹簡中如今若有那時這等的君臣則文王武王的政事便都興舉了若無有那時這等的君臣則文王武王的政事便都息滅了所以說其人存則其政舉其人亡則其政息

人道敏政地道敏樹夫政也者蒲盧也

敏是快速的意思樹是種蒲盧是蒲葦孔子又告哀公說以人立政易於興舉譬如以地種樹易於發生甚是快速那蒲葦草尤是易生之物但種上便發生出來所以立政正如種蒲葦一般何難之有

故爲政在人取人以身脩身以道脩道以仁

人是賢臣身指君身說道卽是天下之達道仁是本心之全德孔子又說人道敏政所以人君爲政在乎得賢臣以爲輔佐要取用賢人又須脩自家身以爲法則要脩自家的身必須盡君臣父子夫婦兄弟朋友當然的道理要脩這道又須全盡本心之德不可有一些虧欠德全於身則有是君有是臣而政無不舉矣

仁者人也親親爲大義者宜也尊賢爲大親親之殺尊賢之等禮所生也

人指人身而言上一箇親字是就奉事說下一箇親字是指親族說宜是分別事理各有箇當然處尊是敬賢是有德的人殺是降殺等是等級禮是天理之

節文孔子又說仁是人所得以有生之理具這生理自然便有惻怛慈愛之意而愛莫大於愛親故曰仁者人也親親爲大有仁便有義義是分別事理使之各得其宜而所宜者莫先於尊賢故曰義者宜也尊賢爲大然親親中間自父子兄弟以至於宗族姻黨自然有箇降殺尊賢中間大賢則事之爲師次賢則資之爲友自然有箇等級這親親之殺尊賢之等那天理之節文又從此而出故曰禮所生也

在下位不獲乎上民不可得而治矣

此句當在後面誤重在此

故君子不可以不脩身思脩身不可以不事親思事親不可以不知人思知人不可以不知天

天即是理孔子又說爲政在人取人以身若自家身有不脩便無以爲取人的法則所以君子在上的不可不先脩其身脩身以道脩道以仁若不能盡親親之仁便無以爲立身的根本所以欲脩其身不可不先事其親欲盡事親之仁必由尊賢之義若不能知人則所親或非其人所由或非其道不免辱身危親所以思事親又不可以不知人親親之殺尊賢之等皆是天理之自然若不能知天則自家心裏不明於人之智愚賢否皆不能辨別所以思知人又不可以不知天

天下之達道五所以行之者三曰君臣也父子也夫婦也昆弟也朋友之交也五者天下之達道也

達道是天下古今人所通行的道理三是指下文知仁勇三件昆弟即是兄弟孔子告哀公說天下古今人所通行的道理有五件所以行這道理卻在於知仁勇三者之德那五件是天下的達道相臨而爲君臣君臣有箇義的道理相生而爲父子父子有箇親的道理相配而爲夫婦夫婦有箇别的道理同氣而爲兄弟兄弟有箇序的道理同道而爲朋友朋友交接有箇信的道理這五件是人人之所固有人人之所通行所以爲天下之達道也

知仁勇三者天下之達德也所以行之者一也

這是承上文說達道雖人所共由然必知以知此道仁以體此道勇以强此道這知仁勇三件乃天下古

今所同得之理所以說天下之達德然要行這三達德又只在一件是那一件不過是誠而已誠是眞實無妄這三達德之中一有不誠則人欲閒之而德非其德矣故曰所以行之者一也

或生而知之或學而知之或困而知之及其知之一也

這三箇知之都是說知那達道人性雖無不善而氣稟則有不同故於那達道或有生而自能知之的或有學而後能知之的或有困心衡慮發憤强求而後能知之的這三等人其聞道雖有蚤晩然到那知之之地只是一般所以說及其知之一也

或安而行之或利而行之或勉强而行之及其成功一也

這三箇行之都是說行那達道孔子又說人於那達

道有不待學而安然自能行之的有眞知篤好如貪利而行之的又有黽勉强力而行之的這三等人其行道雖有難易然到那成功的去處也只是一般所以說及其成功一也

子曰好學近乎知力行近乎仁知恥近乎勇

這子曰兩箇字是書中多寫了的字學是學那達道近是相去不遠的意思力是用力恥是羞恥孔子又說人有未及乎達德而求入德的若能嗜好學問講明義理雖未便盡知之德而可以破其愚惑是亦近乎知矣能自强不息勉力於行雖未便盡仁之德而可以忘其私欲是亦近乎仁矣能以不如人爲可羞恥務要求及乎人雖未便盡勇之德而可以起其懦

弱是亦近乎勇矣

知斯三者則知所以脩身知所以脩身則知所以治人知所以治人則知所以治天下國家矣

斯字解做此字三者指上文好學近乎知力行近乎仁知恥近乎勇三句人是對自己說國是一國家是一家孔子又說人君若能知得好學力行知恥這三件便能入三達德行五達道脩身的道理不過如此故知斯三者則知所以脩身在我的道理卽是在人的道理只從此推將去便可以治人故知所以脩身則知所以治人一箇人的道理卽是千萬人的道理若推將去則天下的人一國的人一家的人無有不可治的故知所以治人則知所以治天下國家矣

凡爲天下國家有九經曰脩身也尊賢也親親也敬大臣也體羣臣也子庶民也來百工也柔遠人也懷諸侯也

經是常體是設以身處其地而察其心的意思子如父母愛其子一般百工是各色技藝柔是寛卹的意思遠人是遠方來的如商賈賓旅皆是懷是懷服孔子說大凡人君治天下國家有九件經常的道理第一件當先脩治自家的身子第二件當尊禮有德的賢人第三件當親愛同姓的親族第四件當加敬那爵位隆重的大臣第五件當體念分理庶務的羣臣第六件當子愛天下的百姓第七件當招來那技藝的百工第八件當寛卹那遠來的商賈賓旅第九件當懷服天下諸侯之國這便是九經的條目

脩身則道立尊賢則不惑親親則諸父昆弟不怨敬大臣則不眩體羣臣則士之報禮重

道郎是達道諸父是伯父叔父昆弟是兄弟孔子又說治天下國家常行的道理有九件每件各有個效驗人君若能脩治自家的身子則道成於己自然做的百姓每的表儀故曰脩身則道立人君若能尊禮賢人將道理都講明了自然無所疑惑故曰尊賢則不惑人君若能親愛同姓的宗族與他同享富貴自然無有怨恨故曰親親則諸父昆弟不怨人君若能敬重輔弼大臣則信任專一小臣不得離間臨事自然無有迷眩故曰敬大臣則不眩人君若能把自己的心體羣臣的心知他心裏所欲則羣臣必感恩圖

報都盡心盡力與朝廷幹事故曰體羣臣則士之報
禮重
子庶民則百姓勸來百工則財用足柔遠人則四方歸之
懷諸侯則天下畏之
勸是悅從的意思歸是向畏是畏服孔子又說人君
於國中百姓能愛惜保養如父母愛子一般則百姓
每蒙其恩澤自然悅從故曰子庶民則百姓勸人君
於百工技藝能招來安輯他則百工每將他工作互
相換易以生貨財國家用度自然充足故曰來百工
則財用足人君於那四方遠人能柔而撫之則凡爲
賓旅的聞風慕義誰不來歸故曰柔遠人則四方歸
之人君於那天下諸侯能以恩而懷之則凡爲天下

之諸侯的自然感恩畏服故曰懷諸侯則天下畏之

齊明盛服非禮不動所以脩身也

齊明是齊其心之思慮使之明潔的意思盛服是美盛的衣服動是就行事說這以下是九經之事孔子又說人君於那未接物時齊明以齊其心思盛服以肅其容儀到那接物之際又隨事省察不合於理便不妄動則內外交養動靜不違而身無不脩矣故曰所以脩身也

去讒遠色賤貨而貴德所以勸賢也

讒是讒言譖人的色是女色貨是財貨德是有德之士人君於那讒譖的小人斥逐他不使之在左右於那美好的女色疎遠他不使之在目前於那寶貨財

物輕賤他不汲汲去求取只一意貴重那有德的賢士大夫則天下賢才皆有所勸勉而樂爲我用矣故曰所以勸賢也

尊其位重其祿同其好惡所以勸親親也官盛任使所以勸大臣也忠信重祿所以勸士也

位是爵位祿是俸祿盛是衆盛忠是盡己之謂信是以實之謂人君於宗族之親尊其爵位以貴之重其俸祿以富之兄弟婚姻不使相遠好惡之事必與之同則有恩有義親族都各遂其情故曰所以勸親親也人君於輔弼大臣官屬衆盛足任使令不使他親理細務則大臣得從容於上以道佐人主故曰所以勸大臣也人君於羣臣庶士忠信以待之而極其誠

重祿以養之而極其厚則爲士者無仰事俯育之累
而樂於趨事赴功矣故曰所以勸士也
時使薄斂所以勸百姓也日省月試既稟稱事所以勸百
工也送往迎來嘉善而矜不能所以柔遠人也
時謂農務閒暇之時斂是收取稅糧省是看視試是
考較既稟是工食嘉是褒美矜是憐憫孔子又說人
君於那百姓須在農閒時役使他不妨誤了他的農
務收取他當出的稅糧又不過於厚則百姓每都得
安逸富足樂於生業故曰所以勸百姓也人君於那
百工逐日看視每月考較均給與他稟食必與他工
作之高下相稱則惰者知勉而能者知勸故曰所以
勸百工也人君於那遠方賓旅往則爲之授節以送

之來則豐其供給以迎之因能授任以褒美其善不强其所不欲以矜憫其不能則天下之旅皆悅而願出於其塗故曰所以柔遠人也

繼絕世舉廢國治亂持危朝聘以時厚往而薄來所以懷諸侯也

絕世是說諸侯子孫已絕了的廢國是說諸侯國祚已滅了的朝是諸侯見於天子聘是諸侯使卿大夫來獻孔子又說人君於那天下諸侯子孫已絕的尋他旁支來繼續他國祚已滅的舉他子孫來與他封爵整治其壞亂教他國中上下相安扶持其危殆敎他國中大小相恤定其朝聘之時每年使大夫一小聘三年使卿一大聘五年則諸侯自來一朝見這是

惟恐勞其力制其貢賜之節朝聘去時燕賜之禮常從厚貢獻來時方物之數常從薄這是惟恐匱其財則天下諸侯都竭忠効力以蕃衛王室都無有倍畔的心故曰所以懷諸侯也

凡爲天下國家有九經所以行之者一也

這又結上文說人君治天下國家有九件經常之道然所以行之者只是一件那一件也不過是誠而已蓋爲治之事件件要著實一有不誠則這九件皆爲虛文了故曰所以行之者一也

凡事豫則立不豫則廢

凡事是指達道達德九經之屬說豫是素定廢是廢弛孔子說凡達道達德九經等事都要先立乎誠方

行得去若不先立乎誠這凡事便都廢弛了

言前定則不跲事前定則不困行前定則不疚道前定則不窮

跲是躓礙難行的意思困是窘困疚是病窮是盡孔子又說凡言語先定乎誠句句著實自然說得去不至於有躓礙凡事物先立乎誠件件曾理會過自然臨時做得徹不至於窘困凡所行先立乎誠則心有主張不至枉道從人自然無有疚病凡道理先立乎誠則千變萬化都有箇妙用出來自然無有窮盡這四句又是推說上文凡事豫則立的意思

在下位不獲乎上民不可得而治矣

獲字解做得字獲乎上是得上人的心孔子又以在

下位者推言素定之意說在下位的人必須得上人的心然後可以治民若不得上人的心則無以安於其位雖有愛民之志也行不得故曰在下位不獲乎上民不可得而治矣

獲乎上有道不信乎朋友不獲乎上矣

孔子又說要得上人的心自有箇道理不在於諛說取容惟取信於朋友而已若不能取信於朋友則志行不孚名譽不聞在上的人何由知得故曰不信乎朋友不獲乎上矣

信乎朋友有道不順乎親不信乎朋友矣

順是承順親是指父母說人要取信乎朋友自有箇道理只在承順自家的父母若不順乎親那厚處先

薄了朋友如何肯信故曰不順乎親不信乎朋友矣

順乎親有道反諸身不誠不順乎親矣

反是反求誠是眞實無妄人要順乎親自有箇道理只在誠實自家身上若反求諸身而所存所發有不誠實那事親的禮節都是虛文父母如何得悅故曰反求諸身不誠不順乎親矣

誠身有道不明乎善不誠乎身矣

明是知之眞的意思人要誠其身自有箇道理只在乎明善若不能察於人心天命之本然而眞知至善之所在則好善不如好好色惡惡不如惡惡臭如何能誠其身故曰不明乎善不誠乎身矣

誠者天之道也誠之者人之道也

誠是眞實無妄之謂天賦與人的道理本來眞實無妄無一些人爲這便是天之道也誠之是未能眞實無妄要用力到那眞實無妄的地步人事當得如此這便是人之道也

誠者不勉而中不思而得從容中道聖人也誠之者擇善而固執之者也

勉是勉强思是思索從容是自然的意思擇是揀擇執是執守誠者安而行之不待勉强自然中道生而知之不假思索自然合理此乃渾然天理的聖人則亦是天之道也誠之者未能不思而得則必辨別衆理以明乎善未能不勉而中則必堅固執守以誠其身此乃未至於聖而用力脩爲的則所謂人之道也

博學之審問之愼思之明辨之篤行之

博是廣博審是詳審愼是謹愼明是分明篤是篤實孔子又告哀公說人君欲誠其身有五件條目第一要博學如達道達德與凡天下事物之理都須學以能之既學了又要審問之於人以訂其所疑既問了又要謹思之於心而求以自得既思了又要分明辨析以盡公私義利之眞學問思辨既有所得必皆著實見於踐履而躬行之這五件便是誠之之目學而知利而行者也

有弗學學之弗能弗措也有弗問問之弗知弗措也有弗思思之弗得弗措也有弗辨辨之弗明弗措也有弗行行之弗篤弗措也人一能之己百之人十能之己千之

措是舍置的意思孔子又說爲學之道不學則已學則必須到那能處不至於能決不肯舍了不問則已問則必須到那知處不至於知決不肯舍了不思則已思則必須到那自得處不至於得決不肯舍了不辨則已辨則必須到那明白處不至於明決不肯舍了不行則已行則必須到那篤實處不至於允蹈實踐也決不肯舍了他人只用一倍工夫便能知能行我則加以百倍工夫必要到那去處他人只用十倍工夫便能知能行我則加以千倍工夫必要到那去處這一段是說困知勉行的事

果能此道矣雖愚必明雖柔必強

此道指上文百倍工夫說愚是昏昧明是明白柔是

懦弱强是剛强孔子又說人於那學問思辨篤行五件事上果然能用百倍工夫氣質雖是昏愚必能變化做箇明白的人氣質雖是懦弱必能變化做箇剛强的人

右第二十章

這前面是中庸書第二十章

自誠明謂之性自明誠謂之教誠則明矣明則誠矣

子思說自其德無不實而明無不照這是聖人之德天性本來有的所以叫做性若未能無所不實必先明乎善而後能實其善這是賢人之學由教而入的所以叫做教那德無不實的自然無有不明先明乎善的也可到那誠的地步故曰誠則明矣明則誠矣

右第二十一章

這前面是中庸書第二十一章

唯天下至誠爲能盡其性能盡其性則能盡人之性能盡人之性則能盡物之性

至字解做極字天下至誠是說聖人之德眞實無妄舉天下人莫能過他的意思性是指天命的道理說人是衆人物是萬物子思說唯天下至誠的聖人德無不實故無人欲之私於那天命的道理無有毫髮不盡處故曰唯天下至誠爲能盡其性人之性與我的性只是一般聖人既能盡其性便能使天下之人一箇箇都復其本然的道理這便是能盡人之性物之性與人的性也只是一般聖人既能盡人之性便

能使天下之物一箇箇都遂其自然的道理這便是

能盡物之性

能盡物之性則可以贊天地之化育可以贊天地之化育

則可以與天地參矣

贊是助化育是造化生育與天地參謂與天地並立

而爲三子思又說人物之性固皆天之所賦然天能

與人物以性不能使他皆盡其性聖人既能盡物之

性則凡天地造化生育之功有不到處一件件都能

贊助他這便是贊天地之化育聖人既能贊助天地

之化育則天位乎上地位乎下聖人成位乎其中以

一人之身與那天地並立而爲三才這便是與天地

參矣

右第二十二章

這前面是中庸書第二十二章

其次致曲曲能有誠誠則形形則著著則明明則動動則變變則化唯天下至誠爲能化

其次是說大賢以下凡誠有未至的人致是推致曲是一偏形是形見著是顯著明是光明動者誠能動物變者物從而變化是泯於無迹的意思子思前章說至誠盡性於此又說其次的人必須從那善端發見的一偏處推而致之以至其極曲無不致則其德無有不誠實處故曰曲能有誠德既實了自然充積於中而發見於外故曰誠則形既發於外便顯著而不可掩蔽故曰形則著既顯著了便又有光輝發越

之盛故曰著則明既光明了自然能感動得人故曰明則動既動得人了自然能使人改變不善以從於善故曰動則變既能使人變自然能使人化泯然不見改變之迹了故曰變則化這化的地步不容易到獨有天下至誠的聖人乃能如此今自致曲積而至於能化則其至誠之妙也與聖人一般了所以又說唯天下至誠爲能化

右第二十三章

這前面是中庸書第二十三章

至誠之道可以前知國家將興必有禎祥國家將亡必有妖孼

興是興起禎祥是福之兆如麒麟鳳凰景星慶雲凡

好的事都是亡是喪亡妖孽是禍之萌如山崩川竭地震星變凡不好的事都是子思說天下至誠的聖人清明之躬無一毫私欲之蔽凡事物之來吉凶禍福他都預先曉得如國家將欲興起必先有那等禎祥的好事出來這便是福之兆如國家將欲喪亡必先有那等妖孽的不好事出來這便是禍之萌見乎蓍龜動乎四體禍福將至善必先知之不善必先知之故至誠如神

蓍是蓍草龜是靈龜都是占卜吉凶的物四體是人的手足指動作威儀説善是好處不善是不好處子思又説國家之興亡事雖未形必先有箇幾兆或見於蓍龜之占卜或見於四體之運動若國家有興隆

之福將到便是好處聖人必預先知道若國家有敗亡之禍將到便是不好處聖人也預先知道這至誠的聖人能前知國家興亡之幾如此便與鬼神之明一般所以說故至誠如神

右第二十四章

這前面是中庸書第二十四章

誠者自成也而道自道也

誠是實理自成是自然成就道是人所當行的道理自道是說人當自行子思說天地以實理生成萬物如草木自然便有枝葉如人自然便有手足不待安排故曰誠者自成也若人倫之道卻是人去自行如爲子的須是自家行那孝親之道爲弟的須是自家

行那敬兄之道故曰而道自道也

誠者物之終始不誠無物是故君子誠之爲貴

子思又說天下之物徹頭徹尾都是實理所爲如草木春來發生便爲物之始秋來凋落便爲物之終故曰誠者物之終始若就人心說爲子不誠實孝親便無父子之倫爲弟不誠實敬兄便無兄弟之倫故曰不誠無物此君子之所貴者惟在誠實此心而已故曰君子誠之爲貴

誠者非自成己而已也所以成物也成己仁也成物知也性之德也合外內之道也故時措之宜也

仁是心德乃體之存知是知識乃用之發子思說人能盡得這實理不但可以成就得自家別人因我而

感發興起也都盡得這箇實理是卽所以成物以成己言之心德純全私欲淨盡這便是仁以成物言之知識高明周於萬物這便是知仁與知雖若不同皆是天命與我的道理何嘗有外內之分如今旣得於己則見於外者隨所設施各得其當而合乎時中之宜也

右第二十五章

這前面是中庸書第二十五章

故至誠無息不息則久久則徵

至誠是聖人之德極其眞實無有一些虛假處無息是無閒斷久是常於中徵是驗於外子思承上章說聖人之德旣是極其眞實無有一些虛假便自然無

有間斷旣無間斷自然常久於中旣常久於中自然著見於外有不可掩者矣

徵則悠遠悠遠則博厚博厚則高明

悠是寬緩不迫的意思遠是長遠博厚是廣博深厚高明是高大光明子思又說聖人之德存於中者旣是久了則其功業之驗於外者益悠遠而無窮矣惟其悠遠故積累之至廣博而深厚惟其博厚故發越之盛高大而光明所謂至誠之德著於四方者是也

博厚所以載物也高明所以覆物也悠久所以成物也

載是承載覆是蓋覆悠久卽是悠遠的意思子思又說聖人至誠之德廣博而深厚所以承載得許多事物與那地之承載萬物一般高大而光明所以蓋覆

得許多事物與那天之葢覆萬物一般博厚高明又皆悠遠久長所以能化成天下與那天地之生成萬物一般這可見聖人與天地同用

博厚配地高明配天悠久無疆

配是配合疆是界限子思又說地之體最是博厚聖人之德廣博深厚便可配合於地天之體最是高明聖人之德高大光明便可配合於天地之博厚天之高明最是悠遠久長聖人之德博厚高明便與天地一般悠久無有界限這可見聖人與天地同體

如此者不見而章不動而變無爲而成

如此者是說上文聖人至誠之功用見字解做示字動是動作爲是施爲子思說聖人至誠之功用其博

厚配地者不待示見於人自然章著與天之品物流形一般其高明配天者不待動作自然變化與天之雲行雨施一般其博厚高明而悠久無疆者也不待有所施爲自然成就與天地成物各正性命一般至誠功用之妙葢如此

天地之道可以言而盡也其爲物不貳則其生物不測

不貳卽是誠測是測度子思說天地之道雖是至大然可以一言包括得盡葢天地之爲物只是箇誠一不貳所以能常久不息四時運行發育萬物有不可得而測度者這以下是子思以天地明至誠無息之功用

天地之道博也厚也高也明也悠也久也

子思說天地之道因其誠一不二故博則極其廣博厚則極其深厚高則極其高大明則極其光明廣厚高明又極其悠遠長久天地之道各極其盛如此所以有生物之功下文所說的便是

今夫天斯昭昭之多及其無窮也日月星辰繫焉萬物覆焉

昭昭是小小明處繫是繫屬覆是覆蓋子思又說天之爲天指其一處言之不過昭昭然小明而已若舉其全體而言則高大光明更何有窮盡那日月星辰皆繫屬於上萬物之衆皆覆蓋於下天之氣象功效蓋如此

今夫地一撮土之多及其廣厚載華嶽而不重振河海而

不洩萬物載焉

撮是以手指取物載是承載華嶽是西嶽華山乃山之最大者振是收河是大河海是四海洩是漏洩子思又說以地言之指其一處不過一撮土之多而已及舉其全體而言則廣博深厚不可測度那華嶽這等大的也承載得起不見其爲重那河海這等廣的也振收得住不見其漏洩至於世間所有之物雖萬萬之多也莫不承載於其上無一些遺失這一節是說地之生物其功用如此

今夫山一卷石之多及其廣大草木生之禽獸居之寶藏興焉

卷字解做區字卷石是一卷之石最小的模樣廣是

廣闊大是高大寶藏是人所寶重藏蓄的物件如金銀銅鐵之類皆是子思說以山言之指其一處不過一卷石之多而已及舉其全體而言則廣闊而且高大百草萬木種類雖多都於此發生飛禽走獸形性雖異都於此居止至於金銀銅鐵之類凡世間寶藏的好物件也都產生出來這一節是說山之生物其功用如此

今夫水一勺之多及其不測黿鼉蛟龍魚鱉生焉貨財殖焉

勺是飲器名可容一升測是測度黿似鱉而大鼉似魚有足蛟似龍無角龍是鱗蟲之長鱉是介蟲貨財是金玉珠寶之類殖是滋長子思又說水之爲物指

其一處而言不過一勺之多而已及舉其全體而言則汪洋廣大不可測度他淺深凡百水族若黿鼉蛟龍魚鼈這許多物都生長裏面又如金玉珠寶這許多財貨也都滋長在裏面這一節是說水之生物其功用如此通上文而言天地山川因他不二不息所以致生物之盛聖人因他至誠無息所以成功業之大可見聖人與天地一般

詩云維天之命於穆不已蓋曰天之所以爲天也

詩是周頌維天之命篇天命卽是天道於是歎辭穆是深遠的意思不已卽是不息周頌之詩歎息說上天之道穆穆然深遠而四時晝夜流行不息子思從而解之以爲這穆不已正是說天之所以爲天者本

來如此

於乎不顯文王之德之純蓋曰文王之所以爲文也純亦不已

不顯便如說豈不顯一般純是純一不雜周頌之詩又歎息說文王之德豈不顯然昭著而純一無雜子思又從而辨之以爲這文德之純正是說文王之所以爲文者惟其純一不雜故亦如天道之無止息夫天道不已文王純於天道亦不已可見天與聖人同一至誠無息之道也

右第二十六章

這前面是中庸書第二十六章

大哉聖人之道

大哉是贊歎之辭聖人之道卽是率性之道道雖人所共行非聖人不能盡得故獨舉而歸之聖人子思贊歎說大矣哉聖人之道這一句是包下文兩節說

洋洋乎發育萬物峻極于天

洋洋是流動充滿的意思發育是發生長育峻是高大子思說聖人之道洋洋乎流動充滿萬物雖多都是這道發生長育無所不有天雖至高這道卻能充塞於天無所不至這一節是說道之極於至大而無外處

優優大哉禮儀三百威儀三千

優優是充足有餘的意思禮儀是經禮如冠婚喪祭之類皆是威儀是曲禮如升降揖遜之類皆是子思

又贊歎說聖人之道優優然充足有餘何其大哉以禮儀言之有三百條之多都是這道所在以威儀言之有三千條之多也都是這道所在這一節是說道之入於至小而無間處

待其人而後行

其人是聖人子思說道有大小必待聖人然後行得所謂道不虛行這一句是總結上兩節

故曰苟不至德至道不凝焉

至德是指聖人說至道是指上兩節說凝是凝聚子思又說道必待人而行若無有這等至德的聖人必不能凝聚這等至道故曰苟不至德至道不凝焉

故君子尊德性而道問學

尊是恭敬奉持的意思德性是人所受於天的正理道是由問學是詢問講學子思承上文說君子若要脩德凝道必須於那所受於天的正理恭敬奉持不可有一毫放失又須於那古今事物之理詢問講學不可有一些忽畧尊德性所以存心而極乎道體之大道問學所以致知而盡乎道體之細這兩件是脩德凝道的大綱領

致廣大而盡精微極高明而道中庸

致是推致廣大高明是說心之本體精微是說理之精細微妙道字解做由字中庸是說事之行得恰好處子思說人心本自廣大君子不以一毫私意自蔽以推致吾心之廣大而於析理又必到那精微處不

使有毫釐之差人心本自高明君子不以一毫私欲自累以推極吾心之高明而於處事又必由那中庸處不使有過與不及之謬

溫故而知新敦厚以崇禮

溫是溫習故是已知的敦是敦篤厚是已能的崇是謹的意思子思又說君子於所已知的必溫習涵泳之而於理義能日知其所未知於所已能的必敦篤持守之而於節文能日謹其所未謹這以上四句是君子存心致知所以脩德凝道的功夫

是故居上不驕爲下不倍

驕是矜肆倍是背叛子思承前面說君子既能脩德凝道於那道之大小無有不盡所以居在人上必能

謹守其身而無矜肆之心處在人下必能忠愛其上而無背叛之念

國有道其言足以興國無道其默足以容

興是興起在位默是不言語子思說君子能脩德凝道當國家有道之時可以出仕其言語發將出來足以裨益政治而興起在位當國家無道之時可以隱去其默而不言足以避免災害而容其身這是脩德凝道的效驗

詩曰既明且哲以保其身其此之謂與

詩是大雅烝民之篇明是明於理哲是察於事保是保全子思又引詩經中言語說人能既明得天下之理又察得天下之事則日用之閒凡事皆順理而行

自然災害不及所以能保全其身於世詩經之言如

此前面說脩德凝道之君子不驕不倍有道足以興

無道足以容卽詩經中所言之意也

右第二十七章

這前面是中庸書第二十七章

子曰愚而好自用賤而好自專生乎今之世反古之道如

此者烖及其身者也

愚是無德的人賤是無位的人反是復烖是禍子

思引孔子之言說愚的人不可自用卻好用一己之

見而妄作如後面說有位無德而作禮樂者便是賤

的人不可自專卻好專以一己之智而僭爲如後面

說有德無位而作禮樂者便是生乎今世自當遵守

周家制度倒要復行前代的古道似這等人必然有禍患及身不能自保故曰烖及其身者也

非天子不議禮不制度不考文

此以下是子思之言議是議論禮是親疎貴賤相接的禮體制是制作度是服飾器用的等級考是考正文是字書的點畫形象都有箇名子思又說制作禮樂必須是聖人在天子之位若非天子如何敢議論那親疎貴賤的禮體如何敢制作那服飾器用的等級又如何敢考正那字書的差錯這一節是說愚賤者不可自用自專的意思

今天下車同軌書同文行同倫

今是子思自指當時說軌是車轍之迹文是文字倫

是倫序子思說如今天下一統地方雖多其車行的轍迹廣狹都一般所寫的文字點畫也都一般以至君臣父子尊卑貴賤的等級也無一件差別這一節是說居今之世不可反古之道的意思

雖有其位苟無其德不敢作禮樂焉雖有其德苟無其位亦不敢作禮樂焉

位是天子之位德是聖人之德禮樂都是爲治之具子思又說雖居著天子之位若無聖人之德則是無制作之本焉敢輕易作那禮樂若徒有聖人之德而無天子之位則是無制作之權也不敢擅自作那禮樂然則制禮作樂必是聖人在天子之位然後可也

子曰吾說夏禮杞不足徵也吾學殷禮有宋存焉吾學周

禮今用之吾從周

夏是大禹有天下之號禮卽上文議禮制度考文之事杞是國名乃夏的子孫徵是證殷是成湯有天下之號宋也是國名乃殷的子孫周是武王有天下之號子思引孔子之言說自我周而前若夏時之禮我也能說其意但他的子孫杞國之在於今者文獻不備不足以考證吾言若殷時之禮我也曾學習其事雖他的子孫宋國之在於今者文獻猶有所在然又不是當世之法惟我周之禮我所學習今日天下臣民盡皆遵用乃是時王之制與夏商不同則我之所從正在此周禮而已蓋孔子雖有聖人之德然不得天子之位則亦不敢居今反古這便是時中之道子

思引此所以明爲下不倍的意思

右第二十八章

這前面是中庸書第二十八章

王天下有三重焉其寡過矣乎

王是興王三重是三件重事即上章所說議禮制度考文是也寡是少過是過失子思說王天下之道有議禮制度考文三件重事這三件重事惟天子得以行之則天下的諸侯皆知奉法而國不異政天下的百姓皆知從化而家不殊俗人人爲善自然少有過失故曰其寡過矣乎

上焉者雖善無徵無徵不信不信民弗從

上焉者是說時王以前如夏商二代便是徵是證子

思又說上焉者如夏商之禮雖善但年代已久不可考證既不可考證便不足取信於人既不足信於人百姓便不肯服從

下焉者雖善不尊不尊不信不信民弗從

下焉者謂聖人在下如孔子便是尊是尊位子思又說下焉者如孔子之聖雖善於制禮但不得尊居天子之位既不在尊位也不足取信於人既不足取信於人百姓也不肯從他可見三重之道必是有聖人之德居天子之位然後可行也

故君子之道本諸身徵諸庶民考諸三王而不繆建諸天地而不悖質諸鬼神而無疑百世以俟聖人而不惑

君子指王天下的說道即議禮制度考文之事徵是

驗庶民是百姓考也是驗三王指夏禹商湯周文武繆是差繆建是立天地只是箇道悖是違背質是質證鬼神是造化之迹俟是等待子思承上文說王天下的君子行那議禮制度考文的事必本於自家身上先有其德驗於天下百姓無不信從我所行的考那三王已行的事無一些差繆我所立的參那天地自然的道無一些違背幽而質證於鬼神也與鬼神之理相合而無疑遠而百世之下等待那後來的聖人也與後聖之心相契而無惑這一節是說君子欲行三重之道必先有這六事然六事之中本諸身一句尤爲切要也

質諸鬼神而無疑知天也百世以俟聖人而不惑知人也

子思說鬼神是天理之至王天下之君子將那議禮制度考文之事質證於鬼神與鬼神之理相合而無所疑是能於天之理無不知矣聖人是人道之至百世而下等待聖人與後聖之心相契而無所惑是能於人之理無不知矣

是故君子動而世爲天下道行而世爲天下法言而世爲天下則

是故兩字是承上文說動字是兼下面行與言說道字是兼下面法與則說法是法度則是準則子思又說王天下之君子議禮制度考文既本諸身而徵諸庶民以至遠近幽明無往不合故凡動作不但一世爲天下之道而已而世世爲天下之道動而見於行

事則世世爲天下之法度人都守之而不敢有所違

動而見於言語則世世爲天下之凖則人都信之而

不敢有所背其爲天下道如此

遠之則有望近之則不厭

望是仰慕厭是厭惡子思說王天下之君子言行可

爲天下後世之法則那遠處的百姓喜其德之廣被

都有仰慕之心近處的百姓習其行之有常也無厭

惡之意

詩曰在彼無惡在此無射庶幾夙夜以永終譽

詩是周頌振鷺之篇惡是怨惡射是厭斁庶幾是近

的意思夙是早永是長久譽是聲名子思引詩說微

子在他國都無人怨惡他來此周京也無人厭斁他

庶幾自早而夜得以長保這聲名於終身今王天下之君子能得遠近的人心與詩所言的意思一般

君子未有不如此而蚤有譽於天下者也

此指前面本諸身以下六事說蚤是先子思又說君子行三重之道未有不盡得那六事之善而能先有這聲名於天下者也

右第二十九章

這前面是中庸書第二十九章

仲尼祖述堯舜憲章文武上律天時下襲水土

仲尼是孔子的表字祖述是遠宗其道堯舜是唐堯虞舜憲章是近守其法文武是周文王武王律字解做法字天時是天之四時襲字解做因字水土是四

方水土所宜子思說帝王之道惟堯舜爲極至孔子則遠宗其道帝王之法惟文武爲美備孔子則近守其法天運有四時之不同孔子則法其自然之運水土有四方之所宜孔子則因其一定之理這一節是說聖人能體中庸之道

辟如天地之無不持載無不覆幬辟如四時之錯行如日月之代明

辟是比喻持載是維持承載覆幬是遮覆蒙幬四時是春夏秋冬錯是交錯代是更代子思又說孔子之德廣厚高明辟如那天地一般無有一物不持載於上也無有一物不覆幬於下孔子之德悠久盛大辟如那四時之氣交錯運行無有差忒辟如那日月之

明晝夜更代無有窮已這一節是說聖人之德與天

地同其大

萬物並育而不相害道並行而不相悖小德川流大德敦

化此天地之所以爲大也

育是生育害是侵害道即是天地之道悖是相反的

意思小德是指節目上說全體之分也大德是指全

體上說萬殊之本也川流是如川水之流敦化是化

育之功敦厚純一子思說天無不覆地無不載大化

流行萬物並皆生育於其閒大者大小者小各有生

意而不相侵害四時錯行日月代明同運並行於天

地閒一寒一暑一晝一夜似乎相反而實不相違悖

就其不害不悖處說是全體之分如川水之流脈絡

分明而相繼不息就其並育並行處說是化育之功
敦厚純一根本盛大而流出無窮天地之道所以爲
大者如此觀於天地則孔子之德可知矣

右第三十章

這前面是中庸書第三十章

唯天下至聖爲能聰明睿知足以有臨也

唯是獨天下至聖是聖人德極其至舉天下莫能加
聰是無所不聞明是無所不見睿是無所不通知是
無所不知臨是居上臨下子思說唯是那天下的至
聖他有聰明睿知之德高過於一世之人足以尊居
上位而臨治天下

寬裕溫柔足以有容也

寬是廣大裕是優裕溫是溫和柔是順從容是涵容這天下至聖其仁之德寬裕溫柔凡事足以涵容而不局於淺狹

發强剛毅足以有執也

發是奮發强是健强剛是不屈毅是堅忍執是操守其義之德凡事足以操守而不奪於外物

齊莊中正足以有敬也

齊是心之恭莊是貌之嚴中是無過不及正是不偏不倚他又齊莊中正於那處己行事皆足以有敬其禮之德如此

文理密察足以有別也

文是文章理是條理密是詳細察是明辨別是分別

他又文理密察於那是非邪正皆足以分別其知之德又如此

溥博淵泉而時出之

溥是周偏博是廣闊淵泉是静深而有本的意思出是發見子思說聖人聰明睿知仁義禮知之德充積於中周偏而廣闊静深而有本而以時發見於外自然周流無閒應接不窮也

溥博如天淵泉如淵見而民莫不敬言而民莫不信行而民莫不說

淵是水之深處見是著見說是喜悅子思又說聖人之德充積於中者周偏廣闊不可限量與那天之周偏廣闊一般静深有本不可測度與那淵之静深有

本一般由是發見於外者不見則已見則下民都恭敬他不敢怠慢不言則已言則下民都尊信他無有疑惑不行則已行則下民都喜悅他無有怨惡這可見聖人之德充積極其盛而發見當其可也

是以聲名洋溢乎中國施及蠻貊舟車所至人力所通天之所覆地之所載日月所照霜露所隊凡有血氣者莫不尊親故曰配天

聲名是聖德之名聲洋溢是充滿施是傳播蠻貊是外夷舟行水路車行陸路至是到通是通達隊是落凡有血氣者是指人類說配是配合子思說聖人之德充積既極其盛發見又當其可是以佳聲美名充滿乎中國中國的人皆知之傳播於蠻貊蠻貊的人

也知之舟車可到之處人力可通之地盡天之所覆葢極地之所持載日月之所照臨霜露之所隊落的去處凡有血氣而爲人類者一一尊之爲君王無有不敬的親之如父母無有不愛的此可見聖人之德所及廣大與天一般故曰配天

右第三十一章

這前面是中庸書第三十一章

唯天下至誠爲能經綸天下之大經立天下之大本知天地之化育夫焉有所倚

經綸皆治絲之事經是理其緒而分之綸是比其類而合之大經是父子君臣夫婦長幼朋友五品之人倫大本是所性之全體化育是造化生育萬物倚是

靠著的模樣子思說獨有天下極誠無妄的聖人於那五品之人倫如治絲一般分別其等比合其類各盡其當然之則而皆可以爲天下後世法故曰經綸天下之大經於所性之全體無一毫人欲之僞以雜之而天下之道千變萬化皆從此出故曰立天下之大本於天地之化育陰陽屈伸形色變化皆默契於心渾融而無間故曰知天地之化育這經綸大經立大本知化育三件事都從聖人心上發出來乃至誠無妄自然之功用不須倚靠他物而後能故曰夫焉有所倚

肫肫其仁淵淵其淵浩浩其天

肫肫是懇至貌淵淵是靜深貌浩浩是廣大貌子思

說聖人經綸天下之大經懇切詳至渾然都是仁厚之意在裏面故曰肫肫其仁聖人立天下之大本其德靜深有本就是那淵水之不竭一般故曰淵淵其淵聖人知天地之化育其功用廣大就是那天之無窮一般故曰浩浩其天

苟不固聰明聖知達天德者其孰能知之

固是著實的意思聰明聖知是聖人生知之質達是通天德卽是天道孰字解做誰字知之是知至誠之功用子思又總結上文說至誠之功用極其神妙如此若不是著實有那聰明聖知之質通達天德的聖人其誰能知得這功用之妙可見惟聖人然後能知聖人也

右第三十二章

這前面是中庸書第三十二章

詩曰衣錦尚絅惡其文之著也故君子之道闇然而日章小人之道的然而日亡

詩是詩經碩人之篇錦是五色之絲所織華美的衣服尚是加絅是禪衣著是著見闇然是黑暗不明的意思的然是端的著見的意思子思因前面說聖人之德極其盛於此復自下學立心之始言之故引碩人之詩說衣錦文華美之衣而加禪衣於上者爲何蓋惡那錦之文采著見在外也君子之學爲己有善惟恐人知其立心正是如此故雖外面闇然無有文采可觀然美在其中自然日漸章著於外而不可掩

小人有一善惟恐人不知故雖外面的然著見然中無其實不能繼續自然日漸至於消亡也

君子之道淡而不厭簡而文溫而理

淡是淡薄厭是厭斁簡是簡畧文是文采溫是溫厚理是條理子思說君子所行的道理雖是淡薄其中意味深長而人自不能厭斁他雖是簡畧不煩而其中自有文采可觀雖是溫厚渾淪而其中自有條理不亂這淡簡溫即是絅之襲於外不厭而文且理即是錦之美在中也

知遠之近知風之自知微之顯可與入德矣

德是聖人之德子思又說君子之人他知道遠而在彼之是非由於近而在我之得失則必自這近處致

謹他知道外而一身之得失由於內而一心之邪正則必自這心上致謹他又知道有諸中者甚微而見於外者甚顯則必自這微處致謹君子既有爲己之心又能知此三者而致其謹便可與他進入那聖人之德矣

詩云潛雖伏矣亦孔之昭故君子內省不疚無惡於志君子之所不可及者其唯人之所不見乎

詩是小雅正月之篇潛是幽暗的去處伏是隱伏孔是甚昭是明省是省察疚是病只是不善的意思無惡於志便如說無愧於心子思引詩說凡事在幽暗處雖是隱伏難見然其善惡之幾甚是昭然明白所以君子於自己獨知之地內自省察無有不善的疚

病方能無愧於心這君子衆人所以不能及者無他只是於人所不見的去處能自致其謹而已這一節是說君子謹獨之事

詩云相在爾室尚不愧于屋漏故君子不動而敬不言而信

詩是大雅抑之篇相是視屋漏是室西北隅深密之處子思又引詩說視爾獨居在室之時於屋漏深密之處常加戒謹恐懼的工夫庶幾於心無有愧怍所以君子之人不待動而應事接物之時方纔敬謹於那未動時其心已敬謹了不待發言時方纔誠信於那未言時其心已誠信了這一節是說君子戒謹恐懼之事

詩曰奏假無言時靡有爭是故君子不賞而民勸不怒而民威於鈇鉞

詩是商頌烈祖之篇奏是進假是感格靡字解做無字鈇是莝斫刀鉞是斧子思引詩經說君子之人進而感格於神明之際極其誠敬不待言說而人自化之無有與他爭的子思又自家說這等爲己謹獨的君子誠敬之德足以感人不用賞賜人而人自然相勸爲善亦不用嗔怒人而人自然畏懼不敢爲惡如怕那鈇鉞一般

詩曰不顯惟德百辟其刑之是故君子篤恭而天下平

詩是周頌烈文之篇不顯是幽深元遠不淺露的意思百辟是列國的諸侯刑是法篤是厚篤恭是不顯

其敬子思引詩經說天子有幽深元遠之德則天下的諸侯皆來取法子思又自家說這等有德的君子篤厚其恭敬隱微深密不可得而形容天下的人觀感盛德自然平治矣此乃聖人至德淵微的效驗乃中庸之極功也

詩云予懷明德不大聲以色子曰聲色之於以化民末也

詩是大雅皇矣之篇予是託爲上帝自說懷是眷念明德是指文王之德說聲是聲音色是顏色末是末務子思承上文不顯惟德之言至此欲形容其妙乃引皇矣之詩說上帝眷念文王之明德而其德隱微不大著於聲色之閒又引孔子之言以爲聲音顏色之於以化民也是末務今但說不大之而已則猶有

聲色者存是未足以形容不顯之妙

詩曰德輶如毛毛猶有倫

詩是大雅烝民之篇輶是輕倫是比子思又引烝民之詩說德之微妙其輕如毛一般此言似可以形容矣然謂之曰毛則尚有比倫亦未盡其不顯之妙

上天之載無聲無臭至矣

載是事臭是氣這兩句是文王之詩子思又引這詩說上天之事無聲音之可聽無氣臭之可聞這纔是不顯之極至蓋聲臭有氣無形在物最爲微妙而又說無故惟此可以形容不顯之妙這三引詩都是贊歎之意非此德之外又别有此三等然後爲至也

右第三十三章

這前面是中庸書第三十三章子思於前章已說到極致處卻反求其本而推之以致其極又贊其妙至於如此葢中庸一書所言聖學始終之要盡在這一章書裏面讀者當身體而力行之勿徒視爲空言可也

許文正公遺書卷之五終

讀易私言

初

初位之下事之始也以陽居之才可以有爲矣或恐其不安於分也以陰居之不患其過越矣或恐其懦弱昏滯未足以趨時也四之應否亦類此義无應則弱有應則或傷於躁坎无應或困於而凶頤有應而凶之類是也大抵柔弱則難濟剛健則易行故諸卦柔弱而致凶者其數居多豫剝坎恆困井旅小過未濟剛健而致凶者唯頤大壯夬而已若總言之居初者易貞居上者難貞易貞者由其所適之道多難貞者以其所處之位極故六十四卦初爻多得免咎而上每有不可救者始終之際其難易之不同蓋如此

艮　六居初者凡八陰柔處下而其性好止故在謙則合時義而得吉在咸則感未深而不足進也以是才居遯則後於人而有厲然位卑力弱反不若不往之爲愈也蹇之時險在前也止而不往自有知幾之譽勉於進則陷於險也艮以止於初爲義故但戒以利永貞漸之才亦若此也雖小子有言於義何咎旅雖有應而不足援也斯其所以瑣瑣乎小過宜下而反應於上斯其有飛鳥之凶乎柔止之才大率不宜動而有應動而有應則應反爲之累矣謙最吉小過最凶

坤　六居初者凡八坤柔順處下其初甚微而其積甚著故其處比與否之初也皆能獲吉豫有應在上是動於欲而不安其分也凶亦宜乎

二　二與四皆陰位也四雖得正而猶有不中之累況不
得其正乎二雖不正而猶有得中之美況正而得中
者乎四近君之位也二遠君之位也其勢又不同此
二之所以多譽四之所以多懼也二中位陰陽處之
皆爲得中中者不偏不倚无過不及之謂其才如此
故於時義爲易合時義既合則其吉可斷矣究而言
之凡爲陽者本吉也陽雖本吉不得其正則有害乎
其吉矣雖得正矣不及其中亦未可保其吉也必也
當位居中能趨時義然後其吉乃定凡爲陰者本凶
也陰雖本凶不失其正則有緩乎其凶矣雖失正矣
苟或居中猶可以免其凶也必也不正不中悖於時
義然後其凶乃定故陽得位得中者其吉多焉陰失

位失中者其凶多焉要其終也合於時義則无不吉悖於時義則无不凶也大矣哉時之義乎

乾九二　九剛健之才也而承乘又剛健是剛健之至也處陰得中有溥博淵泉時出之義臣才若此其於職任蓋綽綽然有餘裕矣夫剛健則有可久之義得中則有適時之義兼二者而行雖无應可也況六五虛中以待己者乎此八卦所以皆无悔咎而有應者尤爲美也

兌九二　剛而得中也雖上承於柔邪不足爲累此以得中之義爲勝也獨節之爲卦自有中義所不足者正而已今既不正矣其何以免於凶乎

巽九二　兌之中以剛爲說巽之中以剛爲入皆有才

適用之臣也然兌務於上上一陰爲主巽務於下下一陰爲主其勢有所不同如井之義貴於上行也而九二无應徇己才而下之違時拂義人莫肯與以谷射甕敝取彖其亦宜乎

坎九二　下陰一本作彔彔一本作險之始也上陰一本作彔彔一本作險之極也而以陽剛之才獨居中焉是己无賴於彼而彼有待於己也加以至尊應之則險道大行不爾則幾入於困矣大率有應而道行則以貞幹之義爲重无應而處中則以須守之義爲重錯舉而言則卦之才皆備焉

坤六二　否之時不爲窮厄所動豫之時不爲逸欲所牽非安於義分者莫能也坤之六二居中履正且又

靜而順焉宜其處此而无敗也雖然創物兼人陽之爲也柔順貞靜陰之德也以陰之德而遇剝觀則剝傷於柔而觀失於固矣夫何故時既不同義亦隨異此六爻所以貴中正而中正之中又有隨時之義也

震六二 陰柔而在動體雖居中履正然下乘陽剛成卦之主其勢不得安而處也非惟其勢不得安而處揆其資性亦不肯安而處也或上應或下依有得失之辨焉復无應而下仁吉之道也過此則違道而非正矣頤隨是已益之時方受彼也上下之來又何患焉无妄之世方存誠也或應或依祇足爲累他卦皆以乘剛之義爲重也屯噬嗑震大率處則乘剛動有得失非坤二柔中之比也處則之則疑陰

艮六二　以剛處上以柔處下尊卑之勢順也艮之大體既備此象矣而六二又承剛履柔居中得正宜其處諸卦而无過也雖然柔止之才動拘禮制若當大有爲之時則有不可必者故在蹇未能濟處艮莫能止究其用心忠義正直終不可以事之成否爲累也

離六二　初與三剛而得正皆有爲之才也然其明照各滯一偏唯六二中正見義理之當然而其才幹有不逮其明者甚矣才智之難齊也得應於上則明有所附矣然非剛之善用明實明之能自用也大抵以剛用明不若以明用剛之爲順故入卦用五附三其勢畧等而離之六五有應於下者爲最美也

三　卦爻六位唯三爲難處蓋上下之交內外之際非平

易安和之所也故在乾則失於剛暴在坤則失於柔邪震動而无恆巽躁而或屈離與艮明止係於一偏坎與兌險說至於過極皆凶之道也然乾之健雖不中也猶可勝任坤之順雖不正也猶能下人二者之凶比他爻爲少緩若夫坎之與兌以陰處陽以柔乘剛不正不中悖忤時義其爲凶也切矣是知乾坤爲輕坎兌爲重總而論之亦曰多凶而已矣

乾九三　過剛不中難與義適然以其有才也故諄諄焉戒命之曰夕惕曰敬愼曰艱貞庶或有可免者不然則用所偏而違乎義矣凶其可逃乎

四

四之位近君多懼之地也以柔居之則有順從之美以剛居之則有僭逼之嫌然又須問居五者陰耶陽

耶以陰承陽則得於君而勢順以陽承陰則得於君而勢逆勢順則无不可也勢逆則尤忌上行上行則凶咎必至離之諸四皆是也震則四爲成卦之主才幹之臣也且能動而知戒是四有補過之道以陽承陽以陰承陰皆不得於君也然陽以不正而有才陰以得正而无才故其勢不同有才而不正則貴於寡欲故乾之諸四例得免咎而隨之四夬之四有凶悔之辭焉无才而得正則貴乎有應故艮之諸四皆以有應爲優无應爲劣獨坤之諸四能以柔順處之雖无應援亦皆免於咎此又隨時之義也

乾九四　九而居四勢本不順然以其健而有才焉故不難於趨義又上卦之初未至過極故多爲以剛用

柔之義以剛而用柔是有才而能戒懼也有才而能戒懼雖不正猶吉也

兌九四　處下而說則有樂天之美處上而說則有慕爵之嫌初九雖无應猶可也一本作故初九無應猶可得吉九四雖有應尚多戒辭也然以剛說之才易得勝任故有應者无不吉而无應者亦有免之之道云

離九四　陽處近君而能保其吉者以其有才而敬慎故也火性上炎動成躁急非惟不順君之所用且反爲君之所忌也恣橫專逼鮮有不及禍唯噬嗑之去閒睽離之相保與羇旅而親寡之時取君義爲甚輕故其所失亦比他爻爲頗緩究而言之固非本善之才也

震九四　離之成卦在乎中故以中爲美震之成卦在乎下故以下爲貴若是則震之九四乃才幹之臣也君之動由之師之動亦由之其功且大矣其位已逼矣然而卒保其无禍者何哉蓋震而近君有戒慎恐懼之義以陽處陰有體剛用柔之義持是術以往其多功而寡過也宜乎雖然功大位逼而不正不可以久居其所也久居其所則勳德反下此恒之所以戒於田无禽與

巽六四　陰柔之質自多懼也順入之才能承君也以是而處每堪其任故入卦皆无凶悔之辭一本作陽上陰下與坎不殊順而入之相得尤固此所以亦無凶悔之辭

坎六四　其以陰柔得位而上承中正之君畧與巽同

然又有險之性焉以此處多懼之地則宜矣故入卦亦无凶悔吝之辭一本作以陰承陽其勢已順而其才質且能周旋曲折不違於正道宜處多懼而无咎也

艮六四　以柔止之才承柔止之君雖己身得正而於君事則有不能自濟者必藉陽剛之才一本作應而後可以成功故離九應之則終得婚媾震九應之則顚頤獲吉至於止乾之健納兌之說皆可以成功而有喜不爾處剝見凶處蒙蠱見吝矣艮以能止爲義能止其身則无咎也

坤六四　具貞順之德不問有應與否皆无凶咎蓋爲臣之道大體主順不順則无以事君也一本凶咎下作蓋臣之道子之道妻之道主於貞順貞順則无過矣

五　五上卦之中乃人君之位也諸爻之德莫精於此故在乾則剛健而斷在坤則重厚而順末或有先之者至於坎險之孚誠離麗之文明巽順於理艮篤於實皆能首出乎庶物不問何時克濟大事傳謂五多功者此也獨震忌强輔兌比小人於君道爲未善觀其戒之之辭則可知矣

乾九五　剛健中正得處君位不問何時皆无悔咎唯履之剛決同人之私昵不合君道故有厲有號咷也

兌九五　下履不正之强輔上比柔邪之小人非君道之善者也然以其中正也故下有忌而可勝上有說而可決大哉中正之爲德乎

巽九五　以巽順處中正又君臣相得而剛柔相濟相

得則无內難相濟則有成功不待於應自可无咎應則尤爲美也一作以巽順之道處中正之位君與臣相得也剛與柔相濟也相得則無內處之難相濟則有成功之理不待於應而自能无咎也

坎九五　以陽剛之才處極尊之位中而且正可以有爲也然適在險中未能遠出故諸卦皆有須待之義夫能爲者才也得爲者位也可爲者時也有才位而无其時唯待爲可待而至於可則无咎矣

離六五　强輔强師而六以一無六字文明柔中之才而麗之悔可亡也事可濟也然更得九二應之爲貴濟也下一本作更得剛陽下應則尤善故大有睽鼎未濟皆吉而他卦止以得位得中而免也一本無他卦二字有無應於下者五字

震六五　九四陽剛不正之臣爲動之主一本無九之臣三字而

六五以柔中乘之（一無六字）其勢可嫌也（一無也字）得九二剛中應之其勢頗張故恆大壯解歸妹比他卦爲優而豐之二五以明動相資故其辭亦異焉勝於震豫小過之无應也

艮六五　君輔皆柔且无相得之義本不可有爲也（一無且字也字）以六有靜止得中之才上依而下任也（一作得以靜止柔中上依下藉）故僅能成功（一無故字能作及）然非可大有爲也（一無然字可作能）更或无應（一本更作二）則獨依剛傳於君道爲愈下矣（一作是不得於臣又不得於艮於君道何取焉）

坤六五　坤六居五雖不當位然柔順重厚合於時中有君人之度焉得九二剛中應之則事乃可濟故師泰臨升或吉或无咎而他卦則戒之之辭爲尤重蓋

陰柔之才不克大事且鮮能永貞故也一作以六居五中而不正得九二剛中濟之事乃可立故師泰臨升或无咎而他爻率皆戒辭蓋陰柔之才不克自立又鮮能永貞故也

上

上事之終時之極也其才之剛柔內之應否雖或取義然終莫及上與終之重也是故難之將出者則指其可由之方否解困渙未濟事之既成者則示以可保之道蠱无妄頤家人革漸才適時甚足貴也隨離臨艮時適過則難與行也乾坤小畜泰大過恆益巽兌節中孚小過既濟義之善或不必勸則直云其吉也大有剝大畜遯睽鼎勢之惡或不可解則但言其凶也屯訟比噬嗑復坎明夷夬萃歸妹豐旅巽小過既濟有始不得志而終无悔吝者同人姤有始饜其欲而終有禍敗者萃旅執其偏而用者才尚可也蒙晉升反其常而動者事已窮也師謙賁損質

雖不美而冀其或改焉則猶告之豫大壯益震節位雖處極而見其可行焉則亦諭之需蹇艮有成終之義故八卦皆善蒙蠱賁剝大畜頤損艮履係於所履觀係於所生吉凶不敢主言也大抵積微而盛過盛而衰有不可變者有不能不變者六爻敎戒之辭唯此爲最少大傳謂其上易知豈非事之已成乎一作蓋其事勢已成也

陰陽消長論

凡陰陽消長皆始於下故得下則長失下則消自始長而至長極凡八消自始消而至消盡凡八長蓋消之中復有長焉長之中復有消焉長中之消其消也漸微消中之長其長也亦漸微故一（復）長而至三（益）三復消而爲二（震）二長而至四（无妄）四復消而爲二（明夷）二長而至四（家人）四復消而爲三（豐）三長而至五（同人）五復消而爲二（臨）二長而至四（中孚）四復消而爲三（歸妹）三長而至五（履）五復消而爲三（泰）三長而至五（小畜）五復消而爲四（大壯）四長而不消遂至於極也雖然此姑論六畫者然也積而至於九至於十二以至於無窮則所謂純陽純陰者正猶一尺之箠日取其半萬世不竭其細微之極非特不可取而

得亦不可視而見也是知天下古今未有無陽之陰亦未有無陰之陽此一物各具一太極一身還有一乾坤也孟子謂萬物皆備於我者是也第未得一無之數沿而下之以見吾生亦未得吾生之數泝而上之以見其元安得如康節邵先生者從而問之

至元三年十二月二十有一日謹記時寓燕京崇天觀中

長

一三　二四　二四

三五　二四　三五

三五　四極

消

五三　四二　四二

三一　四二　三一

三一　二盡

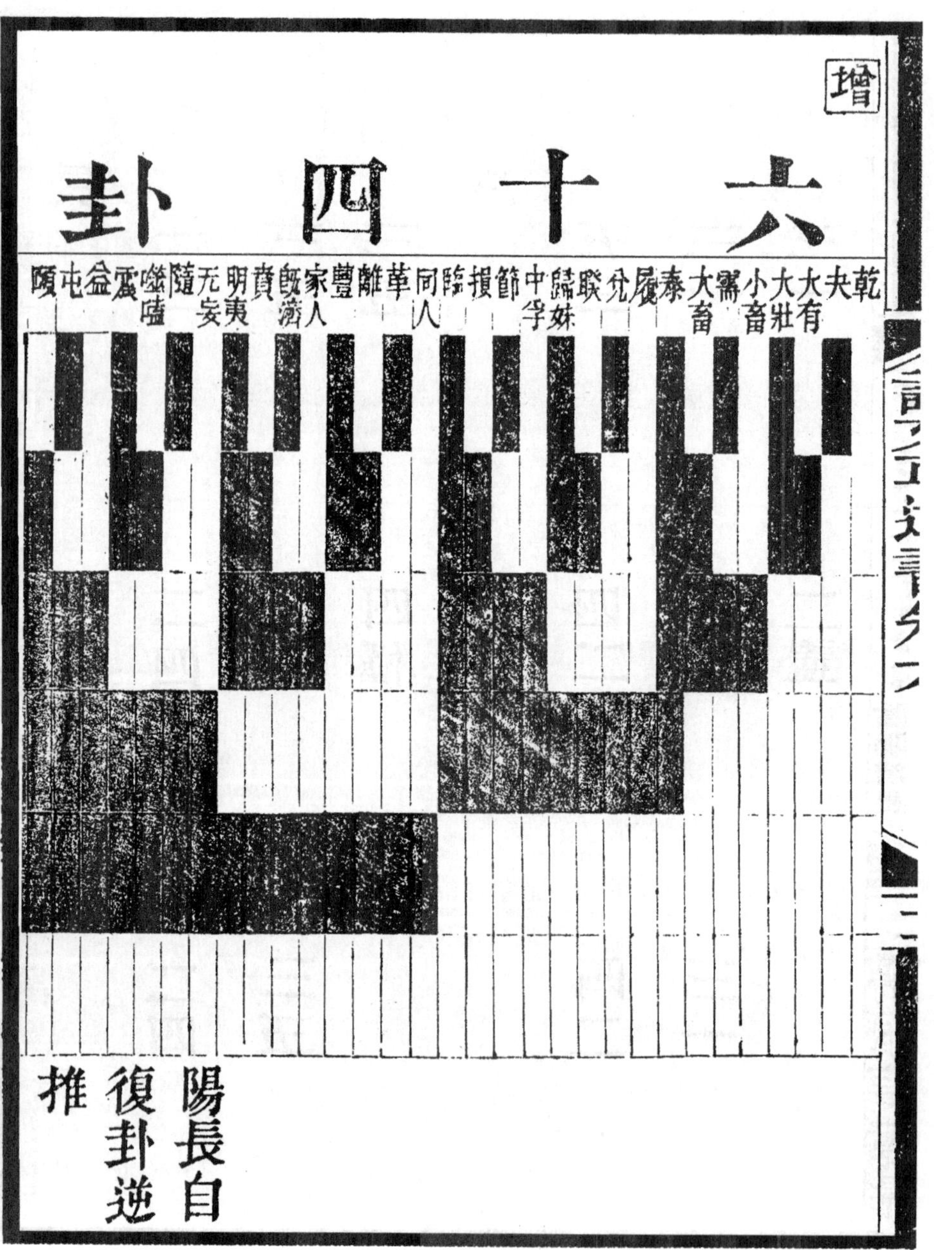
增
六十四卦
乾
夬
大有
大壯
小畜
需
大畜
泰
履
兑
睽
歸妹
中孚
節
損
臨
同人
革
離
豐
家人
既濟
賁
明夷
无妄
隨
噬嗑
震
益
屯
頤
陽長自復卦逆推

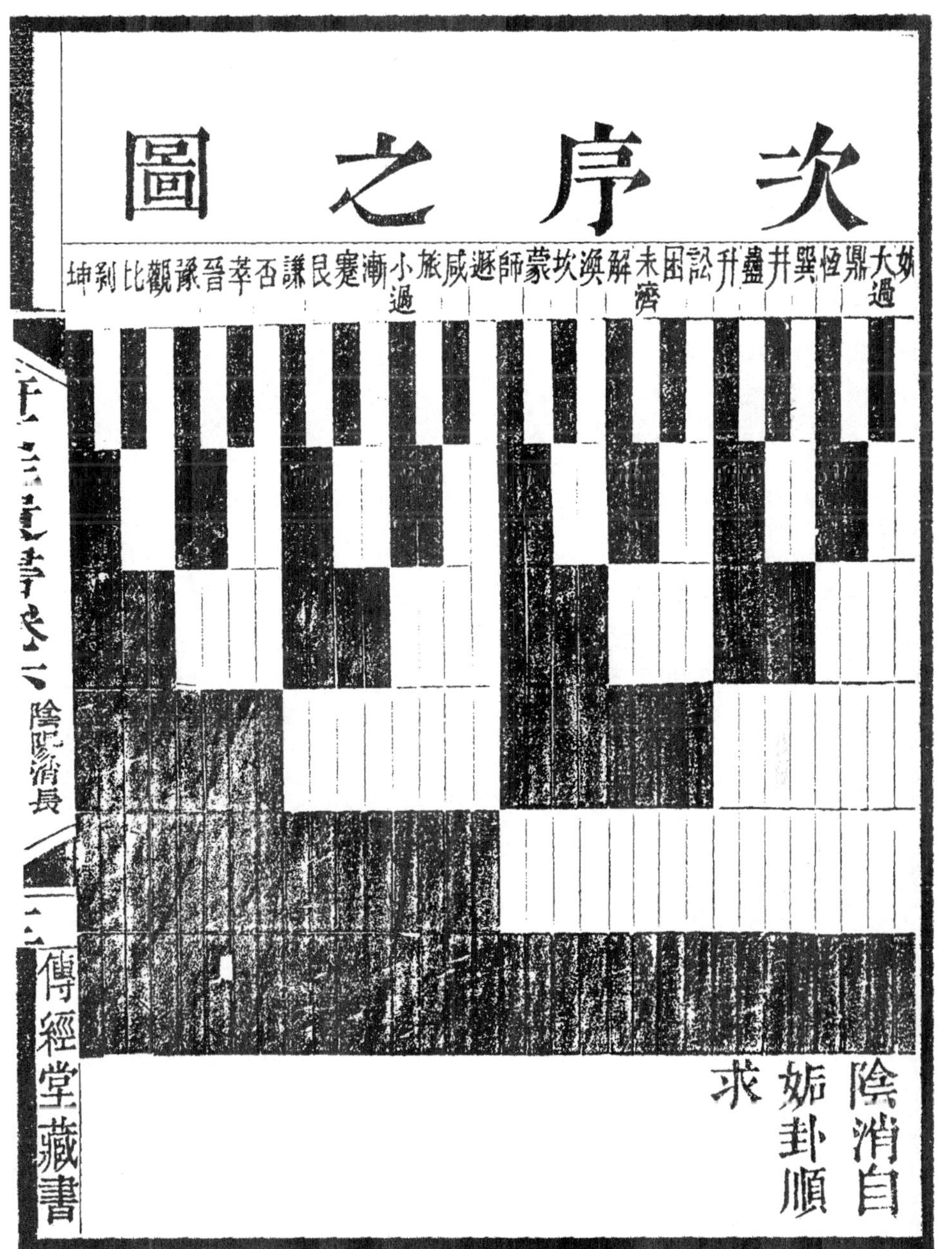
次序之圖
姤
大過
鼎
恆
巽
井
蠱
升
訟
困
未濟
解
渙
坎
蒙
師
遯
咸
旅
小過
漸
蹇
艮
謙
否
萃
晉
豫
觀
比
剝
坤
陰消自姤卦順求
陰陽消長
傳經堂藏書

揲蓍說

盧君校正揲蓍之說一本作校定耶律公蓍說曲折艱深辭意隱晦及探其所以去取之由則有甚可疑者如舊說一爻變究以四齊之而不合乾坤六子之率及自爲說乃以八齊之一法而兩其數其爲不同已甚可怪況四齊八齊之後尤不能見靜變往來之實雖能苟合其率而不知實不相似也且初揲必令多少之數均是分二之後不掛一而掛二也既違大傳又悖先儒其不敢以爲然也審矣爲演八卦靜變往來之數云

爲乾而靜者八千以二十乘二十再以二十乘之三爻乘遍得數如上

一爻變而之巽之離之兌者置老陽靜數爲實以六因之皆得四千八百巽離兌三卦共得數一萬四千四百

二爻變而之艮之坎之震者置老陽靜數爲實以六因二次皆得二千八百八十艮坎震三卦共得數八千六百四十

三爻變而之坤者置老陽靜數爲實以六因三次得數一千七百二十八

右乾卦靜變數共計三萬二千七百六十八正合十五畫卦之數以立方法除之得三十二數成卦則六十四備矣坤與六子俱倣此增十五畫卦者謂以三畫卦上下相並爲六畫卦列於筭盤之右另以八卦互相配合得六十四列於筭盤之左爲六畫卦之數〇再於筭盤右邊六畫卦上加一爲七畫卦亦將左邊六十四倍作一百二十八爲七畫卦之數〇再於右邊七畫卦上加一爲八畫卦亦將左邊一百二十八倍作二百五十六爲八畫卦之數左右遞次相加右邊加至十五畫左邊卽倍作三萬二千七百六十八是爲十五畫卦之數也

爲坤而靜者二萬一千九百五十二以二十八自乘再乘得數如上

一爻變而之震之坎之艮者置老陰靜數爲實以七歸之皆得三千

一百三十六震坎艮三卦共得數九千四百零八

二爻變而之兌之離之巽者置老陰靜數爲實以七歸二次皆得四百四十八兌離巽三卦共得數一千三百四十有四

三爻變而之乾者置老陰靜數爲實以七歸三次得六十四爻以老動而陰性本靜故在坤而變者爲極少

右坤卦靜變數亦共計三萬二千七百六十八

爲震爲坎爲艮而靜者皆一萬五千六百八十以二十八自乘再以二十乘之得數如上

一爻變而之坤者置少陽靜數爲實以六因之得震之坤坎之坤艮之坤者皆九千四百有八而震之兌離坎之兌巽艮之離巽者置少陽靜數爲實以七歸之皆得二千二百四十此係所變六卦中一卦之數也如震之兌得此數之離亦得此數兌離共得四千四百八十〇坎之兌巽與此同〇艮之離巽亦倣此

二爻變而之乾者置少陽靜數爲實以七歸二次得震之乾坎之乾艮之乾皆三百二十而震之坎艮坎之震艮艮之震坎者置少陽靜數爲實以七歸之再以六因之皆得一千三百四十四此亦所變六卦中一卦之數也如震之坎得此數之艮亦得此數坎艮共得數二千六百八十有八○坎之震艮與此同○艮之震坎亦倣此三爻變而爲巽爲離爲兌者置少陽靜數爲實以七歸二次再以六因之得震變巽坎變離艮變兌皆一百九十有二

右少陽三卦靜變數亦皆三萬二千七百六十八

爲巽爲離爲兌而靜者皆一萬一千二百以二十自乘再以二十八乘之得數如上

一爻變而爲乾者置少陰靜數爲實以七歸之得巽變乾離變乾兌變乾者皆一千六百而巽之艮坎離之艮震兌之坎震者置少陰靜數爲實以六因之皆得六千七百二十此亦所變六卦中一卦之數也巽之艮坎共得數一

萬三千四百四十〇離之艮震同此〇兌之坎震亦與此同

二爻變而爲坤者置少陰靜數爲實以六因二次得巽變坤離變坤兌變坤皆四千零三十二而巽之離兌離之巽兌兌之離巽者置少陰靜數爲實以六因之再以七歸之皆得九百六十此亦所變六卦中一卦之數也巽之離兌共得數一千九百二十〇離之巽兌倣此〇兌之離巽亦倣此

三爻變而爲震爲坎爲艮者置少陰靜數爲實以六因二次再以七歸之得巽變震離變坎兌變艮皆五百七十有六

右少陰三卦靜變數亦皆三萬二千七百六十八

八卦靜變之數總計二十六萬二千一百四十四以立方法除之得六十四卦復以平方法除之得八卦

諸卦之數大率靜者最多而一爻變者次之二爻變者又次之三爻俱變爲最少蔡氏元定曰一奇一耦對待者

陰陽之體陽三陰一饒一乏者陰陽之用故四時春夏秋生物而冬不生物天地東西南可見而北不可見人之瞻視亦前與左右可見而背不可見也不然則以四十九蓍虛一分二掛一揲四則爲奇者三爲耦者二而老陽得八老陰得八少陽得二十四少陰得二十四不亦善乎聖人之智豈不及此而其取此不取彼者誠以陰陽之體數常均用數則陽三而陰一也觀此則盧君之得失可見戊申八月庚辰識於家塾用驗他日學之進否云

大衍之用四十有九除掛一則四十八而陰陽各
分二十四此其體也體主靜而陽性本動則以四
歸陰故陽數二十陰數二十八也乾之靜者按三
陽爻以二十自乘再乘坤之靜者按三陰爻以二
十八自乘再乘少陽震坎艮兩陰爻一陽爻其靜
數以二十八自乘再以二十乘之少陰巽離兌兩

陽爻一陰爻其靜數以二十自乘再以二十八乘之此八卦靜數所由筭也○論變數則陽三而陰一也老陽變陰則以原靜數爲實按爻數各以六乘之老陰變陽亦按爻數各以七歸之○六子變數亦各以原靜數爲實照陰陽爻畫用因歸之法

乾隆五十五年山陽後學吳煥然姜希賢同誌

許文正公遺書卷之六終

許文正公遺書卷之七

奏疏

時務五事至元三年

臣某誠惶誠恐謹奏呈時務五事伏念臣性識愚陋學術荒疎不期虚名偶塵聖聽陛下好賢樂善捨短取長雖以臣之不才亦叨寵遇自甲寅至今十有三年凡八被詔旨中懷自念何以報塞又日者面奉德音叮嚀懇至中書大務容臣盡言臣雖昏庸荷陛下知待如此其曷敢不罄竭所有思卷萬分但迂拙之學本非求仕言論鄙直不能回互矯趨時好孟子以責難於君陳善閉邪乃爲恭敬孔子以道事君不可則止臣之所守其大意蓋如此也伏望陛下寛其不佞察其至懷則區區之愚亦或有少補云

立國規摹

爲天下國家有大規摹規摹既定循其序而行之使無過焉無不及焉則治功可期否則心疑目眩變易紛更日計有餘而歲計不足未見其可也昔子産處衰周之列國孔明用西蜀之一隅且有定論而終身由之況堂堂天下可無一定之論而妄爲之哉古今立國規摹雖各不同然其大要在得天下心得天下心無他愛與公而已矣愛則民心順公則民心服既順且服於爲治也何有然開創之始重臣挾功而難制有以害吾公小民雜屬而未一有以梗吾愛於此爲計其亦難矣自非英睿之君賢良之佐未易處也勢雖難制必求其所以制衆雖未一必求其所以一前慮卻顧因時順理予之奪之進之退之內主甚堅外行

甚易日夏月摩周還曲折必使吾之愛吾之公達於天下而後已至是則紀綱法度施行有地天下雖大可不勞而理也然其先後之序緩急之宜密有定則可以意會而不可以言傳也是謂之規摹國朝土宇曠遠諸民相雜俗既不同論難遽定考之前代北方奄有中夏必行漢法可以長久故魏遼金能用漢法歷年最多其他不能實用漢法皆亂亡相繼史冊具載昭昭可見也國朝仍處遠漠無事論此必若今日形勢非用漢法不可也陸行資車水行資舟反之則必不能行幽燕以北服食宜涼蜀漢以南服食宜熱反之則必有變異以是論之國家當行漢法無疑也然萬世國俗累朝勳貴一旦驅之下從臣僕之謀改就亡國之俗其勢有甚難者苟非聰悟特達曉知中原實歷代

聖王爲治之地則必咨嗟怨憤諠譁其不可也竊嘗思之寒之與暑固爲不同然寒之變暑也始於微温温而熱熱而暑積百有八十二日而寒氣始盡暑之變寒其勢亦然山木之根力可破石是亦積之之一驗也苟能漸之摩之待以歲月心堅而確事易而常未有不可變者然事有大小時有久近期小事於遠則遷延虛曠而無功期大事於近則急迫倉皇而不達此創業垂統所當審擇也以北方之俗改用中國之法非三十年不可成功在昔金國初亡便當議此此而不務誠爲可惜顧乃宴安逸豫垂三十年養成尾大之勢祖宗失其機於前陛下繼其難於後外事征伐內撫瘡痍雖曰守成實如創業規摹之定又難於嚮時矣然尾大之勢計聖謨神筭已有處之之道非臣區區

所能及也此外惟當齊一吾民使之富實興學練兵隨時損益裁爲定制如臣輩者皆能任此在陛下篤信而堅守之不雜小人不營小利不責近效不惑浮言則天下之心庶幾可得而致治之功庶幾可成也

中書大要

中書管天下之務固不勝其煩也然其大要在用人立法二者而已近而譬之髮之在頭不以手理而以櫛理食之在器不以手取而以匕取手雖不能自爲而能用夫櫛與匕焉是卽手之爲也上之用人何以異此不先有司直欲躬役庶務將見日勤日苦而日愈不暇矣古人謂得士者昌自用則小意正如此夫賢者識事之體知事之要與庸人相懸蓋十百而千萬也布之周行百職具舉宰執總其

要而臨之不煩不勞此所謂省也然人之賢否未能灼知其詳固不敢輕用或已知其孰爲君子孰爲小人復畏首畏尾患得患失坐視其弊而不能進退之徒曰知人而實不能用人亦何益哉人莫不飲食也獨膳夫爲能致氣味之美莫不覩日月也獨術者爲能步虧食之數得法與不得法固難一律論也有馬不能習必使廄人乘之有玉不能治必求玉人雕琢之小物尚爾況堂堂天下神器之重可使不得法者爲之耶古人謂爲山必因邱陵爲下必因川澤意正如此夫治人者法也守法者人也人法相維上安下順而宰執優游廊廟之上不煩不勞此所謂省也里巷之談動以古人爲詬戲不知今日口之所食身之所衣皆古人遺法而不可違者豈天下之大國家之重而古人

成法反可違耶其亦弗思甚矣用人立法今雖未能遽如古昔然已仕者便當須降俸給使可養廉未仕者且當寬立條格俾就序用則失職之怨少可紓矣外設監司糾察污濫內專吏部考訂資歷則非分之求漸可息矣再仕三仕抑高而舉下則人才爵位略可平矣舍此則堆積壅塞參差繆戾苟延歲月莫知所期也俸給之數敍用之格監司之條例先當擬定至於貴家世襲品官任子驅良抄數之便宜續當議之亦不可緩也此其大要須深探古人所以用人立法之意推而行之則何難見之有若夫得行與不得行在上之委任者何如而能行與不能行又在執政者得人與不得人爾此則非臣之所能及也

爲君難六事　踐言　防欺　任賢　去邪　得民心　順天道

民生有欲無主乃亂上天眷命作之君師必予之聰明剛斷之資重厚包容之量使之首出庶物而表正萬邦此蓋天以至難任之非予之可安之地而娛之也堯舜以來聖帝明王莫不兢兢業業小心畏慎日中不暇未明求衣誠知天之所畀至難之任初不可以易心處也知其爲難而以難處則難或可易不知爲難而以易處則他日之難有不可爲者矣孔子謂人之言曰爲君難爲臣不易則其說由來遠矣爲臣不易臣已告之安童至爲君之難尤陛下所當專意者臣請舉其切要而款陳於後

踐言 人君不患出言之難而患踐言之難知踐言之難則其出言不容不慎矣昔劉安世見司馬溫公問盡心行己之要可以終身行之者公曰其誠乎劉公問行之何先公

曰自不妄語始劉公初甚易之及退而自檃栝平日之所行與凡所言自相掣肘矛盾者多矣力行七年而後成自此言行一致表裏相應遇事坦然常有餘裕臣按劉安世一士人也所交者一家之親一鄉之衆同列之臣不過數十百人而止耳然以言行相較猶有自相掣肘矛盾者況天下之大兆民之衆事有萬變日有萬幾而人君以一身一心酬酢之欲言之無失豈易能哉故有昔之所言而今日不記者今日所命而後日自違之者可否異同紛更變易紀綱不得布法度不得立臣下雖欲黽勉而無所持循汩沒於瑣碎之中卒於無補況因之爲弊者又日新月盛而不可遏在下之人疑惑驚眩且議其無法無信一至於此也此無他至難之地不以難處而以易處之故也苟從

古者大學之道以修身爲本凡一事之來一言之發必求其所以然與其所當然不牽於愛不蔽於憎不因於喜不激於怒虛心端意熟思而審處之雖有不中者蓋鮮矣柰何爲人上者多樂舒肆爲人臣者多事容悅容悅本爲私也私心盛則不畏人矣舒肆本爲欲也欲心熾則不畏天矣以不畏天之心與不畏人之心感合無間則其所務者皆快心事矣快心則口欲言而言身欲動而動又豈肯兢兢業業以修身爲本一言一事熟思而審處之乎此人君踐言之難所以又難於天下之人也

防欺 人之情僞有易有險險者難知易者易知易知者雖談笑之頃几席之閒可得其底蘊難知者雖同居共事閱月窮年猶莫測其意之所向雖然此特係夫人之險易者

然也又有眾寡之辯焉寡則易知眾則難知難知非不智也用智分也易知非多智也合小智而成大智也故在上之人難於知下在下之人易於知上其勢然也處難知之地御難知之人欲其不見欺也蓋難矣昔包孝肅剛嚴峭直號爲明察有編民犯法當杖脊吏受賕與之約曰今見尹必付我責狀汝第呼號自辯我與汝分此罪汝決杖我亦決杖既而包引囚問畢果付吏責狀囚如吏言分辯不已吏人厲聲訶之曰但受脊杖出去何用多言包謂其市權捽吏於庭杖之十七特寬囚罪止從杖坐以沮吏勢不知乃爲所賣卒如素約臣謂此一京尹耳其見欺於人不過悞一事害一人而已人君處億兆之上所操者予奪進退賞罰生殺之權不幸見欺以非爲是以是爲非其害可

勝既耶人君惟無喜怒也有喜怒則贊其喜以市恩鼓其怒以張勢人君惟無愛憎也有愛憎則假其愛以濟私藉其憎以復怨甚至本無喜也誑之使喜本無怒也激之使怒本不足愛也强譽之使愛本無可憎也强短之使憎若是則進者未必爲君子退者未必爲小人予之者或無功而奪之者或有功也以至賞之罰之生之殺之鮮有得其正者人君不悟日在欺中方仗若曹摘發細隱以防天下之欺欺而至此欺尚可防耶大抵人君以知人爲貴以用人爲急用得其人則無事於防矣既不出此則所近者爭進之人耳好利之人耳無恥之人耳彼挾詐用術千蹊萬徑以蠱君心於此欲防其欺雖堯舜亦不能也

任賢　賢者以公爲心以愛爲心不爲利回不爲勢屈寘之

周行則庶事得其正天下被其澤賢者之於人國其重固如此然或遭時之不偶務自韜晦有舉一世而人不知者雖或知之而當路之人未有同類不見汲引獨人君有不知者人君雖或知之召之命之泛如厮養而賢者有不屑就者雖或接之以貌待之以禮而其所言不見信任有超然引去者雖或信用復使小人參於其閒責小利期近效有用賢之名無用賢之實賢者亦豈肯尸位素餐徒費廩祿取譏誚於天下也雖然此特論難進者然也又有難合者焉人君位處崇高日受容悅大抵樂聞人之過而不樂聞己之過務快己之心而不務快人之心賢者欲匡而正之扶而安之使如堯舜之正堯舜之安而後已故其勢難合況姦邪佞倖醜正惡直肆爲詆毀多方以陷之將見罪

戾之不免又可望庶事得其正天下被其澤耶自古及今端人雅士所以重於進而輕於退者蓋以此耳大禹聖人聞善卽拜益戒之曰任賢勿貳去邪勿疑貳之一言在大禹猶當警省後世人主宜何如哉此任賢之難也

去邪姦邪之人其爲心險其用術巧惟險也故千態萬狀而人莫能知（如以柔言卑辭誘人入於過失然後發之之類）惟巧也故千蹊萬徑而人莫能禦（如勢在近習則諂近習者勢在宮闈則諂宮闈之類）人君不察以諛爲恭以訐爲公以欺爲可信以佞爲可近喜怒愛惡人主固不能無然有可者有不可者而姦邪之人一於迎合竊其勢以立己之威濟其欲以結主之愛愛隆於上威擅於下大臣不敢議近親不敢言毒被天下而上莫之知此前人所謂城狐也所謂社鼠也至是而求去之不亦難乎雖然

此由人主不悟誤至於此猶有說也如宇文士及之佞太宗灼見其情而竟不能斥李林甫妒賢嫉能明皇洞見其姦而卒不能退邪之惑人有如此者可不畏哉

得民心

上以誠愛下下以忠報上有感必應理固然也然考之於往昔有不可以常情論者禹抑洪水以救天下其功大矣啟賢能敬承繼禹之道其澤深矣然一傳而太康纔畋於洛萬姓遽讐而去之吁可怪也漢高帝起布衣天下之士雲合影從其困滎陽也紀信至捐生以赴急人心之歸可見矣及天下已定而相聚沙中有謀反者此又何耶竊嘗思之民之戴君本於天命初無不順之心也特由使之失望使之不平然後怨怒生焉禹啟愛下既如赤子矣民之奉上亦如父母矣今太康尸位以逸豫滅厥德非

所以爲父母也是以失望秦楚殘暴故天下叛之漢政寬仁故天下歸之今高帝用愛憎行誅賞非所以爲寬仁也是以不平推是二者參較古今凡有恩澤於民而民怨且怒者莫不類乎此也大抵人君即位之始多發美言詔告天下天下悅之冀其有實既而實不能副遂怨心生焉一類同等無大相遠人君特以己之私好獨厚一人則其不厚者已有疾之之意況厚其有罪而薄其有功豈得不怨於心耶失望之怨不平之怒鬱而不解雖曰愛之惡在其爲愛之也必如古者大學之道以修身爲本凡一言也一動也舉可以爲天下法一賞也一罰也舉可以合天下公則億兆之心將不求而自得又豈有失望不平之累哉柰何此道不明爲人君者不喜聞過爲人臣者不敢盡言合

二者之心以求天下之心則其難得也固宜

順天道

三代而下稱盛治者無若漢之文景然考之當時天象數變如日食地震山崩水潰長星彗星孛星之類未易遽數前此後此凡若是者小則有水旱之應大則有亂亡之應未有徒然而已者獨文帝克承天心消彌變異使四十年間海內殷富黎民樂業移告訐之風爲湻厚之俗且建立漢家四百年不拔之基猗歟偉歟未見有此也秦之苦天下久矣加以楚漢之戰生民糜滅戶不過萬文帝承諸呂變故之餘入繼正統專以養民爲務其憂也不以己之憂爲憂而以天下之憂爲憂其樂也不以己之樂爲樂而以天下之樂爲樂今年下詔勸農桑也恐民生之不遂明年下詔減租稅也慮民用之或乏懇愛如此宜其民

心得而和氣應也臣竊見前年秋孛出西方彗出東方去年冬彗見東方復見西方議者咸謂當除舊布新以應天變臣謂與其妄意揣度曷若直法文景之恭儉愛民爲理明義正而可信耶天之樹君本爲下民故孟子謂民爲重君爲輕書亦曰天視自我民視天聽自我民聽以是論之則天之道恆在於下恆在於不足也君人者不求之下而求之高不求之不足而求之有餘斯其所以召天變也變已生矣象已著矣乖戾之機已萌而不可遏矣猶且因仍故習抑其下而損其不足謂之順天不亦難乎

右六者難之目也舉其要則修德用賢愛民三者而已此謂治本本立則紀綱可布法度可行治功可必否則愛惡相攻善惡交病生民不免於水火以是爲治萬不能也

農桑學校

語古之聖君必曰堯舜語古之賢相必曰稷契蓋堯舜能知天道而順承之稷契又知堯舜之心而輔贊之此所以爲法於天下而可傳於後世也天之道好生而不私堯與舜也亦好生而不私若克明峻德至黎民於變敬授人時至庶績咸熙此順承天道之實也稷播百穀以厚民生契敷五教以善民心此輔導堯舜之實也是議也出書之首篇曰堯典曰舜典臣自十七八時已能誦說爾後溫之復之推之衍之思之又思之苦心極力至年五十始大曉悟以是參諸往古而往古賢聖之言無不同驗之歷代而歷代治亂之迹無不合自此胸中廓然無有凝滯斷知此說實自古聖君賢相平天下之要道既幸得之常以語人而

人之聞者忽焉茫焉莫以爲意察其所至正如臣在十七八時蓋無臣許多思慮許多工夫其不能領解理固宜然然閒與一二知者相與講論心融意會雖終日竟夕不知其有倦且怠也蓋此道之行民可使富兵可使强人才由之以多國勢由之以重臣夙夜念之至熟也今國家徒知斂財之巧不知生財之由不惟不知生財而斂財之酷又害於生財也徒欲防人之欺不欲養人之善所以防者爲欺也不欺則無事於防矣欲其不欺非衣食以厚其生禮義以養其心則亦不能也徒患法令之難行不患法令無可行之地上多賢才皆知爲公下多富民皆知自愛則令自行禁自止誠能自今以始優重農民勿使擾害盡驅游惰之民歸之南畝歲課種樹懇諭而督行之十年以後當

倉庫之積非今日比矣自上都中都下及司縣皆設學校使皇子以下至於庶人之子弟皆從事於學日明父子君臣之大倫自灑掃應對至於平天下之要道十年之後上知所以御下下知所以事上上和下睦又非今日比矣能是二者則萬目皆舉不能此二者則他皆不可期也是道也堯舜之道也堯舜之道好生而不私唯能行此乃可好生而不私也孟子曰我非堯舜之道不敢陳於王前臣愚區區竊亦願學

慎微此篇内非全文所謂多削藁者也

用晦　獨斷　重農　興學　經筵　節喜怒

省變更　止告訐　抑奔競　欲速則不達

用晦則日益明外露則日益蔽何文定云二句是用晦之文

北辰居中衆星共王者法天總大綱

臣聞取天下者尚勇敢，守天下者崇退讓。不尚勇敢則無以取天下，不崇退讓則無以守天下。取也守也，各有其誼，君人者不可以不審也（以上二段疑是獨斷之文）

民志定則不亂，下知分則上安。夫天下所以定者，民志定也。民志定則士安於爲士，農安於爲農，工商安於工商，則在上一人有可安之理。民不安於白屋，必求祿仕；仕不安於卑位，必求尊榮。四方萬里，輻輳並進，各懷無厭無恥之心，在上之人可不爲寒心哉（此段疑是抑奔競之文）

審而後發，發無不中；否則觸事而遽喜怒，喜怒之色見於貌，喜怒之言出於口，人皆知之。徐考其故，知無可喜者則必悔其喜之失，無可怒者則必悔其怒之失。甚至先喜後怒，先怒後喜，先喜是則後之怒非也，先怒是則後之喜非也號令數變無他也喜怒不節之故是以先王潛心恭默不易喜怒其未發也雖至近莫能知其既發也雖至親莫能移故號令簡而無悔無悔則自不中廢也人之揣君必於喜怒知君之喜怒者莫如近愛是以在下希進之人求託近愛近愛不察乃與之爲地（七姬七琱之類）甚至無喜生喜無怒生怒在上一人獨以喜之怒之爲當理而不知天下四方譏笑怨謗正以爲不當理也最宜深念其失在於不守大體易於喜怒也（此段疑是節喜怒之文）

數變已不可數失信凡不可周幽無道不畏天不愛民酒荒色荒故不恤方今無此失何苦使人不信（此段疑是省變更之文）

賈誼告文帝　削地　制敵　貧富不均　禮義刑法

刑不上大夫　上有好者下必甚　人惟求舊故舊無大

故則不棄　文帝雖喜賈誼之言猶謙讓以爲未遑然終能舉行其說者審而後發發無不中也　韓魏公明足以照小人之欺然每受之　魏相包孝肅可欺　張武受金錢　杜衍不壞人　伊尹告太甲有言逆於汝志云云　投鼠忌器　望夷　豫讓以上皆疏中節畧所謂多削藁者也

論樞密不宜併中書疏至元七年

兵之於國在古已重在後世爲尤重故樞密之設特與中書對峙號爲二府兵興則宰相主之事寧則樞密任事蓋宰相平章軍國兵事可知也而兵之籍則不與樞密兼總兵馬兵籍可掌也而兵之符則不在體統相維無有偏失制雖近代而意實倣古或者謂樞密併於中書爲合古冢宰總百官之意殊不知古者冢宰止一人而今之爲宰輔

者動輒十數人此而不古而謂樞密者獨可以古耶國家切務止在得人人苟未得徒紛更於此無益也

辭左丞疏至元八年

伏念臣草茅寒士聞見陋狹本非良材學且迂遠陛下好賢樂善旁求隱匿而某也偶以虛名塵瀆聖聽蒙陛下招聘徵延訪問爲治之方擢居祭酒之職方且慙靦無由以副陛下眷顧之勤豈意非常之寵忽由天降拔臣陪列之中遽升台鼎之重承命震駭不知所措敬詣宸闕懇辭再三而陛下執之愈堅用是惶惑畏慄雖以孱病之軀忘其固陋思進一言以圖報効輒罄竭愚誠指陳時政而庸戇鄙直不能回互矯切事情幸陛下聖恩洪大不惟不遽加誅責且仍使尸居相位任大功小虛負寵光愈增憂懼以

故向來之病有加無退竊自惟度於國則殊無寸補於身則日就危困可不懼哉毫釐有差則寰海致弊豈可苟叨榮寵以防天下之賢哉乞復居舊職以虛陛下待賢之地博選周行以揚陛下敬天之休則臣某不勝幸甚

汰冗官疏 至元十三年

國家能汰省冗官則可以重名器抑僥倖厲廉能其爲善政無疑也然言之甚易爲之甚難蓋人之情大抵患於得失故凡得則喜凡失則怨此所謂已奪者猶可與已與者不可奪也方其用之之初正當甄別審察不以私親不以賄賂不以權貴量其限而簡用之自無冗長今既濫之於前遽欲黜之於後是恩之在私門者固無恙而怨則歸於上矣其可哉往者既不可復追繼自今後當盡改前失使

天下之官有定員歲取之人有定數其科舉薦舉考課之法具見前史可考而知也然又必重風憲之權任廉能之士使巡行天下糾彈黜陟無一不當則前所謂冗官者日減而新進者無積庶乎可補前日之失也

論生民利害疏至元十四年

中丞傳奉聖旨據當今害民的公事利民的公事文同姚承旨兩個一處文書裏寫來者欽此臣等所見謹條以奏

生民休戚係於用人之當否用得其人則民賴其利用失其人則民被其害自古論治道者必以用人爲先務用既得人則其所爲善政者始可得而行之以善人行善政其於爲治也何有皇帝陛下念及生民實天下之幸但朝廷用人失於太寬委任之初不知審擇使善惡邪正混然無

別既授以政而居民之上矣中間固有暴擾侵漁之害其勢然也今不求其本直欲改其事之一二以爲便民之舉將見一弊纔去一弊復生後日改行之事其害民者未必不甚於前也徒見紛更恐終無益臣等伏願皇帝陛下順考古道簡用實材重御史按察之權嚴糾彈考覈之任使賢者日進不肖者日退則天下之民何患不安乎臣等區區拙見如此惟聖主裁之

楮幣劄子代

臣聞天下有大利非聚斂財貨之謂也乾之四德曰利此謂生之遂也故者以利爲本此謂情之順也聖人遂萬物之生順萬物之情故能致天下之大利後世遂一己之生順一己之情故能致天下之大害利之善惡於此判矣子

曰君子喻於義蓋物得其宜則無不利故曰利者義之和子曰小人喻於利蓋一於利而無義則害於人故曰放於利而行多怨後世學者不識天下之大利而恥言之故言利者悉歸於小人以小人而謀利未有不爲天下國家之禍者也臣以爲謀利者莫如君子蓋君子不以利爲利以義爲利也惟君子之喻於義也必損上以益下蠲無名之征罷不正之供節用度滅浮食國家若不足於調度然而土地闢田野治年穀豐登蓋藏充溢人民繁阜鳥獸草木咸若以此觀之謂之國貧可乎惟小人之喻於利也必剝下以奉上急暴橫之征創苛虐之斂倉廩實府庫充國家若足於用度矣然而土地日削田野荒蕪水旱相仍閭里愁嘆人民凍餒兄弟妻子離散以此觀之謂之國富可乎

大畧以富驕而亡國者常多以貧約而失國者常少言利者必曰此特老生之常談而不切於用以今楮幣折閱稱提無術君子苟能謀利盡出一策以爲明主獻乎臣敢曰楮幣之折閱斷無可稱提之理直一切罷而不行已耳臣請言楮幣之設非古先聖王智慮不及後人而不能用也蓋制法無義則古先聖王知其爲天下害必不可行也古者爲市以穀粟布帛器用之物自相貿易泉貨未鑄安肯持虛券以易百姓之實貨哉鹿幣之造特出於漢武虛耗無聊之末計歷千三百年無敢染指於其後夫以數錢紙墨之資得以易天下百姓之貨印造既易生生無窮源源不竭世人所謂神仙指瓦礫爲黃金之術亦何以過此然後世不期於奢侈而自不能不奢侈雖有賢明之資恐不

能免也奸民不期於僞造而自不能不僞造雖制以死刑不能絕也此豈良法哉是故講稱提之策者今三四十年矣卒無能爲朝廷毫髮之助但見稱提之令每下而百姓每受其害而貫陌益落矣嘉定以一易二是負民一半之貨也端平以一易五是負民四倍之貨也無義爲甚今不若以實貨而收虛劵猶足以救目前之過而無媿百姓也實貨者何鹽是也言者又曰朝廷倚鹽課爲國之命脈今乃欲以之易無用之破紙計狂而事左何以爲國乎曰不然穀粟布帛銅鐵金銀皆足以充國用歷黃帝以來四千餘年之所通行何獨不可行於今日未論前古只以渡江之初外有强敵内有羣盜干戈相尋江左蕭條内立百司庶府外供歲幣饋餉不鬻官告度牒不造官會國家亦漸

致富強其所以致國家之財用者亦人耳故曰遂萬物之生順萬物之情故能致天下之大利蓋自有道焉其可與俗吏言哉育萬物者天地也主萬物者陛下也神而化之使民宜之輕重低昂豈不在我惟陛下裁鑒

更歷疏 至元十七年

臣某等竊聞帝王之事莫重於歷自黃帝迎日推策堯以閏月定四時成歲舜在璇璣玉衡以齊七政爰及三代歷無定法周秦之閒閏餘乖次西漢造三統歷百三十年而後是非始定東漢造四分歷七十餘年而儀式方備又百二十一年劉洪造乾象歷始悟月行有遲速又百八十年姜岌造三紀甲子歷始悟以月食衝檢日宿度所在又五十七年何承天造元嘉歷始悟以朔望及弦皆定大小餘

又六十五年祖冲之造大明歷始悟太陽有歲差之數極星去不動處一度餘又五十二年張子信始悟日月交道有表裏五星有遲疾留逆又三十三年劉焯造皇極歷始悟日行有盈縮又三十五年傅仁均造戊寅元歷頗采舊儀始用定朔又四十六年李淳風造麟德歷以古歷章蔀元首分度不齊始爲總法用進朔以避晦晨月見又六十三年僧一行造大衍歷始以朔有四大三小定九服交食之異又九十四年徐昂造宣明歷始悟日食有氣刻時三差又二百三十六年姚舜輔造紀元歷始悟食甚泛餘差數以上計千一百八十二年歷經七十改其創法者十有三家自是又百七十四年欽惟聖朝統一六合肇造區宇專命臣等改治新歷臣等用創造簡儀高表憑其測到實

數所考正者凡七事一曰冬至自丙子年立冬後依每日測到晷景逐日取對冬至前後日差同者爲準得丁丑年冬至在戊戌日夜半後八刻半又定丁丑夏至在庚子日夜半後七十刻又定戊寅年冬至在癸卯日夜半後三十三刻己卯冬至在戊申日夜半後五十七刻半庚辰年冬至在癸丑日夜半後八十一刻半各減大明歷十八刻遠近相符前後應準二曰歲餘自劉宋大明歷以來凡測景驗氣得冬至時刻眞數者有六用以相距各得其時合用歲餘今考驗四年相符不差仍自宋大明壬寅年距至今日八百一十年每歲合得三百六十五日二十四刻二十五分爲今歷歲餘合用之數三曰日躔用至元丁丑四月癸酉望月食既推求日躔得冬至日躔赤道箕宿十度黃

道箕宿九度畸仍憑每日測到太陽躔度或憑星測月或憑月測日或徑憑星度測日立術推算起自丁丑正月至己卯十二月凡三年共得一百三十四事皆躔於箕與月食相符四曰月離自丁丑以來至今憑每日測到逐時太陰行度推算變從黃道求入轉極遲極疾并平行處前後凡十三轉計五十一事內除去不真的外有三十事得大明曆入轉後天又因考驗交食加大明曆三十刻與天道合五曰入交自丁丑五月以來憑每日測到太陰去極度數比擬黃道去極度得月道交於黃道共得八事仍依日食法度推求皆有食分得入交時刻與大明曆所差不多六曰二十八宿距度自漢太初曆以來距度不同互有損益大明曆則於度下餘分附以太半少皆私意牽就未嘗

實測其數今新儀皆細刻周天度分每度爲三十六分以距線代管窺宿度餘分並依實測不以私意牽就七日日出入晝夜刻大明歷日出入晝夜刻皆據汴京爲準其刻數與大都不同今更以本方北極出地高下黄道出入内外度立術推求每日日出入晝夜刻得夏至極長日出寅正二刻日入戌初二刻晝六十二刻夜三十八刻冬至極短日出辰初二刻日入申正二刻晝三十八刻夜六十二刻永爲定式所創法凡五事一曰太陽盈縮用四正定氣立爲升降限依立招差求得每日行分初末極差積度比古爲密二曰月行遲疾古歷皆用二十八限今以萬分日之八百二十分爲一限凡分析爲三百三十六限依垜疊招差求得轉分進退其遲疾度數逐時不同蓋前所未有

三曰黃赤道差舊法以一百一度相減相乘今依筭術句股弧矢方圓斜直所容求到度率積差差率與天道實爲脗合四曰黃赤道內外度據累年實測內外極度二十三度九十分以圓容方直矢接句股爲法求每日去極與所測相符五曰白道交周舊法黃道變推白道以斜求斜今用立渾比量得月與赤道正交距春秋二正黃赤道正交一十四度六十六分擬以爲法推逐月每交二十八宿度分於理爲盡

臣某竊意國家自壬辰之後便當詢求賢哲商論歷代創業垂統之宜參酌古今稍爲定制使後世子孫垂拱守成此有國者之先務也日習宴安已爲不可而其委任又多殘民蠹國之流壬寅以還民益困弊至於己酉庚戌民之

困弊極矣困弊既極殆將起亂當是時陛下有愛民之譽好賢之名聞於天下天下望之如旱之望雨故先皇帝繼統民皆欣悅將謂信從陛下選任善人改更弊政以興太平不意仍踵前失再用此徒委天下之民使之刻剝付天下之物使之侵欺大爲失望所賴者分河南關中得陛下委之諸賢不一二歲疲民大安恩雖未普而天下之心已歸之矣此曹畏避威名不敢縱横但於君臣骨肉之閒陰行譖愬將爲不利於陛下但天命人心皆在於此故不得遂其所願然委付以事實爲不可而其閒節目又少有可不可焉其可者已在不可之中不得爲可其不可者是又不可之不可者也淺見若此未知是否

臣某伏覩先皇帝聖旨叮嚀懇至其大要欲事辦民安二

者而已然所委之人唯能刻薄官民阿附近要肆為欺蔽竊據寵權又烏知事之所以辨民之所以安乎自壬寅之後民已困苦至於己酉庚戌民之困苦極矣虐政所加無從控告先皇帝在潛固知此弊及其繼統不惟不見黜逐且遽復大權而委用之於此見欺而所命之旨皆屬不可不必更於其中有可不可之辨也借寇兵而齎盜糧不必指其兵曰孰利孰鈍指其糧曰孰新孰陳

對御

至元三年二月二十有六日壇州北李家莊後山上見上面奉德音竇漢卿獨言王以道當時汝亦知之何為徇情不言豈孔子教法使汝若是耶汝不遵孔子教法自若是耶往者不咎今後勿爾也是云是非云非可者行不可者

勿行我今日召汝無他也省中事前雖念汝意猶未悉今特面命汝也人皆譽汝想有其實汝之名分其斟酌在我也國家所以無失百姓所以得安其謀謨在汝也謂汝年老未爲老謂汝年小非小也正當黽勉從事毋負汝平生所學安童尚幼未苦更事汝謹輔導之汝有嘉謨先告安童以達於我我將擇焉

對曰聖人之道至大且遠而學者所得有深淺臣平生雖讀書而所得甚淺然既叨特命願罄所知者言之其所不知者亦不能强也安童聰悟且有執持告之古人言論悉能領解臣以所知者盡告之但慮中有人間之則難行外用勢力納入其中則難行臣入省之日淺淺見如此未知是否

終

許文正公遺書卷之八

雜著

子玉請復曹衛論

論君子者必以德論小人者必以詐以德度德則君子之優劣見焉以詐較詐則小人之勝負分焉德也詐也雖有善惡之殊然各就其中間論之則未始不以深造者爲得也爲君子者而不至於善之長爲小人而不至於姦之雄則未見有以過人者蓋嘗於晉楚爭霸之際觀之楚之得臣不自料其詐力之所造與文公君臣孰淺孰深遽使伯棼請戰於楚子告於晉師請復衛侯而封曹徒欲急閒讒慝勇於立功而不知區區小數已墮文公之譎矣以詐力之淺者角夫詐力之深者是猶以瑕而攻堅以弱而制强

吾未見乎其可也城濮之師其所以潰亂而莫能支者是果誰之咎耶子玉請復曹衛愚請數其失而論之自周襄以來世以詐力相高然其詐力之所以高者亦皆有過人之才焉識慮淺而不險者不足以爲詐故伯比之閒隨也遺其禍於數年之後喜怒輕而不宏者不足以爲詐故句踐之滅吳也忍其心於屢請之時今得臣既昏且蔽又躁而急迺欲擁西廣東宮與若敖六卒以挫堂堂之晉宜乎其敗也彼文公君臣巧譎萬變自古爲詐之人未有出其右者且明分曹衛之田以賜宋者非厚於宋也激齊秦之怒也私許曹衛之復使絶於楚者非愛曹衛也致楚之戰也至於退三舍而言愈恭者用以驕敵用以報德也用以感諸侯之心用以作三軍之忿而得臣於此豈惟不知多

方以誤彼又且甘投陷穽以致欺於人噫詐力之淺者見挫於詐力之深者亦不足重煩吾儒之議然於楚子怒得臣之際愚獨有矜焉自楚之竊據東南也憑陵華夏號召諸侯其威聲氣焰讋動當世亦可謂甚强矣然楚子既命無從晉師而得臣不忍私忿固請一戰楚子雖怒其不可而竟不能止孰謂以跋扈之君反不能下制一臣吁可怪也三綱倒置人倫不明國雖强大而君子以爲寒心城濮之戰萬不可勝政使偶而或勝則得臣他日恃功專恣之禍必有甚於喪師之慘矣世之詆霸者猶以尙功利爲言殊不知霸者之所爲橫斜曲直莫非禍端先儒謂王道之外無坦途舉皆荆棘仁義之外無功利舉皆禍殃彼詆伯者以功利何其僭譽之深耶斯言其至矣

辯說

辯欲其信也辯而後信未若不辯而信辯而不信尤未若不辯之爲愈也辯之要在於自克自克則喻喻則無事於辯矣偶或未喻則盡其心善其說以懇道之猶或未喻不强也幸而開悟則歸美而加敬焉晦其迹使人不知其出於己也此辯之善也雖然辯出於不得已得已而不肯自已者是易言也易言則難信難信則人亦不信病其不信也力辯之辯之愈力而愈不信較勝不已至於忿爭敵日益多力日益困至其敗也猶悔辯之不至此豈辯之不至辯之已甚也吾竊嘆憫思有以告之未識其果信否也既而悔之以楔出楔以酒投酒是亦得已而不肯已者五十步百步又奚辯焉姑記其說時用自省

高凝字說

高生講冠禮于泰預焉既字之且求所以命生之意因為說以告曰世變以降波蕩風靡而天下日趨於薄昔者聖人蓋憂之故其垂世立言莫非敦本抑末以謹厚篤實為勸蓋天下之善必原於謹厚篤實天下之惡必始於浮躁淺露此尊君命生之名取於鼎彖之意歟（又本改云去古既遠天下之俗）日趨於薄風靡波蕩一往而不可復其間能以古道自重卓然不為流俗所移其亦賢乎況又益資學問之力以進乎道則厚也不為徒厚其正也不為徒正體用具行而於出處窮達無施而不當其亦賢乎尊君以古自立而又以古道教生其命生之名取易卦鼎彖凝命之凝欲生之以厚自成也以正自守也猶鼎之峙焉雖然此體也未適乎用欲生之博文約禮曰篤於人道之常猶鼎之享帝養人之用不為法器而已也夫父子君臣者天之命也人之道也（文不全）

王生名字說

王氏子昔嘗從予遊曾未閱歲迺遷居燕然於今蓋十數年矣頃來復過吾門狀貌加偉而其禮節恭謹無異平昔予嘉其處心近厚也思有以教之因其求更前名遂爲說以命之夫有禮則安無禮則危君子所以終身守之者誠知大中至正極不可去也薄俗昏愚鮮克由禮昔爲師友今爲路人滔滔者皆是也之子從學未久而獨能眷眷於相從之舊非本心之明有以自守其何以能之謹訓其名曰遵禮字之曰安卿誠能因其所以知擴其所未知因其所已能而推其所未能則他日修身事親之際將不止如今日之王生也

留别譚彦清序

譚君彦清辭氣溫雅自始識竊有慕焉既又見讀吾聖人

書雖館傳暮夜手不暫釋益使人嘆仰又接其論議則尚慕古人以敦本抑末實學有爲於時一本又云以爲己任雍容樂易大有以畏服人者方將鞭策駑蹇私擬竊效未能也將別再三求言正所謂借聽於聾假道於盲其不可也又奚疑雖然盛意不可虛辱將以私擬竊效者告焉可耶否耶請之勤而後言其或亦可少恕耶夫人患不博古而博古者或滯於形迹而不可用於時人患不知今而知今者或徇於苟簡而有害乎道二者皆非善學也惟學古適用隨時中理其庶幾乎君之尚慕古人有爲於時既能是矣能是而又言之不幾於贅乎蓋將堅其所已至而期其所未至故云云

吳氏傷寒辨疑論序

先朝國醫吳敏修著傷寒辨疑論實得仲景傷寒之要先

生猶子璋亂後獨有其書頃嘗幸得而詳讀之槩見先生
醫學之妙嘗謂醫方有仲景猶儒書有六經也必有見於
此然後可與議醫然其文古其義隱學者讀之茫然不可
涯涘今是書辨析疑似類括藥證至發先賢之未發悟後
人之未悟雖以愚之不敏一讀且有開益彼專門業醫者
得是説而推之則所謂茫乎不可涯涘者當了然矣目曰
辨疑夫豈徒云云己未冬十月戊戌河内許某序

熊勿軒先生文集序

文之傳世豈易云乎不深於道德不能以爲文不關乎世
教不足以言文道德其本世教其用與求其眞才實學全
體大用具天地之綱常壽斯民之命脈紹聖賢之統緒者
吾於建陽熊先生足徵焉先生諱禾字去非號勿軒又號

退齋自幼有志道學師事文公高第輔氏講貫聖經賢傳之旨沈潛天人道德之蘊登宋度宗咸淳進士授邵武司戶參軍時四方繹騷道梗不赴及宋社既屋遂隱於雲谷創鰲峯書院聚徒講道四方來學者雲集四書六經皆有訓釋著農禮兵刑藁晚年修三禮通解將脫藁竟以疾卒平生著述甚富厄於兵火獨四書標題易經講義詩選正宗小學句解傳於世鰲峯嗣孫熊澍家藏遺藁存十一於千百族孫孟秉類次成帙釐爲八卷傳諸家塾二世孫斌判惠之傳羅慨念先世手澤重加考證綉梓以傳求予序之可謂孝子慈孫之用心乎捧誦再三不能釋手夫有命世之大賢斯有及門之高弟先生生文公考亭闕里雖未及門受業其真才實學著書立言實有功於文公也惜乎

遭宋叔世不能以竟其藴乃時之不幸非先生之不幸也然其遺書尚存嘉惠後學於以立綱常關世教紹統緒實斯文之幸天下後世之幸豈顯晦用舍足爲先生輕重哉矧逢聖明崇儒重道列之先賢祀之學宮亦可謂無負先生之功矣斯集之傳若星辰麗空江河行地遠而彌光久而彌芳不可以時文例論顧予何人而敢僭序先生之文耶然以判簿公之請不容辭故序其大畧如此判簿公讀書善吟清慎詳雅民咸悦之蓋無忝先賢之後云

大元至元十七年三月吉日資善大夫中書左丞集賢大學士兼國子祭酒教領大史院事河內許某謹書

南京轉運司支度判官楊公墓誌銘

公諱天德字君美其先耀之美原人徙同官至高祖儀徙

高陵世業農曾祖諱亨祖諱植始爲縣吏父諱禮以大定庚子歲十二月庚子生公於北郭公之父雅好儒而仲兄茂實克家厚資公使游學公亦篤勤能副所望既隸業太學登興定二年進士第釋褐補博州聊城丞未及赴壁陝西行臺掾尋擢大理寺丞繼擬主長安簿未幾正主慶陽安化簿尋辟德順之隆德令再辟安化令補尚書都省掾遷轉運司支度判官京城不守流寓宋魯閒十年而歸長安公自讀書入仕至於晚歲風節矯矯始終不少變其爲隆德令也被圍於德順冒圍請援以死期於復命及復立縣治撫養瘡痍誅鋤强梗民賴以安慶陽之圍也復任安化主帥以公忠勤使兼錄事幷鎮撫軍民又牒令判府事晝夜不遑處盡智畢力拒守踰年居民餓死殆盡卒逮救

至圍解召公還京師公嘆曰既不能救民之死又暴其骸而去之吾不忍也擾攘中竟留月餘悉收葬之其忠主愛民若此亂後士夫或不能自守而公於勢利則藐然如浮雲晚讀大學解沿及伊洛諸書大嗜愛之常語人曰吾少時精力奪於課試殊不省有此今而知吾道之傳爲有在也埋沒篆刻中幾不復見天日目昏不能視書猶使其子講誦而朝夕聽之以是自樂及有疾親友往問之談笑歌詠不衰曰吾晚年幸聞道死無恨矣以戊午歲十月四日卒於家春秋七十有九娶寇氏早亡一女適三原郭孝廉再娶太常少卿京兆孫逼祥之女一子曰恭懿孫男曰寅孫女二人皆幼以是年十二月十日葬於高陵閻國鄉奉政原之先塋公子孝廉篤實克紹先志平居事公已著信

於朋友而執喪哀毀至五日不食寢苫枕塊居廬啜粥又能行古道其治喪一從公之遺命用司馬氏朱子考訂古禮氏逖固久而公獨得以禮葬有子如此公爲不朽矣河內許某敬敍其事而爲之誌且系銘曰

出也有爲死生以之處也有守不變於時日臨桑榆學喜有得其知益精其行益力吾道之公異端之私瞭然胸中洞析毫釐外私內公息邪距詖俯仰古今可以無愧受全於天復歸其全尙固幽藏無窮歲年

設祭器歌

奉禮郎各齋戒丑前五刻執事帥共設俎豆神位前史祝祝史亦同在籍以席加巾蓋自北而南分內外左十籩右十豆二一四四三居俎後東西相向南北行一四二三分左

右魚鹽棗薻實籩中菁葵笋芹對於豆次豆兔魚並韭菹
次籩桃榛及鹿脯栗芡菱盛最外籩醓醢臡豚儘西布羊
俎東豕俎西熟載三端十一體正直橫長代短雙脇脊中
肫胳底上端更有肩臂臑此是十一羊如豕豕前更有視
版案羊前爵坫東幣篚籩豆兩間何所增毛血一豆南三
登東西排實太羹登南更有三鉶鼎和羹加柶東西等少
南南北簠簋行簠二偏東實稻粱簋二偏西置黍稷東西
正與兩俎直簠簋之閒或有爐兩燭俎前安可無左右配
位同前設更排籩豆在十哲籩鹿栗豆臡菁俎左籩南肉
二斤籩豆之閒容簠簋簠簋之中實黍米更加坫燭於俎
南然後中閒設酒醴北向西上加羃勺犧象齊盎及明水
清元設置二山罍六尊有坫俱相尾配位樽罍酒醴同設

位之時稍近東

祭鄒國公文

惟公之生運適周衰正途壅底大道淩遲分承三聖力辯羣疑禽獸楊墨妾婦秦儀宜載於典宜配先師敢修庶品敬薦於時

祭李生文炳文

惟生總角從吾誦詩讀書善言日親惡言日踈二十安學志向吾儒經史晝夜筆硯朝晡道則周孔治惟唐虞究始與終論精及粗事我甚專敬我無渝不恤異議不爲俗拘較之後生鮮或能踰我年四十病毯微軀别汝西歸待死鄉閭三年林下頗得安舒事既加少病亦尋除念昔舊學日就荒蕪思欲講明共力誰歟我來自西跋涉崎嶇省汝

視汝操立何如身出門庭名聯士夫斐然成章不忘其初我竊慰喜有汝生徒遂意老日相與鄰居益汝新聞卒我前圖舊縣之別中懷未敷擬再會見敘此區區行舟催發水路縈紆十日之程歸復吾廬昔者憂汝多病而癯此別安强謂必無虞訃音忽來告汝身阻我初聞之恍如乘虛撫手痛悼放淚長呼三日皇皇食無一盂束裝東行令婿與俱官事適丁引類連茹悠悠遠思阻越旬餘今我來斯弔汝城隅不復歡迎但爾荒墟可勝哀哉可勝悲夫道之隳廢欲汝同扶天既奪汝天其喪予我年日衰我德日孤思之念之我心如剜汝之父母平日勤劬汝之兄嫂竭力馳驅汝未一報人世俄殊生非己有死獨誰無惟汝之死家道淪胥幾成而敗欲榮日枯念之思之能不噫嗚魂兮

魄兮知乎否乎一盃薦汝生其饗諸

許文正公遺書卷之八終

許文正公遺書卷九

書狀

呈丞相辭左丞狀

許某呈某舊患脚氣復因憂戚變爲腫此等病候類多難治三數年來止以忌慎之嚴苟延視息今乃叨居要地陪列元臣乏德乏才既不足以辦事非勳非舊又不足以服人虛負寵恩莫任憂畏以故耳增重聽心苦多忘腰痛未已而手痳腹滿纔輕而洩澼有困危之勢無安養之期望加矜憐特賜聞奏使退循常分仍守舊資豈惟免尸位之愆亦可效育才之助心獲無歉病庶有瘳仰惟高明伏幸

裁處右謹具呈

辭免京兆提學狀

後學儒人許某先於輝州承奉令旨遷來京兆教授人家子弟欽依外今月初一日續奉令旨該廉宣撫保奏令某充本府提學者某自惟非才不敢祗受即於宣撫相公及以次官員處告覆至今未蒙允納竊聞提學官師表之任也儀刑多士檢正學業實風化人才之所自緣某早年羈旅學無淵源於舉業功夫未至成就若不量度叨冒寵榮取四方之譏辱王府之命不止爲罪於一身也事有所係義在必辭伏乞宣撫使司詳察擬爲回奏施行取鈞旨

與人二

某頓首再拜啓蘇門之來此迫於明旨俾教授子弟某以嘗爲小庠故不敢昧而不得辭已聞四方之傳形於謗言著於詭諺聲聞過情之恥宜被一身惟有玷乎諸公之明

悚懼無既茲復瀆以提學之命恩則厚矣憂如之何猥辭
納於宣撫廉公未承見允憂懼薰心感病如舊不能起者
旬日矣其不安之勢可以意曉且提學主司之職京兆學
官旦望考校賦詩議論積年於是將使無素業者易而尸
之於公議自不容安故敢上冒威名陳辭於左右冀復款
於仲晦仲一洎諸君子因大用回附片言隻字以諭撫司
得伸卑懇不勝拜賜
某頓首再拜啓邇來草率奉書想不爲浮沉然區區所求
至甚切故又喋喋京兆舊有提學每旦望考校賦詩議論
是爲所職而某於舉業初不曾攻習向者雖守小癢僅能
與童子正句讀釋音訓而已今代領其職是羸犬負烏獲
之任也雖骨折筋絶其可勉强累復求於宣撫廉公既爲

回奏未見允許憂懼薰心至於臥病其不安之勢先生可想見也特愛舊願致此意於仲晦仲一二君子若獲專奉元受恩命教授子弟則駑蹇之資可以勉勵庶幾小安也未知高明以爲何如

與仲晦仲一二

某頓首再拜兩君子執事將春敬惟雅況清裕某山野鄙人虛名過實不勝愧負仲一過京兆以稠人中不克款附所懷繼荷仲晦公特書慰勉使某寬而居安而待其時已爲士君子家託二三子相從正句讀今復十數矣其束脩之供給有餘裕恩旨益之以奉給是魚肉而又熊掌也以義制之不容再受且仲可遵道之生理未治其事體自是不同再四辭於宣撫廉公左右未見從允靜言思之將苟

避矯激之嫌必難免士林之誚託所以解之非二君子其誰可者弗獲即有不安明公必能見察於言意之外也區區不已重附從宜李公幸矜亮

恩旨令某充京兆提學某之寡陋先生素知使依先所降

恩命教人家子弟已愧不稱況提學之職必習知舉業場屋有聲者可得爲之而某蹇淺昏昧一無所曉何以當此苟强顏爲之不唯取笑四方爲士友所責亦恐用非其人爲當路諸公之累是以傾輸悃愊冒瀆陳說仲晦仲一二君子所願奉致此意何由使某得守先命少緩士林之議便風不乏伏賜誨藥邇者從宜李公來傳道二君子雅意佩感但病中不能作書爲謝爾

與竇先生

老病侵尋歸心急迫思所以上請未得其門也邇來相從實望見教不意復有引薦之言聞之踧踖且驚且懼邸舍中懇陳所以不可之故至於再三始蒙惠許違別三數日復慮他說間之不終前惠是用喋喋重陳向來懇禱之意

嘗謂天下古今一治一亂治無常治亂無常亂亂之中有治焉治之中有亂焉亂極而入於治治極而入於亂亂之終治之始也治之終亂之始也治亂相尋天人交勝天之勝質揜文也人之勝文勝質也天勝不已則復而至於平平則文著而行矣故凡善惡得失之應無妄然者而世謂之治治非一日之爲也其來有素矣人勝不已則積而至於偏偏則文沒不用矣故凡善惡得失之迹若謬焉者而世謂之亂亂非一日之爲也其來有素矣析而言之有天

焉有人焉究而言之莫非命也命之所在時也時之所向勢也勢不可違時不可犯順而處之則進退出處窮達得失莫非義也古之所謂聰明睿知者唯能識此也所謂神武而不殺者唯能體此也或者橫加己意欲先天而開之拂時而舉之是揠苗也是代大匠斲也揠苗則害稼代匠則傷手是豈成己成物之道哉即其違順之多寡乃其吉凶悔吝之多寡也平生拙學認此爲的信而守之罔敢自異今先生眞欲以助長之力擠之傷手之地是果相知者所爲耶無益淸朝徒重後悔豈交游之浮不足爲之慮耶抑眞以樗散爲可用之材也相愛之深未應乃爾若夫春日池塘秋風禾黍夏末雨蠶老麥收冬將寒囷盈倉積門喧童稚架滿琴書山色水光詩懷酒興拙謀或可以辦此

也是以心思意向日日在此安此樂此言亦此書亦此百周千折必期得此而後已先生不此之助而彼之助是不可其所可而可其所不可也其可哉將愛之實害之萬惟恕察言不能隱栝悚息待罪

與子聲義之

比年諸幼多病不勝憂苦近方收拾一二小者爲可子讀書計政恐擾動不安聞令親傳道雅意甚非所望某之愚陋先生之所知也得受共城一廛與老妻稚子竭力耕耝閒暇日會二三學者讀古人書則志願足矣且西去邱壠不遠尤爲快便日夜思此至熟也夫尊榮貴顯固人之所甚欲然鶴之乘軒隼之乘墉豈欲取謗怒於天下彼挾矢者交會圜至殆其生之不能保將愛之實害之先生不慮

及此耶區區之懷冀蒙照察是以不避抵冒之罪極意盡
言
賢王誤采虛名曲垂召旨以學官之職降付鄙人逃去則
不敢聽命則不能夙夜憂惶莫知所處聞二君子還王府
已有解釋之路願賜教約夫尊貴榮顯固人之所愛然反
足以賈禍而召怨曾不若安守貧苦之爲愈也亂後雖處
小庠實出僭妄比年竭力經營田廬庶覆前日之非何意
虛聲展轉至於如此二君子最知某者萬願爲意某頓首
再拜

與子師可

小學四書吾敬信如神明自汝孩提便令講習望於此有
得他書雖不治無憾也今殆十五年矣尚未成誦問其指

意亦不曉知此吾所以深憂也高凝來聞汝肯自勉厲勝於前日我心甚喜未識其果然乎韓遵道今在此言論意趣多出小學四書其註語或問與先正格言誦之甚熟至累數萬言猶未竭此亦篤實自强故能爾我生平長處在信此數書其短處在虛聲牽制以有今日今日之勢可憂而不可恃也汝當繼我長處改我短處汝果凝不能篤實果凝不能自强我雖貴顯適足禍汝萬宜致思比見且專讀孟子孟子如泰山巖巖可以起人偷惰無恥之病凝也相與輔導之至元三年十二月二十九日

與耶律惟重

書奉寄耶律生久別不得會見豈勝懷想王之奇來審聞尊丈以下皆安良慰西山詩說與文公詩傳異同此非區

區所能辨然夙昔愛生勤學似不欲虛其所問雖自知淺陋猶喜一言之春秋壞於三傳此說固矣然盡去三傳而不讀吾恐擬議之失又甚於三傳書義壞於漢儒之序此說固矣然盡欲去之而不讀吾恐逆度之差又甚於漢儒之序程朱以來講明究析其可信可疑亦畧有說蓋自焚滅之後歷千餘歲其閒變故又復不少遺脫舛誤焉能盡如洙泗之舊雖語孟二書亦有可疑學者但當求其旨意以身體之日積月累庶或有益至於此等疑議姑闕之可也舊見西山文字平實簡易不意此論急迫慢罵殊無溫柔敦厚含蓄氣象抑豈少日之爲耶抑或他人爲之而傳者之誤耶觀其考覈辨難出人意表未易折衷容胥會時更論鄙見如此未識果是否耶因風附意惟慎愛是望不

悉

答仲叔家語亡弓論語予所否者

某再拜言來諭以反身而誠爲顔子樂處意極精切某雖未能悟厥旨已謹受教矣家語論語猶未盡曉敢言所疑聖人之道惟仁與義仁則物我兼該義則職業有分體用參錯莫可相離故語仁而不及義非仁也其流必入於兼愛語義而不及仁非義也其弊必至於爲我考西銘理一分殊之說尤爲著明四五年來執此爲是用是心以揆昔者人亡人得之說故卒難領會近又推而論之似終有不可行者且弓之爲物細物耳雖曰人亡人得而勿求其失未甚顯也使楚子忘其失人亦曰人亡人得而勿問則已不可也况桀紂所失之天下即湯武所得之天下使曰人

亡人得而勿恤則是淫暴之惡未可非而天命之斷未足懼也其可乎哉竊謂楚子亡弓之初當趣令求之求之不得當自反曰我涖事不敬也委政非人也往者既不可追矣繼自今日兢兢焉業業焉任賢使能俾無再失則庶乎古人改過不吝克勤小物之義今乃舍此不務以能忘爲貴則是既失於外而遂遺其内也職業不守而以溥博自居無乃近爲兼愛之説歟聖人之心固天地之心也然其處事接物必以己義制之初不問彼之天命何如也若以孔子之不與者遽爲天之所厭則其説反似過高而有難充其類者如不見趙簡子而趙氏之世方興請討陳恆而陳氏之族方盛若以趙氏田氏爲不義則可也若遽以天厭言之則有礙矣田横若不死而仕漢則酈商必無可友

之義曾子出妻所適之人曾晳必無受贄之禮應事接物恐止以己義制之不必要彼以天之厭不厭也今日所見若此未知何如

與友人

把仲輝具悉日來所履艮用憮然某也與子爲師與令親爲友不能善誘善導使人孝慈顧相怨交惡反出衰俗之下益自知平日區區初無小補德之涼薄其誤人乃如此可勝負愧勸道之言非有固吝但疇昔事幾方來嘗面陳可否猶黑白然且不見信今業已爲之豈咫尺之書所可回邪雖然故舊之情不忍遂已擬託韓遵道過蘇門款敘所懷雖知強聒罔濟以愚懇無他庶或有一中耳汝今所處固爲甚難然天下公議責備於臣子必責備於賢者爻

之過卽子之過也正當反躬自克百倍其勇令親之失亦汝之失也此若不悟勢將滔滔有無窮之悔矣重思重思

與王濟川

濟川詳議友兄執事之用春來會見無恙也別去不知遠爲永訣追念往者相從之舊豈勝哀痛少者致養老者待養人之常理吾兄春秋高生業未遂已爲憂苦不知又何以堪此也凶變之來莫測以爲天耶人耶要必勉自寬解遠爲後人慮庭玉囘草敍區區之意任重尤當自力餘不及盡言之（詳議二字疑衍文）

與韓邦傑

總判邦傑舊游相別之久相去之遠公務匆冗中乃能不忘相從之舊殊慰懷想而無競又論爲學爲政皆有進長

尤可喜也某臥病僅一月未能出門無補公私徒增愧恐
區區之念想諸公可憐也比會見望以時加愛加勉不能
悉

與提學某

提學先生執事顯之來審文況安適爲慰向來會晤具以
匆匆不遂攄罄之願別後寓此又復一年無補公私徒增
憂懼念昔相與鄰居接壤課督兒輩種田讀書徜徉山水
閒以盡餘生此志竟得遂否病中草草奉候未閒千萬保
練是祝區區不能悉

與李仲實

總管友兄執事太夫人捐館既不克奔慰又無便風以奉
區區可勝悵惘關中之别迨今幾十年不獲盍處風疾纏

緜重經憂患鬚髮白已盡矣何時一見細道久別之懷因風敬附謝愬未閒天氣尚熱萬祈以禮自愛不宣

與孫謙甫

謙甫友兄執事遠承惠問且知別後尊況佳安喜慰之至秀才德性可愛及此妙齡肯爲學不輟其成就當有過人者今日所期雖未即遂或者天命未欲小成乎事既偶然惟宜緩待不知以爲何如比會見秋涼保練是祝區區不宣

與趙輔之二

宣撫公契舊執事託梁寬甫奉書想今已達秋涼遠惟文候康裕小事輒復干瀆某人某之甥也聞爲同儕所苦執事肯爲區處得就安便甚望竹頭木屑或可量材用之又

出望外也國務方殷不暇言此瑣細豈勝愧悚然親戚之求有不獲已焉者萬乞照亮未間惟爲國爲民自愛重

宣撫公舊契執事執别膏腴忽復許久豈惟交游之舊日積馳情向來定亂破敵爲天下賴此又欽服之意不容已也某來辱惠音承起居佳勝太夫人亦康健感慰何量某自去歲得脚氣近日始緩餘皆無可言者因風奉報比會艮晤萬冀爲斯民自愛區區不宣

與友人

向來報書想已聞達某人行重附鄙意某自前年得還鄉甚思吾友相與鄰居方將經營復此遠出今居燕城日就衰朽何别離之易會聚之難如此也區區拙迹某人能道其實不足煩吾友慮比會晤唯祈以善自重不宣

與君瑞

先生侍側某人來誨簡審聞尊況動止康裕甚慰遠懷某即此旅寓日益無聊某人歸能道其實外人或傳曾受職任正由不知己者相玩戲也掛齒且不可況筆之書乎千萬乞照亮未閒惟冀以道自愛區區不宣

與扈正之 二

正之鄉兄執事向在關中得幸相近以墳壠之故不遂相守吾兄遠送臨潼哭佇爲別可見顧愛之情如此其至別後日復一日馳驅道路閒念昔者相從之樂可勝悵惘秋涼遠惟尊候洎仙輯各安裕某即此區區無足道者未閒惟調護不宣

向在關中得親近才卿文遠輩有講習之樂有切磋之益

東還日紛擾冗中所接聞殊不如意加以衰病纔作旅寓遠方憶昔相從優游自得豈勝悵惘秋涼敬惟尊候洎玉集各安順人行草草附問會晤未涯切冀以時自愛區區不宣

與許仲常

向約鄧州迴郎寄書來今不聞一信何耶生事當著實自力不須更求句當慮日後愈無涯際悔不可及也當深思之比見惟勵不悉

與孫伯玉 二

伯玉友舊執事春初遠惟福履淸佳老得吾友相與鄰居實夙昔所願方萃兒輩結茅樹桑爲讀書計不意有此行也今雖寓此講歸之念無日去心新居草剏計多勞苦要

當安心勉力庶可必成也因風示報爲幸人行敬附鄙意

伯玉友兄執事犬子來知有幼孫之憂而生理又復不遂可勝動念人生所遇或厚或薄理有當然故聖人教戒正要於此益堅益壯不可怯懦苟安也積學力行始亨之端犬子還能道區區也止遠惟千萬自愛不宣

與張仲謙二

左相心契執事十九日承手書且聞起居康勝喜慰不可量某之拙學無足言者而執事虛心每每問及尙未知果不足用也雖然盛意不可虛竊謂父子君臣實天所命能順而不失則人道備矣其利與鈍成與否雖古人不能必吾豈可不聽天命而苟爲哉管見區區只此爲是是所以爲拙學也材木盤費極感厚意因風奉答兼謝比晤對千

萬愼愛不宣

犬子於六月二日病歿某罪逆深重不見佑於神明使禍延所愛肝腸痛慘猶鈍刀割裂仰天長號不知所以爲言但犬子初還家飲食猶日進二升時欲持行四月初聞妻子不來病遂日增醫者診之鬱證也由心氣不足親友亦咎某當時不即挈引還家故致如此病且革果惟不得舒暢使然胸膺氣滯不得上下以至於死事已往矣萬悔何及人生修短固有定數不可改易然淺懷俗見終未能無恨於此也望以是意達之焦氏良親幼孫在襁褓使他日得承吾兒後萬謝萬感雪齋侍講郎中三執事皆不及另書望道此意壬辰後憂苦無若今日殆不可生存矣因風幸示教

與文子貞

向託劉孝叔附書不意就此沉滯斬生行復令附信已不及矣自今觀之正宜慎言克己安心静守紛紜之議不須辨也此夏或得還家當細説此未閒惟好自愛重不悉

與吕伯充

書奉伯充秀才不意凶變令尊丈奄棄榮養可勝驚怛舊聞伯充途路中偶與人相從及相别心爲不忍今罹此艱咎何以堪處葬禮遵用遺言依倣古制信道力行至於如此楊元甫之亞也敬歎敬歎路遠不及一往慰問悵惘曷可言未閒惟以禮自盡區區不宣

與廉宣撫二

宣撫相公執事比日車從過覃懷不獲一見可勝悵惘時

暑惟起居安裕友兄楊元甫隱士也篤信好學操履不苟實我輩所仰重執事時肯眷顧美事也劉成之舊從姚司農今將還家謹託附意比良晤惟千萬爲國爲民自愛區區不宣

向來會見以相愛之故故不敢不盡所言然其辨折可否頗傷急迫將謂獲罪於吾兄也違別未幾遽辱誨音知吾兄襟度寬綽或見區區之意本無他也感慰感慰敬生還草附謝懇正遠惟千萬保練自重不宣

與左丞張仲謙

某自大名遷居蘇門其大喜有三親善人也近鄉土也得佳山水也是以藝麻樹桑圖爲老計三數年雖所謀未果而志慮益堅於向時矣

論友人病證書

某頓首再拜啟復十六日承誨簡知近日宿疾尚未全愈可勝憂想桑根煎固治肺疾然須從升降浮沉多加時藥少加治藥以待秋涼雖旦暮未有顯效而他日養長之氣漸有生發則神祕湯輩可以兩服便驗斯理也嘗與遵道論之甚不可以迂闊淺近之不信也未知先生以爲何如

與李才卿等論梁寬甫病證書

梁寬甫證候右脇肺部也嗽而唾血舉動喘促者肺診也發熱脈數不能食者火來刑金肺與脾俱虛也脾與肺俱虛而火乘之其病爲逆如此者例不可補瀉蓋補金則慮金與火相持而喘嗽益增瀉火則慮火不退位而痃癖反盛正宜補中益氣湯先扶元氣少以治病藥加之聞已用

此藥而不獲效意必病勢苦逆而藥力未到也當與寬甫熟論遠期秋涼庶就平復蓋肺病惡春夏火氣至秋冬則退也止宜於益氣湯中隨四時陰陽升降浮沉溫涼寒熱及見有證增損服之或覺氣壅間服加減枳朮丸或有飲間服局方枳朮湯數月後庶逆氣少回逆氣回則治法可施但恐今日已至色青色赤及脈弦脈洪則無及矣近世論醫有主河間劉氏者有主易州張氏者張氏用藥依準四時陰陽升降而增損之正內經四氣調神之義醫而不知此妄行也劉氏用藥務在推陳致新不使少有拂鬱正造化新新不停之義醫而不知此無術也然而主張氏者或未盡張氏之妙則瞑眩之劑終莫敢投至失機後時而不救者多矣主劉氏者或未悉劉氏之蘊則劫效目前陰

損正氣遺禍於後者多矣能用二家之長而無二家之弊則治庶幾乎寬甫病候初感必深所傷物當時消導不盡停滯淹延變生他證以至於今恐亦宜倣劉氏推陳致新之意少加消導藥於益氣湯中庶有漸緩之期也鄙見如此未敢以爲必然惟吾才卿元甫子益共商論之

與某郎中

郎中心契執事別後南歸得守邱壠殊適所願老年情思苦厭喧雜課督兒童種田讀書雖拙謀心自喜幸農夫野叟日夕相遇與之話言固不盡曉要其中無甚險阻是可尚矣遠辱承寄兩柱書教且承雅意肯屬鄉閭迂闊之爲亦有同者喜不能寐佇俟好音鄙人有幸須得會合切望切望

畱吳行甫疏

竊以學務求師師明則正可就學賢期衞道道明則益以爲賢義有當從謙何過執伏惟行甫先生德堪模範學究淵源已煩善誘之勤先著小成之效遠圖可望幼志俱親豈容中道之退歸深抑輿情之企慕智惟成物忠必誨人忍令諸子之無依坐視前功之不繼萬願復垂絳帳宏古人之舊風重受青衿起今日之新學謹修短疏用表深衷切望高明特賜允許

代李和叔與兄子

叔書付兄子天敏吾先本名族自兵亂以來衰頽不振諸子且孱弱未見可以繼復先人之舊者獨汝沉靜敏慧度越諸子我是以崎嶇宛轉求託於王公文秉也既從學有

稱於同輩至慰所望比年以親事隔遠不得躬親勤督殊使人動心吾意汝之進學不類於前日耶則本質深沉遽變於歲月之頃吾意汝之進學果類於前日也則行人絡繹了不聞勤苦之言因念家業陵替使汝婚娶之禮不如宿昔之舊可嘆也可愧也三數年來吾以目疾失明凡曰交游曰故舊莫不傷悼矜憫有不遠百里而慰問者昔者子夏聖門之高第其失明猶曰天乎天乎況我淺薄之資處憂患之餘能無動於中乎先人之業欲墜未墜望所以興復吾門者唯汝耳汝而肯學則吾李氏之後庶其餘輝矣汝而不學則吾李氏之後爲工歟爲商歟爲牛童歟爲馬卒歟蓋有不忍論者此吾所以重傷隔别之遠而愈益失明之恨也吾先代皆以宦業名世原其所自蓋積於勤

學學之於人其大矣乎父子之親君臣之義與夫夫婦長幼朋友亦莫不各有當然之則此人倫也苟無學問以明之則違遠人道與禽獸殆無小異以禽獸無異之材汲汲焉求處衆人之表吾見其謬悠荒唐之言卒陷於自欺而後已也吾衰且老重以疾廢平時所期於汝者自是愈切不知汝之處心亦果如吾之處心乎欲話所懷竟未有便庭除至近也須扶引乃能出入千里之遠計會聚於何時

與張右丞

弔者在門慶者在閭一倚一伏孰知其初君子存誠克己就義始若甚難終知甚易可委者命可憑者天人無率爾事有偶然含苗不耘固爲有害助而揠之其害甚大旣徵於色又發於聲天道無他庸玉汝成　終

許文正公遺書卷之十

稽古千文

太極之前此道獨立道生太極函三爲一一氣既分天地

定位萬物之靈惟人爲貴太古結繩民醇而愚茹毛飲血

穴處巢居伏羲畫卦始造書契神農黄帝三皇繼治五帝

少昊高陽高辛堯舜揖讓傳中以心歷數在禹夏承虞禪

謳歌歸子啓與扈戰太康遊畋羿距於河仲康失權胤征

羲和一成一旅少康中興桀虐百姓天道禍淫應天順人

殷湯革命咸有一德伊尹元聖太甲放桐盤庚遷都武丁

中興受終獨夫文王事殷明夷蒙難武發開周首訪洪範

成康持守周召夾輔穆王訓刑宣王復古幽惑褒姒犬戎

所弑平王東轍國風遂替虚器尊周五伯馳騁孔聖春秋

爰始魯隱七國爭雄蘇張縱横孟軻仁義卒老於行孝公彊秦鞅變井田赧朝昭襄周祚以遷併吞六國始皇詐狙罷侯置守焚書坑儒阿房長城賦役虐民二世子嬰陳吳亡秦項起西楚劉興沛中項弑義帝劉從董公轉戰五年資謀三傑灌嬰垓下始定漢業高帝忘功誅醢械繫溺愛戚姬欲立如意艮招四皓幼惠遂定呂雉鳴晨房闥出政陸賈計行平勃交驩祿産就誅劉氏乃安文帝恭儉詔半爲農景帝遵業醇厚民風武承富庶始建年號窮兵雪耻末年減耗立昭繼武功歸霍光孝宣中興道雜霸王元成哀平權移女黨張禹佞諛乃生王莽十有四年亂生新室更始劉盆王尋王邑光武中興羣盜乃滅寇鄧元勳耿賈洪烈天下平定進尙文吏退全功臣封縣數四禮優嚴陵

占勳太史二百年間名節奮起明帝苛察章帝寬厚和誅竇憲殤終襁幼安雖享御權歸外戚北鄉弗永順淪嬖習沖幼質聰弒於跋扈桓誅梁冀陳李黨錮靈委宦孽黃巾嘯聚進召董卓獻終漢緒曹丕稱魏劉備興蜀孫權號吳三國鼎足混於西晉都於洛陽武惠懷愍劉聰所亡元帝南渡一馬化龍建康再振為晉之東明成康穆哀廢簡帝武安偽楚恭遜劉裕原晉之弊起於浮誇清談之極五胡亂華宋齊梁陳元魏東西南北瓜分後周併齊隋文混一始盛開皇煬帝窮奢恭帝禪唐唐高之興太宗之謀閨門慚德責以春秋田以租調兵以府衛七百餘員首定官制貞觀仁義髣髴三代本根不正隨亦闕壞再傳高宗已罹女禍李勣一言唐業幾墮武后稱制欲立三思倘非仁傑

孰引東之中宗復辟嗣興韋后睿遜元宗以功授受開元
太平天寶昏亂貴妃內惑祿山外叛肅宗卽位大分安在
中興有頌功不贖罪代宗中材德宗猜忌奉天所倚陸贄
仁義順在東宮陰賜天下憲任裴度平淮有雅惜其晚年
禍生不測穆敬昏庸不能討賊文宗銳意太和清明僅殺
宏志莫正典刑輕用訓注禍成甘露武用德裕遂平澤潞
宣宗寡恩唐治以衰懿僖昭哀遂不可支唐患非一朋黨
閹寺藩鎮强大宣武簒弑朱梁李唐至於石晉劉漢郭周
是爲五閏錢馬高楊承襲割據李王孟劉各復僭僞兵變
陳橋宋祖卽位尅平中夏以國傳弟九葉中衰江左六裔
遼金繼興亦各九世天眷地顧篤與我元四海會同本支
萬年稽古提綱雜此千言

編年歌括

總數

始自堯戊辰終於金癸巳三千六百年內減三十四

唐虞

唐堯一百載虞舜五十年禪讓官天下有子不相傳

夏

姒夏繼有虞一十有七世得年通幾何四百三十二

商

有商子姓三十世干日爲名無癸字六百二十有九年天下歸周契不祀

周

姬周三十有七王歷年八百六十七西都三百五十二武

成康昭穆共懿孝夷之下厲宣幽十有二朝居鎬邑東都
二十五相傳五百一十五元日平桓莊釐惠與襄頃匡定
簡靈景繼悼敬元幷貞定哀思考威烈安夷烈顯與愼靚
及赧王厥後秦人倂王室

秦

秦人滅周自昭襄孝文後曰莊襄王三傳九載嬴秦亡呂
政繼立號始皇胡亥子嬰俱不昌三世都經四十霜

西漢

西漢十有二帝二百一十四齡高惠傳家未久呂氏僭起
闡庭文景武昭而下宣元成哀平嬰

新室

王莽號新室竊據十四年誅夷漸臺後二一載屬劉元

東漢

東漢十有二朝一百九十六筭光明章和殤安順沖質桓
靈獻

蜀

劉蜀炎漢裔二主據成都四十三年後山川入魏區

魏

曹魏合五主文明齊高章禍稔蕭牆內四十五年亡

吳

孫吳凡四傳權亮休與皓五十九年春青蓋洛陽道

西晉

西晉武惠懷愍四葉五十二年司馬乾綱解紐五胡割據
中原

東晉

東晉渡江十一帝元明成康穆哀廢簡文孝武安與恭一百三年消正氣

宋

劉宋五十有九年高祖營文孝武廢明幷後廢順承之是爲南朝凡八帝

齊

蕭齊二十有三年七葉相乘三見廢祖武鬱林幷海陵明與東昏共和帝

梁

蕭梁傳四主五十五番春武簡文元敬乾坤遂入陳

陳

陳氏合五朝三十二改歲高文廢與宣後主傾神器

後魏

後魏一十二帝一百四十九年道武明元太武文成獻文相連世以拓跋爲氏孝文改姓爲元宣武孝明而下孝莊節閔承旃廢帝孝武之後遂分東西魏焉

東西魏

西魏三主文廢恭二十二年國祚絕東魏孝靜不再傳一十七霜元氏滅

北齊

高齊五傳年得四七文宣昭成後幼失國

後周

五主宇文周歷年二十五孝愍明武宣靜末隋爲主

隋

隋代逼三世文皇煬與恭二十九年後楊氏數云終

唐

李氏建極臨九有紀年二百八十九神堯太高中睿元肅代德順承其後憲穆敬文幷武宣懿僖昭哀皆繼守總來二十一稱尊高後一朝爲武后

五代

朱梁三主十六祀太祖友珪末帝是後唐四帝十三春莊明閔末是爲眞石晉二世十一載高祖之下少帝代劉漢四年凡再傳高祖隱帝同一源郭周九載傳三世太祖世宗與恭帝五代五十有三年其間八姓遞推遷後唐凡三周凡二餘者舉皆同氣嗣

大遼

九傳耶律之遼二百一十歷數祖宗世穆景宗聖興及夫道豫

前宋

前宋九朝都汴邑一百六十有八年祖宗眞仁英神哲傳到徽欽並北遷

祖宗眞仁英神哲徽欽失汴高遷浙孝光寧理度及末三百餘年宋道滅

大金

有金百一十九年夜姓完顔凡九葉祖宗熙海世章東下逮宣哀南渡滅

許文正公遺書卷之十終

許文正公遺書卷之十一

詩

古風

夢中得首一聯因補成之

花謝花開時去時來福方慰眼禍已成胎得未足慕失未可哀得失在天敬聽天裁

觀物四

物產天地閒精粗據兩偏兩偏互倚伏一氣常周旋善善不可緩安安貴能遷人生verbatim此意自當心乾乾

萬物備吾身身貧道未貧觀時見物理主敬得天眞心爽星辰夜情欣草木春自憐斲喪後能作太平人

事物形雖同中閒勢各異推遷無盈期倏忽幾易位智者

識機微安焉處平易人生貴無私莫使聞見累裸裎遊市門逢人遽侵侮俄而被捶撻號痛淚如雨若輩懵不靈妄動招危傾云何大夫士亦甘此由行行路細如縷閉關何權數久久成拙謀一往竟不悟我始窺其端居屯尙盤桓盤桓非懦怯後事當無難

遊黃華

我生愛林泉俗事常鞅掌十年苦煩劇一念愈傾仰峯巒看畫圖雲煙入像想久成心上癖欲忍不可强荷有敬齋公愜以善相長攜我遊黃華一洗塵慮爽行行嘆奇絶舉目皆勝賞鏡臺聳百嶮瀑布落千丈石苔積重痕溪風動幽響使我躁競息使我心志廣恍如夢中身翱翔千古上回首聲利場誰能脫塵網我老得仁心動作皆可像還家

擬隣居求田蕒接壤便許樸鈍質於此靜中養

有感二

嬌兒未成人病苦不肯退憂傷動中懷慘慘心欲碎老妻情更惡中夜泣相對何如早還歸山陽墳隴在平生所願心展轉不得遂十年訣同遊回首只多愧病連肝胏深因覺妻子累悠悠故鄉情滴滴眼中淚狐死知首邱人生戀鄉土我心久焦勞宿疾安能愈所貴還故鄉微骸近先祖他事足嘆嗟西風動寰宇

歸與不可遏歸程待何時悠悠故鄉心一夕千里馳西風動霄漢慘慘令人悲況我多病身天涯久棲遲交遊義難忘豈忍輕別離重念邱隴遠嬌兒正愚癡因循死異邑後世將何遺所願經營日及此未全衰樹桑牆以下開畦水

之湄既得舒困難且可爲鎡基幼無孝悌稱老無恩澤施
唯有近先塋一死乃其宜諸君苦留連雅意金蘭期我自
無遐福形骸變焦瘁生平尚求友得友還差池中懷起愁
嘆欲别難爲辭試問將居廬何日當西之緩急有擬議行
止更無疑作詩叙懇款爲報吾人知

送竇清叔

初來識君面此行見君心匡時有長策慮遠憂且深俗情
取近效雅意入幽沉人生貴所依所依貴知音知音得長
布身將比黄金我本貧賤士多思委相尋未得辦一飯胡
爲遽分襟征鴻出遠塞西風動疎林去去渺萬里何年酒
同斟含情望無極白雲障孤岑

梁侯壽

律管歲寒深梅花春意早君侯應嘉祥俊逸固傾倒直氣與衆殊孤標能自保藹然仁者心慕悅古之道視民猶視子重賢如至寶兒孫冀傳習詩書入論討忠鯁擬力輔弼汚期痛掃舍積有休徵天錫永難老

別西山二

大山如蹲龍小山如踞虎烟嵐鬱蒼翠遠近互吞吐我來蘇門居遨遊成樂土策杖望朝雲捲簾看暮雨隹意豁塵腥勝槩入談塵使我鬱陶消使我勞瘵愈生平鄙吝心一洗出千古囘首聲名人何殊坐囹圄遠役非素懷況有跋涉苦吟鞭裊春風遲遲如去魯芳菲二三月追遊盛梅塢歸來願無違一觴相對舉

我愛林慮山不處要路津茲焉幾千古絕彼朝市塵我來

成素交澹澹日益親形骸兩相忘誰主復誰賓充然樂我
餞怡然棲我神朝光連暮色佳意含餘春心境一融會世
味殊未眞奕奕草木光熙熙禽鳥馴衆物欣有託吾廬行
亦新詩書詠而歸況有耆德隣

讀東門行

貴德德乃顯尙力力爲優二者各有時天運非人謀舉世
皆好義貧賤固可羞天下方事强聲譽將何求人生會此
意出處皆無憂但恐利欲驅由非所當由足躡虎狼尾手
撩虺蛇頭一觸禍患機相尋遽難休新聞李侯子快意復
父讐雄名與英槩一日傾九州美事固可羨猶當究源流
掘地得深澤積土爲高邱造端起不平是果誰之尤君子
貴謀始責躬重以周弱德較强力明知勢難侔馳馬走峻

坂中間豈容收顛越既莫救豈得乘桴浮君不見羣雀滿
樹急喧啾隨侯有珠不肯投一鳥死時一珠碎得輕失重
非良籌友之直諒仁可輔藥之瞑眩疾易瘳不知當日誰
與乃父爲交游

送姚敬齋

凛凛姚敬齋風節天下奇終焉託君侯君侯賢可知人生
貴得友得友眞朋寵責善善無遺輔仁仁克推仁善既皆
有受福將自期我來歌吉祥眞情寄荒詩一祈仁政蘇民
疲一祈善政賙民饑豐功偉績鐫長碑千年萬年感激人
心無了時

訓子

干戈恣爛熳無人救時屯中原竟失鹿滄海變飛塵我自

揣何能能存亂後身遺芳藉遠祖陰理出先人俯仰意油然此樂難擬倫家無儋石儲心有天地春況對汝二子豈復知吾貧大兒願如古人湣小兒願如古人眞平生乃親多苦辛願汝苦辛過乃親身居畎畝思致君身在朝廷思濟民但期磊落忠信存莫圖苟且功名新斯言殆可書諸紳

桃溪歸隱圖

溪桃種成事天子已把行藏兩途擬如今鞍馬困黃塵袖著橫披念生理君不見太倉米登天廚金盤對飣如珍珠雖能傾刻得貴重無復繼世生民區果欲歸歸貴速雲雨時情若翻覆虛名累不當饑寒枉惹閑愁亂心曲果欲歸歸恐晚鏡裏蕭蕭鬢絲短桃花零落幾春風野鶴山猿有

誰管歸去來莫徘徊丸盃便擬傾新醅脫冠一笑醉溪石人間萬事俱塵埃

和吳行甫雨雹韻二

山雲突起淩碧虛怪狀奇態成須臾驚風急雨迸飛雹飄驟散落千萬珠半空光冷掣電火平地聲走轟雷車神龍奮怒乃若此不識造化將何如默知嘉禾半漂沒坐看積潦橫穿簷小民咨嗟復愁嘆謾執俗議尤當途當途於今藐房杜機畧自知天下無有才足使人羨慕有勢足使人奔趨暇考陰陽論調燮暇紓徵斂矜號呼今年金繒滿千馱明年好上登封書

青山偃蹇與世疎只將秀色供吾徒知君如我有山癖深探遠討吾不如金燈峯上詩千首掛鏡臺前一盃酒人間

萬事盡浮雲故人曾爲相思否雲邊鸞鳳玉鞭鳴跛鼈蹣
跚疊繭生天末碧雲凝遠思夕陽無語下西城

絕句

別友人

永懷不得遂偃臥惜分陰沁北田園計山東故舊心

九日思親

九日人歡遇雙親我獨思倉皇迷路後哀苦哭兒時

中秋

動是經年隔休教此夕孤玉律秋方半銀蟾影倍殊

偶得

紛紛身事百千般只要教君睹是看此外更無容力處枉
將機巧自生難

登天王臺

樓閣荆榛幾變更登臨只見古今情當年勝迹無人問依舊春風草又生

謾得

克己功夫未肯加責人機見益增多百年擾攘荆榛裏存得初心有幾何

宿卓水　五

腹餒衣單坐未溫可堪開口話羲文西風更動蕭蕭竹清徹先生十一分

寒缸挑盡火重生竹有清聲月有明一夜客窗眠不穩卻聽山犬吠柴荆

都笑謀生我最迂我思猶恐不能愚紛紛走入荆榛裏誰

肯輕身與並驅
水有清聲竹有風我來端欲豁塵蒙明朝杖履西城路悵
望家山翠靄中
山水年來滿意看只無幽竹伴幽閑從君願乞龍孫去栽
向西城空隙間

大暑登東城 五

雲閉畏日不肯下天際好風殊未來安得盆傾三尺雨暑
天一洗絕塵埃
三丈危城日暮登暑威殊不霽憑陵何時太華高峯上細
嚼松陰六月冰
眇眇微軀一指如豈勝炎暑拍寰區當年列子容攀學夜
半因風上碧虛

本期蕭散築幽深豈慮煩蒸復見侵五夜懊憹眠不得幾乎消絕愛山心

瘴厲蟠空久不開壟苗枯死旱爲災蒼生夢寐思霖雨誰似當年傳說才

失題

關鑰胸中本要安親蹤眼底更須看若教處此無深秘只恐當機有至難

風雨圖

南山已見霧昏昏便合潛身不出門直到半途風雨橫倉皇何處覓前村

題米南宮畫

樹色模糊蘚逕平人家只隔水泠泠白雲不解籠蹤出遶

卻峯嵐一半青

題王洽雲山圖并序

白雲千疊擁青山丹碧仙樓樹杪閒秋色還應無限好故和墨瀋向人寰

王洽雲山誠開千古丹青家法門觀者當於筆墨外求之非可以繩尺拘之也

律詩

登東城

步履上東城秋風晚更淸亂雲隨日下荒草過堤平野迥寬凝佇詩成促後生何當常似此慰我病中情

遊北觀

扶杖古城荒飄然意可傷道宮烟鎖樹農舍雨傾牆捕吏

翻疑寇平人卻笑狂長吁空仰首天際正蒼蒼

北門觀漲

雨水添新漲陂湖沒舊痕人迷堤口路船上樹頭村歲事知前誤秋耕未可論誰憐徭役外天亦惱深恩

憶賈君玉

賈君清介士吾輩鮮能羣守志王元伯甘貧范史雲銅臺書廢讀東郡酒方醺何日尋先約青燈共夜分

病臥

一病連三載孤身萃百憂干戈良未已妻子若爲謀生可陪諸弟歸當老故邱難忘終始義忍死更遲留

不寐

秋宵初感慨展轉不成眠老況青燈外羇愁白雲邊蹉跎

嗟往事安妥憶歸年卻起開門望霜清月滿天

戲學老杜去蜀

十載他鄉寓千山萬國賒如何虛度日不肯去還家往事知難及餘生度可涯願言心益競無用苦傷嗟

別友人

艮朋不易得此去復誰羣別酒無勞勸濃愁已自醺閒關花外鳥冷淡日邊雲莫唱陽關徹離聲忍更聞

擬贈彥澤

友益愛曹君標孤出世紛壯懷期遠業高誼薄層雲惡亂求山隱親賢願德薰我生艮有幸歲晚得同羣

秋雨思晴

秋稼方成實連宵雨未休肯捿十日限都解萬民愁天相

逢奎見雲占遇甲收西南風未起空憶霽光浮

喜秋晴

苦雨傷秋稼朝雲忽放晴碧空雲盡捲滄海日初昇久客天涯興耕夫隴上情雞豚幷社酒處處是歡聲

喜晴

霽色開晴望春風破客顔綠紆東去水青起北來山魏府方期往共城已夢還涝菲梅塢盛要醉竹花閒

子仁改冠

聰明羨劉子奮勇入吾門大省仙家誤眞知聖道尊一簪除舊習千古立深根更願加勤苦詩書日討論

秋晴

秋晴快凝眺高步古城隈雲影水邊去雁行天際來地偏

幽意勝山遠畫屏開（此下疑有闕韻）

趙氏南莊

曉起北窗涼清談戢羽觴入簾花氣重落地燕泥香夢裏青山小吟邊白日長秋風載書籍相對築茆堂

夜雨

苦雨變秋霖瀟瀟入夜深亂敲驚葉脫清響雜蛩吟往事十年夢故鄉千里心西風助凄切不管客難任

登城西故臺

薰風不解慍涼氣欲生秋往事都成夢離心祇自愁蒼黃原上草寂寞水邊邱卻憶家山好言歸未有由

病中雜言七

人人都畏死來催我道人生死是歸但使牆陰無隱慝不

憂心外有危機得生本自神先宅未死誰知鬼已依此理
分明是天命便須相順莫相違

花遞香風入短櫺草抽新綠倚柴荆正憂多病作身累還
喜幽居見物情花爲可觀遭夭折草因無用得欣榮世閒
巧拙俱相半不許區區智力爭

莫怪新貧壓舊貧貧來尤覺此心眞自憐孤力膺邪議常
欲幽居遠市塵千里烟霞山障曉一竿風月野橋春憑誰
寄問鄉閒老我去何人願卜隣

磊落青山萬仞高虛崖絕險駭猿猱從誰得上嵓龕住免
我從來俗事勞曉日烟霞明澗壑霽天霏靄散林皋休言
只好寬凝佇滿地干戈亦可逃

但願吾兒會讀書不妨貧苦一錢無頭顱有肉元難厚項

頸生筋自合虀暗裏乘除皆造化分中操守是艮圖年來識盡榮枯理卻笑蘇張見趣迂

直須眼孔大如輪照得前途遠更眞光景百年都是我華夷千載亦皆人癡陰冷墮雲間雪和氣幽生地底春此意若教賢會得也甘顔巷樂吾貧

春來秋去客中情轉首光陰十歲經學苦煉成心下赤愁多消卻鬢邊青眼前世事番棋局夢裏家山憶畫屏何日歸同林下友笑談書史有眞馨

繼人葵花韻

蜀葵花色耀深濃偏稱修叢映短叢絳臉有情爭向日錦苞無語細含風舒開九夏天眞秀壓倒千年畫史工但恨主人貧且窶不教相對舞衣紅

中秋不月次竇生韻

撥去塵機得暫閒秋蟾思比去年看誰知黯黯陰雲合故作淒淒夜色寒好友不來傾緑蟻詩人徒想凭欄杆世間萬事難前定付與無心卻較安

秋霖初霽

城外平波遠接天城中流水亦涓涓兩旬秋雨餘三丈一日人心抵十年忽覩濃雲捲空際便添喜色上眉巔憂歡旋逐陰晴改誰自胸中有大全

遊孫氏別墅

聞道阿孫別業新招呼諸子共尋春紅韜瘦蕊花初動黃染輕梢柳未匀興況便爲生意好風光殊比畫圖眞何當對此常無事慰我年來老病身

病中有感

十載天涯客寄身今年憔悴不堪聞病來與死傳消息老去無家遺子孫故里歡遊頻入夢春城凝眺獨消魂如何藉我知音力五畝歸耕沁北村

遊黄華宫

聞道黄華山水好我來一覽氣增豪鏡臺對聳千峯起瀑水驚噴萬仞高曉色雲烟生洞府霽天霏靄散林皋憑誰早遂終焉計日月登臨不憚勞

七月望日思親

思卻千思與萬思音容無復見當時草窗夜靜燈前教蔬圃春深膝下嬉將謂百年供色養豈期一日變生離泰山爲礪終磨盡此恨緜緜未易衰

春雪

玉塵如糝滿東風，人道天教兆歲豐。麥已埋深郊外綠，花都封御樹頭紅。半年枯稾從今潤，千里芳菲是處空。爲問王孫與農叟，憂歡應見兩難同。

題武郎中桃溪歸隱圖五

武陵曾有避秦人，人世高誇擬摹眞。不道當今異前世，枉尋幽隱伴饑民。紅芳未比紅衣好，綠水爭如綠酒醇。營得一官裨聖政，誰能康濟自家身。

桃溪將擬武陵溪，只恐桃溪隱未宜。詩卷久懷天下詠，畫圖今遺俗人窺。嚴陵晦迹終垂釣，韓伯韜聲猥學醫。此輩君侯休羨慕，但當匡救主民疲。

桃溪風景寫橫披，渾似秦人避亂時。萬樹春紅羅錦綺，一

灣晴碧捲琉璃飲中更聽琴聲雅靜裏初無俗事羈他日君侯歸此隱肯容閒客日追隨

門外鞦韆擺翠烟離邊雞犬亦閒閒更教爛熳花千樹對著縈紆水一灣好景已憑摩詰畫他年重約長卿還尋思此世人心別又愛功名又愛山

果肯歸來學隱淪閒中別有一乾坤可人碧草自春意人枕朱絃醒醉魂花滿春風看錦浪水明涼月話黃昏此中意趣知多少莫對簪纓取次論

贈竇先生行二

西山山下覓幽村水竹鄰居擬卜君豈意天書下白屋便收行李入青雲功名準自英賢立得失防因去就分萬里風沙渺南北請歸消息幾時聞

莫厭風沙老不禁斯民久已渴商霖願推往古明倫學用沃吾君濟世心甫治看將變長治呻吟亦復化謳吟千年際會眞難得好要先生著意深

謝梁安撫惠田

晩年幽興入幽居擬卽諸侯置一區令德久思親慷慨佳田今許乞膏腴太行西對千峯玉淇水東窺萬斛珠幸著此身於此老願從樂正五人俱

用行甫韻

蛟鼉不肯脫淵深烏雀還知宿茂林笑我羇孤成蹇蹇於今衰老復駸駸困來未易追前事病久猶當屈壯心聞道西溪田可得安栖從此有佳音

晚步西溪

拉友西溪往步聯西溪佳景麗秋天日回林影蒼烟外風轉灘聲白鳥前涩走雙輪機磨巧連安獨木小橋偏老年活計尋幽隱須擬岡頭置一廛

用吳行甫韻

老作民區百歲翁託身終不羨陳宮山田隨分有生業儉德養廉眞古風五畝桑麻舍前後兩行花竹路西東幽人自愛幽居好未肯埋身利害中

九日思親

年年九日淚沾衣往恨傷心未易支兒望母時兒哭母母尋兒處母啼兒兵塵擾擾關河迥風色瀟瀟草木衰回首天涯謾凝睇悲風千里暮雲垂

偶成

屈指年華四十三歸來憔悴百無堪遠懷未得生前遂俗事多因困後諳百畝桑麻負城邑一軒花竹對烟嵐紛紛世態終休論老作山家亦分甘

與李生

人生壽夭本難齊補養徒煩一例推醫到明時無百中病方傳處有千歧醫能宛轉深求病病解閒關巧避醫生死於兹係天命莫將天命責人爲

防病須防未病時病臨休恃藥能醫寸瘡潰處全身死一息差來五臟危禁盜莫如先禁博存毛未必勝存皮萬般補養終成僞只有操心是要規

答董瑞卿二

性鈍難開似石堅可當名與古人連中懷負赧逃無地老

日歸休幸友賢但想諸兒傳世業豈虞千載綴遺編區區力穡何堪道不是顏家郭外田

鑊劚掤起掌中堅檐隱堆高與項連涉世更誰如我拙保身從昔慕君賢青山有約期終老白日無功閱舊編慙負新詩未能謝且容竭力趁耕田

和姚先生韻

去去迷途莫問津來還惟恐不知眞因時用舍固有命與道卷舒宜在人百尺竿頭愁據險一庵牀下樂爲鄰孰輕孰重何須論夢想故園桑柘春

呈友人

事愈沉機德愈貞歸來豪氣盡崢嶸天占北史謂岳臺判正祥應學閱西山謂眞先生禮義精吾道眞如千里重虛名冷笑一

毫輕十年談社難相就今日先生合主盟（一作尋思談社無人管只合先生作主盟）

六氣不用味（反推之見其當用者）

風闕酸醎熱闕辛火家甘味不須存溼甘辛味兼醎味燥用甘醎（一本作辛）亦未聞更有寒酸同一理司天司地不區分

樂府

東館路中　沁園春

自笑平生一事無成險阻備經記丁年去國（疑脫一句）干戈擾攘蹤蹟飄零魯道塵埃齊封景物旅況悠悠百恨增斜陽裏對西風灑淚魂斷青冥　家園未得躬耕又十載羇棲古魏城念拙謀難遂丹心耿耿嘆韶華易失兩鬢星星五畝桑田一區茅舍快與溪山理舊盟橋邊柳安排青眼待

我歸程

夜寒　鷓鴣天

土場侵尋夜半風眼羞無睡强朦朧新詩暗琢拳攣裏往事都思輾轉中　膚起粟脊彎弓須知玉汝是天衷播間也去隨人乞怎立當年濟世功一作怎得心胸浩氣沖

書懷　滿江紅

親友畱連都盡道歸程匆逼還可慮干戈搖蕩路途藉阸萬事豈容忙裏做一安惟自閒中得便相將妻子抱琴書青山側　行與止吾能識成與敗誰能測但糲飡糊口小窗容膝桑梓安排投老地詩書準備傳家計使蘇張重起論縱横心難易

墾田東城　沁園春

月下簷西日出籬東曉枕睡餘喚老妻忙起晨飡供具新炊藜糝舊醃鹽蔬飽後安排城邊壑斸要占蒼烟十畝居閒談裏把從前荒穢一旦驅除　爲農換卻爲儒任人笑謀身拙更迂念老來生業無他長技欲期安穩敢避崎嶇達士聲名貴家驕蹇此好胸中一點無歡然處有膝前兒女几上詩書

別大名親舊　滿江紅

河上徘徊未分袂孤懷先怯中年後此般憔悴怎禁離別淚落滴成襟畔溼愁多擁就心頭結倚東風搔首謾無聊情難說　黃卷內消白日青鏡裏增華髮念歲寒交友故山烟月盡道人生歸去好誰知美事難雙得計從今佳會幾何時長相憶

許文正公遺書卷之十一終

許文正公遺書卷十二

授時歷經

步氣朔第一

至元十八年歲次辛巳爲元上考往古下驗將來皆距立元爲筭周歲消長百年各一

其諸應等數隨時推測不用爲元

日周一萬

歲實三百六十五萬二千四百二十五分

通餘五萬二千四百二十五分

朔實二十九萬五千三百五分九十三秒

通閏十萬八千七百五十三分八十四秒

歲周三百六十五日二千四百二十五分

朔策二十九日五千三百五分九十三秒

氣策十五日二千一百八十四分三十七秒半

望策十四日七千六百五十二分九十六秒半

弦策七日三千八百二十六分四十八秒少

氣應五十五萬　六百分

閏應二十萬一千八百五十分

沒限七千八百一十五分六十二秒半

氣盈二千一百八十四分三十七秒半

朔虛四千六百九十四分　七秒

旬周六十萬

紀法六十

推天正冬至

置所求距筭以歲實上推往古每百年長一下筭將來每百年消一乘之爲中積

加氣應爲通積滿旬周去之不盡以日周約之爲日不滿爲分其日命甲子筭外卽所求天正冬至日辰及分如上考者以氣應減中積滿旬周去之不盡以減旬周餘同上

求次氣

置天正冬至日分以氣策累加之其日滿紀法去之外命如前各得次氣日辰及分秒

推天正經朔

置中積加閏應爲閏積滿朔實去之不盡爲閏餘以減通積爲朔積滿旬周去之不盡以日周約之爲日不滿爲分卽所求天正經朔日及分秒上考者以閏應減中積滿朔實去之不盡以減朔實爲閏餘以日周約之爲日不滿爲分以減冬至日及分不及減者加紀法減之命如上

求弦望及次朔

置天正經朔日及分秒以弦策累加之其日滿紀法去之各得弦望及次朔日及分秒

推沒日

置有沒之氣分秒如沒限已上爲有沒之氣以十五乘之用減氣策餘滿氣盈而一爲日併恒氣日命爲沒日

推滅日

置有滅之朔分秒在朔虚分已下爲有滅之朔以三十乘之滿朔虚而一爲日併經朔日命爲滅日

步發斂第二

土王策三日四百三十六分八十七秒半

月閏九千六十二分八十二秒

辰法一萬

半辰法五千

刻法一千二百

推五行用事

各以四立之節爲春木夏火秋金冬水首用事日以土王

策減四季中氣各得其季土始用事日

氣候

正月

立春正月節　雨水正月中

東風解凍　蟄蟲始振　魚陟負冰

獺祭魚　候鴈北　草木萌動

二月

驚蟄二月節　春分二月中

桃始華　倉鶊鳴　鷹化爲鳩

元鳥至　雷乃發聲　始電

三月

清明三月節　穀雨三月中

桐始華　田鼠化爲鴽　虹始見

萍始生　鳴鳩拂其羽　戴勝降于桑

四月

立夏四月節　小滿四月中

螻蟈鳴　蚯蚓出　王瓜生

苦菜秀　靡草死　麥秋至

五月

芒種五月節　夏至五月中

螳螂生　鵙始鳴　反舌無聲

鹿角解　蜩始鳴　半夏生

六月

小暑六月節　大暑六月中

温風至　蟋蟀居壁　鷹始摯

腐草爲螢　土潤溽暑　大雨時行

七月

立秋七月節　處暑七月中

涼風至　白露降　寒蟬鳴

鷹乃祭鳥　天地始肅　禾乃登

八月

白露八月節　秋分八月中

鴻鴈來　元鳥歸　羣鳥養羞

雷始收聲　蟄蟲坏戶　水始涸

九月

寒露九月節　霜降九月中

鴻鴈來賓　雀入大水爲蛤　菊有黃華

豺乃祭獸　草木黃落　蟄蟲咸俯

十月

立冬十月節　小雪十月中

水始冰　地始凍　雉入大水爲蜃

虹藏不見　天氣上升地氣下降　閉塞而成冬

十一月

大雪十一月節　冬至十一月中

鶡鴠不鳴　虎始交　茘挺出

蚯蚓結　麋角解　水泉動

十二月

小寒十二月節　大寒十二月中

鴈北鄉　鵲始巢　雉雊

鷄乳　征鳥厲疾　水澤腹堅

推中氣去經朔

置天正閏餘以日周約之爲日命之得冬至去經朔以月閏累加之各得中氣去經朔日筭滿朔策去之乃全置閏然後定朔無中氣者裁之

推發斂加時

置所求分秒以十二乘之滿辰法而一爲辰數餘以刻法

收之爲刻命子正筭外卽所在辰刻如滿半辰法通作一辰命起子初

步日躔第三

周天分三百六十五萬二千五百七十五分

周天三百六十五度二十五分七十五秒

半周天一百八十二度六十二分八十七秒半

象限九十一度三十一分四十三秒太

歲差一分五十秒

周應三百一十五萬一千七十五分

半歲周一百八十二日六千二百一十二分半

盈初縮末限八十八日九千九十二分少

縮初盈末限九十三日七千一百二十分少

推天正經朔弦望入盈縮歷

置半歲周以閏餘日及分減之即得天正經朔入縮歷冬至後盈夏至後縮以弦策累加之各得弦望及次朔入盈縮歷日及分秒滿半歲周去之即交盈縮

求盈縮差

視入歷盈者在盈初縮末限已下爲初限已上反減半歲周餘爲末限縮者在縮初盈末限已下爲初限已上反減半歲周餘爲末限其縮初盈末者置立差三十一以初末限乘之加平差二萬四千六百又以初末限乘之用減定差五百一十三萬三千二百餘再以初末限乘之滿億爲度不滿退除爲分秒縮初盈末者置立差二十七以初末限乘之加平差二萬二千一百又以初末限乘之用減定差四百八十七萬六百餘再以初末限乘之滿億爲度不

滿退除爲分秒卽所求盈縮差

又術置入限分以其日盈縮分乘之萬約爲分以加其下盈縮積萬約爲度不滿爲分秒亦得所求盈縮差

赤道宿度

角十二二十　亢九二十　氐十六三十

房五六十　心六五十　尾十九二十

箕十四十

右東方七宿七十九度二十分

斗二十五二十　牛七二十　女十一三十五

虛八九十五太　危十五四十　室十七一十

壁八六十

右北方七宿九十三度八十分太

奎十六六十　婁十一八十　胃十五六十

昴十一三十　畢十七四十　觜初五

參十一一十

　右西方七宿八十三度八十五分

井三十三三十　鬼二二十　柳十三三十

星六三十　張十七二十五　翼十八七十五

軫十七三十

　右南方七宿一百八度四十分

右赤道宿次並依新製渾儀測定用爲常數校天爲密若

考往古卽用當時宿度爲準

　推冬至赤道日度

置中積以加周應爲通積滿周天分上推往古每百年消一下筭將來每百年

長去之不盡以日周約之爲度不滿退約爲分秒命起赤道虛宿六度外去之至不滿宿卽所求天正冬至加時日躔赤道宿度及分秒上考者以周應減中積滿周天去之不盡以減周天餘以日周約之爲度餘同上如當時有宿度者止依當時宿度命之

求四正赤道日度

置天正冬至加時赤道日度累加象限滿赤道宿次去之各得春夏秋正日所在宿度及分秒

求四正赤道宿積度

置四正赤道宿全度以四正赤道日度及分減之餘爲距後度以赤道宿度累加之各得四正後赤道宿積度及分

黃赤道率

積度至後黃道分後赤道	度率	積度至後赤道分後黃道	度率	積差	差率

初	一	二	三	四	五	六	七	八	九	十	十一
一	一	一	一	一	一	一	一	一	一	一	一
	一〇八六五	二一七二八	三二五八八	四三四四五	五四二九四	六五一三七	七五九七〇	八六七九三	九七六〇五	十八四〇六	十一九一九二
一〇八六五	一〇八六三	一〇八六〇	一〇八五七	一〇八四九	一〇八四三	一〇八三三	一〇八二二	一〇八一二	一〇八〇一	一〇七八六	一〇七七二
	八十二秒	三分二八	七分三九	十三分一五	二十分五六	二十九分三六	四十分三六	五十三分七六	六十六分八四	八十二分六〇	一〇〇〇五
八十二秒	二分四六	四分一二	五分七六	七分四一	九分〇七	十分七一	十二分四〇	十四分〇八	十五分七六	十七分四五	十九分一六

十二	一	十二九九六四	一〇七五五	一一九二一	二十分八七
十三	一	十四〇七一九	一〇七四〇	一四〇〇八	二十二分五八
十四	一	十五一四五九	一〇七二〇	一六二六六	二十四分三〇
十五	一	十六二一七九	一〇七〇四	一六八九六	二十六分〇五
十六	一	十七二八八三	一〇六八四	二一三〇	二十七分七九
十七	一	十八三五六七	一〇六六三	二四〇八〇	二十九分五五
十八	一	十九四二三〇	一〇六四二	二七〇三五	三十一分三一
十九	一	二十四八七二	一〇六二二	三〇一六五	三十三分〇七
二十	一	二十一五四九四	一〇五九九	三三四七二	三十四分八五
二十一	一	二十二六〇九三	一〇五七五	三六九五七	三十六分六三
二十二	一	二十三六六六八	一〇五五四	四〇六二〇	三十八分四二
二十三	一	二十四七二二三	一〇五三〇	四四二六二	四十分二〇

二十四	一	二十五七七五二	一〇五〇六	四八四八二	四十二分
二十五	一	二十六八二五八	一〇四八二	五二六八二	四十三分七九
二十六	一	二十七八七四〇	一〇四五六	五七〇六一	四十五分五九
二十七	一	二十八九一九六	一〇四三二	五一六二〇	四十七分二八
二十八	一	二十九九六二八	一〇四〇八	六六三五八	四十九分一七
二十九	一	三十一〇〇六三	一〇三八二	七一二七五	五十分九五
三十	一	三十二〇四一八	一〇三五五	七六三七〇	五十二分三七
三十一	一	三十三〇七七三	一〇三三三	八一六四三	五十四分五〇
三十二	一	三十四一二〇五	一〇三〇六	八七〇九三	五十六分二六
三十三	一	三十五一四一一	一〇二八〇	九二七一九	五十八分〇二
三十四	一	三十六一六九一	一〇二五四	九八五二〇	五十九分七四
三十五	一	三十七一九四五	一〇二二九	十四四九四	六十一分四五

三十六	一	三十八二一七四	一〇二〇三	十〇六三九	六十三分一四
三十七	一	三十九三三七七	一〇一七七	十一六九五三	六十四分八一
三十八	一	四十二五五四	一〇一五二	十二三四三四	六十六分四七
三十九	一	四十一二七〇六	一〇一二六	十三〇〇八一	六十八分〇八
四十	一	四十二二八三二	一〇一〇一	十三六八八九	六十九分六七
四十一	一	四十三二九三四	一〇〇七五	十四三八五六	七十一分二四
四十二	一	四十四三〇〇九	一〇〇四九	十五〇九八〇	七十二分七二
四十三	一	四十五三〇五八	一〇〇二七	十五八二五六	七十四分二六
四十四	一	四十六三〇八五	一〇〇〇〇	十六五二八六	七十五分一七
四十五	一	四十七三〇八五	九九七四	十七三二五三	七十七分一三
四十六	一	四十八三〇五九	九九五一	十六〇九六五	七十八分五〇
四十七	一	四十九三〇一〇	九九二五	十八八八一五	七十九分八四

四十八	一	五十二九三五	九九〇一	十九六七九九	八十一分二二
四十九	一	五十一二八三六	九八七六	二十四九一一	八十二分三七
五十	一	五十二二七一二	九八五一	二十一三一四八	八十三分五七
五十一	一	五十三二五六三	九六二七	二十二一五〇五	八十四分七二
五十二	一	五十四三三九〇	九八〇三	二十二九九七七	八十五分八三
五十三	一	五十五二一九三	九七八〇	二十三八五六〇	八十六分八八
五十四	一	五十六一九七三	九二五五	二十四七二四八	八十七分八九
五十五	一	五十七一七三八	九九三一	二十五六〇三七	八十八分八五
五十六	一	五十八一四五九	九七〇八	二十六四九二二	八十九分七七
五十七	一	五十九一一六七	九六八五	二十七三八九九	九十分六三
五十八	一	六十〇八五二	九六六一	二十八二九六三	九十一分四四
五十九	一	六十一〇五一三	九六三九	二十九三一〇六	九十二分三三

六十	一	六十二〇一五二	九六一六	三十一三二八	九十二分九四
六十一	一	六十二九七六八	九五九四	三十一〇六二二	九十三分六二
六十二	一	六十三九三六二	九五二七	三十一九九八三	九十四分二六
六十三	一	六十四八九四三	九五五一	三十二九四〇九	九十四分五八
六十四	一	六十五八四八五	九五二九	三十三八八九四	九十五分二八
六十五	一	六十六八〇一四	九五〇九	三十四八四三三	九十五分九〇
六十六	一	六十七七五二三	九四八七	三十五八〇三二	九十六分三八
六十七	一	六十八七〇一〇	九四七〇	三十六七六六〇	九十六分八一
六十八	一	六十九六四八〇	九四五〇	三十七七三四一	九十七分一九
六十九	一	七十五九三〇	九四二七	三十八七〇六〇	九十七分五六
七十	一	七十一五三五七	九四一二	三十九六八一六	九十七分八九
七十一	一	七十二四七六九	九三九二	四十六六〇五	九十八分一八

七十二	一	七十三 四一六一	九三八五	四十一 六四二三	九十八分 四五
七十三	一	七十四 三五四六	九三五三	四十二 八二六八	九十八分 六八
七十四	一	七十五 二八九九	九三四三	四十三 六一三六	九十八分 六一
七十五	一	七十六 二二四二	九三二九	四十四 六〇二七	九十九分 一〇
七十六	一	七十七 一五七一	九三一五	四十五 五九三七	九十九分 二五
七十七	一	七十八 〇八八六	九三〇四	四十六 五八六二	九十九分 四八
七十八	一	七十九 〇一九〇	九二八六	四十七 五八〇二	九十九分 五二
七十九	一	七十九 九四七六	九二七五	四十八 五七五四	九十九分 六二
八十	一	八十 八七五一	九二六五	四十九 五七一六	九十九分 七二
八十一	一	八十一 八〇一六	九二五五	五十 五六八八	九十九分 七九
八十二	一	八十二 七二七一	九二四四	五十一 五六六七	九十九分 八四
八十三	一	八十三 六五一五	九二三八	五十二 五六五一	九十九分 八九

八十四	一	八十四 五七五三	九二二八	五十三 五六四〇	九十九分 九三
八十五	一	八十五 四九八一	九二二二	五十四 五六三三	九十九分 九六
八十六	一	八十六 四三〇三	九二一五	五十五 五六二九	九十九分 九七
八十七	一	八十七 三四一八	九二一二	五十六 五六二六	九十九分 九九
八十八	一	八十八 二六三〇	九二一〇	五十七 五六二五	一
八十九	一	八十九 一八四〇	九二〇四	五十八 五六二五	一
九十	二	九十 一〇四四	九二〇四	五十九 五六二五	一
九十一	三	九十一 〇二四八	二八七七	六十 五六二五	三一二五
九十二		九十二 三一二五		六十一 八七五〇	

推黃道宿度

置四正後赤道宿積度以其赤道積度減之餘以黃道率乘之如赤道率而一所得以加黃道積度爲二十八宿黃

道積度以前宿黃道積度減之爲其宿黃道度及分其秒就近爲分

黃道宿度

角十二八十七　亢九五十六　氐十六四十

房五四十八　心六二十七　尾十七九十五

箕九五十九

右東方七宿七十八度一十二分

斗二十三四十七　牛六九十　女十一一十二

虛九分空太　危十五九十五　室十八三十二

壁九三十四

右北方七宿九十四度一十分太

奎十七八十七　婁十二三十六　胃十五八十一

昴十一○八　畢十六五十　觜初○五

參十二十八

右西方七宿八十三度九十五分

井三十一○三　鬼二十一　柳十三

星六三十一　張十七七十九　翼二十○九

軫十八七十五

右南方七宿一百九度八分

右黃道宿度依今歷所測赤道準冬至歲差所在筭定以憑推步若上下考驗據歲差每移一度依術推變各得當時宿度

推冬至加時黃道日度

置天正冬至加時赤道日度以其赤道積度減之餘以黃

道率乘之如赤道率而一所得以加黄道積度即所求年天正冬至加時黄道日度及分秒

求四正加時黄道日度

置所求年冬至日躔黄赤道差與次年黄赤道差相減餘四而一所得加象限為四正定象度置冬至加時黄道日度以四正定象度累加之滿黄道宿次去之各得四正定氣加時黄道宿度及分

求四正晨前夜半日度

置四正恆氣日及分秒冬夏二至盈縮之端以恆爲定以盈縮差命爲日分盈減縮加之即爲四正定氣日及分置日下分以其日行度乘之如日周而一所得以減四正加時黄道日度各得四正定氣晨前夜半日度及分秒

求四正後每日晨前夜半黃道日度

以四正定氣日距後正定氣日爲相距日以四正定氣晨前夜半日度距後正定氣晨前夜半日度爲相距度累計相距日之行定度與相距度相減餘如相距日而一爲日差相距度多爲加相距度少爲減以加減四正每日行度率爲每日行定度累加四正晨前夜半黃道日度滿宿次去之爲每日晨前夜半黃道日度及分秒

求每日午中黃道日度

置其日行定度半之以加其日晨前夜半黃道日度得午中黃道日度及分秒

求每日午中黃道積度

以二至加時黃道日度距所求日午中黃道日度爲二至

後黃道積度及分秒

求每日午中赤道日度

置所求日午中黃道積度滿象限去之餘爲分後內減黃道積度以赤道率乘之如黃道率而一所得以加赤道積度及所去象限爲所求赤道積度及分秒以二至赤道日度加而命之卽每日午中赤道日度及分秒

黃道十二次宿度

危十二度六十四分九十一秒　入娵訾之次辰在亥

奎一度七十三分六十三秒　入降婁之次辰在戌

胃三度七十四分五十六秒　入大梁之次辰在酉

畢六度八十八分五秒　入實沈之次辰在申

井八度三十四分九十四秒　入鶉首之次辰在未

柳三度八十六分八十秒　入鶉火之次辰在午

張十五度二十六分六秒　入鶉尾之次辰在巳

軫十度七分九十七秒　入壽星之次辰在辰

氐一度一十四分五十二秒　入大火之次辰在卯

尾三度一分一十五秒　入析木之次辰在寅

斗二度七十六分八十五秒　入星紀之次辰在丑

女二度六分三十八秒　入元枵之次辰在子

求入十二次時刻

各置入次宿度及分秒以其日晨前夜半日度減之餘以日周乘之爲實以其日行定度爲法實如法而一所得依發斂加時求之卽入次時刻

步月離第四

轉終分二十七萬五千五百四十六分

轉終二十七日五千五百四十六分

轉中十三日七千七百七十三分

初限八十四

中限一百六十八

周限三百三十六

月平行十三度三十六分八十七秒半

轉差一日九千七百五十九分九十三秒

弦策七日三千八百二十六分四十八秒少

上弦九十一度三十一分四十三秒太

望一百八十二度六十二分八十七秒半

下弦二百七十三度九十四分三十一秒少

轉應一十三萬一千九百四分

推天正經朔入轉

置中積加轉應減閏餘滿轉終分去之不盡以日周約之爲日不滿爲分卽天正經朔入轉日及分上考者中積內加所求閏餘減轉應滿轉終去之不盡以減轉終餘同上

求弦望及次朔入轉

置天正經朔入轉日及分以弦策累加之滿轉終去之卽弦望及次朔入轉日及分秒如徑求次朔以轉差加之

求經朔弦望入遲疾歷

各視入轉日及分秒在轉中已下爲疾歷已上減去轉中爲遲歷

遲疾轉定及積度

入轉日	初末限	遲疾度	轉定度	轉積度
初	初	疾初	十四六七六四	初
一	一十二二十	疾一三〇七七	十四五五七三	十四六七六四
二	二十四四十	疾二四九六三	十四四〇二九	二十九二三三七
三	三十六六十	疾三五三〇五	十四二一三〇	四十三六三六六
四	四十八八十	疾四三七四八	十三九八七七	五十七八四九六
五	六十一	疾四九九三八	十三七二七一	七十一八三七三
六	七十三二十	疾五三五二二	十三四四四六	八十五五六四四
七	末八十二六十	疾五四二八一	十三二三五三	九十九〇〇九〇
八	七十四十	疾五二九四七	十二九四七五	一百十二二四四三
九	五十八二十	疾四八七三五	十二六九四八	一百二十五一九一八
十	四十六	疾四一九九六	十二四七七七	一百三十七八八六六

十一	三十三 八十	疾三 三〇八六	十二 二九六〇	一百五十 三六四三
十二	二十一 六十	疾二 二三五九	十二 〇四九六	一百六十二 六六〇三
十三	九 四十	疾一 〇一六八	十二 〇四六二	一百七十四 八〇九九
十四	初二 八十	遲初	十二 〇八五二	一百八十六 八五六一
十五	一十五	遲一 五九二三	十二 二二二二	一百九十八 九四一三
十六	二十七 二十	遲二 七四八八	十二 三七五二	二百十一 一五三五
十七	三十九 四十	遲三 七四二二	十二 五七三〇	二百二十三 五二八七
十八	五十一 六十	遲四 五三八〇	十二 八〇六二	二百三十六 一〇一七
十九	六十三 八十	遲五 一〇〇四	十三 〇七五三	二百四十八 九〇八〇
二十	七十六	遲五 三九三八	十三 三三七七	二百六十一 九八三三
二十一	末七十九 八十	遲五 四二四八	十三 五七一二	二百七十五 三二一〇
二十二	六十七 六十	遲五 二二二三	十三 八五一一	二百八十八 八九二二

二十三	五十五四十	遲四七三九九	十四〇九五五	三百一七四三三
二十四	四十三二十	遲四〇一三一	十四三〇四六	三百一十六八三八八
二十五	三十一	遲三〇七七二	十四四七八二	三百二十一一四三四
二十六	一十八八十	遲一九六七七	十四六一六三	三百四十五六二一六
二十七	六六十	遲七二〇一	十四七一五四	三百六十二二七九

求遲疾差

置遲疾歷日及分以十二限二十分乘之在初限已下爲初限已上覆減中限餘爲末限置立差三百二十五以初末限乘之加平差二萬八千一百又以初末限乘之用減定差一千一百一十一萬餘再以初末限乘之滿億爲度不滿退除爲分秒卽遲疾差

又術置遲疾歷日及分以遲疾歷日率減之餘以其下損

益分乘之如八百二十而一益加損減其下遲疾度亦爲所求遲疾差

求朔弦望定日

以經朔弦望盈縮差與遲疾差同名相從異名相消（盈遲縮疾爲同名盈疾縮遲爲異名）以八百二十乘之以所入遲疾限下行度除之即爲加減差（盈遲爲加縮疾爲減）以加減經朔弦望日及分即定朔弦望日及分若定弦望分在日出分已下者退一日其日命甲子筭外各得定朔弦望日辰定朔干名與後朔干同者其月大不同者其月小內無中氣者爲閏月

推定朔弦望加時日月宿度

置經朔弦望入盈縮歷日及分以加減差加減之爲定朔弦望入歷在盈便爲中積在縮加半歲周爲中積命日爲

度以盈縮差盈加縮減之爲加時定積度以冬至加時日躔黃道宿度加而命之各得定朔弦望加時日度

凡合朔加時日月同度便爲定朔加時月度其弦望各以弦望度加定積爲定弦望月行定積度依上加而命之各得定弦望加時黃道月度

推定朔弦望加時赤道月度

各置定朔弦望加時黃道月行定積度滿象限去之以其黃道積度減之餘以赤道率乘之如黃道率而一用加其下赤道積度及所去象限各爲赤道加時定積度以冬至加時赤道日度加而命之各爲定朔弦望加時赤道月度及分秒（象限已下及半周去之爲至後滿象限及三象限去之爲分後）

推朔後平交入轉遲疾歷

置交終日及分内減經朔入交日及分爲朔後平交日以加經朔入轉爲朔後平交入轉在轉中已下爲疾歴已上去之爲遲歴

求正交日辰

置經朔加朔後平交日以遲疾歴依前求到遲疾差遲加疾減之爲正交日及分其日命甲子筭外卽正交日辰

推正交加時黄道月度

置朔後平交日以月平行度乘之爲距後度以加經朔中積爲冬至距正交定積度以冬至日躔黄道宿度加而命之爲正交加時月離黄道宿度及分秒

求正交在二至後初末限

置冬至距正交積度及分在半歲周已下爲冬至後已上

去之爲夏至後其二至後在象限已下爲初限已上減去半歲周爲末限

求定差距差定限度

置初末限度以十四度六十六分乘之如象限而一爲定差反減十四度六十六分餘爲距差以二十四乘定差如十四度六十六分而一所得交在冬至後名減夏至後名加皆加減九十八度爲定限度及分秒

求四正赤道宿度

置冬至加時赤道度命爲冬至正度以象限累加之各得春分夏至秋分正積度各命赤道宿次去之爲四正赤道宿度及分秒

求月離赤道正交宿度

以距差加減春秋二正赤道宿度爲月離赤道正交宿度及分秒冬至後初限加末限減視春正夏至後初限減末限加視秋正

求正交後赤道宿積度入初末限

各置春秋二正赤道所當宿全度及分以月離赤道正交宿度及分減之餘爲正交後積度以赤道宿次累加之滿象限去之爲半交後又去之爲中交後再去之爲半交後視各交積度在半象已下爲初限已上用減象限餘爲末限

求月離赤道正交後半交白道舊名九道出入赤道內外度及定差

置各交定差度及分以二十五乘之如六十一而一所得視月離黃道正交在冬至後宿度爲減夏至後宿度爲加

皆加減二十三度九十分爲月離赤道後半交白道出入赤道內外度及分以周天六之一六十度八十七分六十二秒半除之爲定差（月離赤道正交後爲外中交後爲內）

求月離出入赤道內外白道去極度

置每日月離赤道交後初末限用減象限餘爲白道積用其積度減之餘以其差率乘之所得百約之以加其下積差爲每日積差用減周天六之一餘以定差乘之爲每日月離赤道內外度內減外加象限爲每日月離白道去極度及分秒

求每交月離白道積度及宿次

置定限度與初末限相減相乘退位爲分爲定差（正交中交後爲加半交後爲減）以差加減正交後赤道積度爲月離白道定積度

以前宿白道定積度減之各得月離白道宿次及分

推定朔弦望加時月離白道宿度

各以月離赤道正交宿度距所求定朔弦望加時月離赤道宿度爲正交後積度滿象限去之爲半交後又去之爲中交後再去之爲半交後視交後積度在半象已下爲初限已上用減象限爲末限以初末限與定限度相減相乘退位爲分分滿百爲度爲定差（正交中交後爲加半交後爲減）以差加減月離赤道正交後積度爲定積度以正交宿度加之以其所當月離白道宿次去之各得定朔弦望加時月離白道宿度及分秒

求定朔弦望加時及夜半晨昏入轉

置經朔弦望入轉日及分以定朔弦望加減差加減之爲

定朔弦望加時入轉以定朔弦望日下分減之爲夜半入轉以晨分加之爲晨轉昏分加之爲昏轉

求夜半月度

置定朔弦望日下分以其入轉日轉定度乘之萬約爲加時轉度以減加時定積度餘爲夜半定積度依前加而命之各得夜半月離宿度及分秒

求晨昏月度

置其日晨昏分以夜半入轉日轉定度乘之萬約爲晨昏轉度各加夜半定積度爲晨昏定積度加命如前各得晨昏月離宿度及分秒

求每日晨昏月離白道宿次

累計相距日數轉定度爲轉積度與定朔弦望晨昏宿次

前後相距度相減餘以相距日數除之爲日差距度多爲加距度少爲減以加減每日轉定度爲行定度以累加定朔弦望晨昏月度加命如前即每日晨昏月離白道宿次朔後用昏望後用晨朔望晨昏俱用

步中星第五

大都北極出地四十度太強

冬至去極一百一十五度二十一分七十三秒

夏至去極六十七度四十一分一十三秒

冬至晝夏至夜三千八百一十五分九十二秒

夏至晝冬至夜六千一百八十四分八秒

昏明二百五十分

黃道出入赤道內外去極度及半晝夜分

黃道積度	內外度	內外差	冬至前夏至後去極	夏至前冬至後去極	冬至晝夏至夜	夏至晝冬至夜	晝夜差
初	二十三九〇三〇	三三	一百十五度三一七三	六十七度四一一三	一千九百〇八九六	三千九二〇四	〇九
一	二十三八九九七	九九	一百十五二七四〇	六十七四一四六	一千九百〇八〇五	三千九一九五	二九
二	二十三八八九八	一分六六	一百十五二〇四八	六十七四二四五	一千九百〇八三四	三千九一六六	四七
三	二十三八七三二	二分三一	一百十五一八七五	六十七四四一一	一千九百〇八八一	三千九一一九	六六
四	二十三八五〇一	二分九九	一百十五一六四四	六十七四六四二	一千九百〇九四七	三千九〇五三	八五
五	二十三八三〇二	三分六五	一百十五一三四五	六十七四九四一	一千九百一〇三二	三千〇八九六八	一分〇四
六	二十三七八三七	四分三二	一百十五〇九八〇	六十七五三〇六	一千九百一一三六	三千〇八八六四	一分二三
七	二十三七四〇五	四分九八	一百十五〇五四八	六十七五七三八	一千九百一二五八	三千〇八七四二	一分四一
八	二十三六九〇七	五分六五	一百十五〇〇五〇	六十七六二三六	一千九百一四〇〇	三千〇八六〇〇	一分六一
九	二十三六三二四	六分三六	一百十四九四八一	六十七六八〇五	一千九百一五六一	三千〇八四三九	一分七九

十	二十三五七○六	七分○二	一百二十四八八四九	六十七七四三七	一千九百一四七○	三千○八二六○	二分九九
十一	二十三五○○四	七分六九	一百二十四八一四七	六十七八一三九	一千九百一九三九	三千○八○六一	二分一八
十二	二十三四二三五	八分三九	一百二十四七三七八	六十七八九○八	一千九百二一五七	三千○七八四三	二分三七
十三	二十三三三九六	九分○八	一百二十四六五三九	六十七九四四七	一千九百二三九四	三千○七六○六	二分五六
十四	二十三二四八八	九分七五	一百二十四五六三一	六十六○六五五	一千九百二六五○	三千○七三五○	二分七四
十五	二十三一五一三	十分四七	一百二十四四六五六	六十六一六三○	一千九百二九二四	三千○七○七六	二分九四
十六	二十三○四六六	十一分一四	一百二十四三六○九	六十六二六七七	一千九百三二一八	三千○六七八二	三分一四
十七	二十二九三五二	十一分八五	一百二十四二四九五	六十六三七九一	一千九百三五三三	三千○六四六八	三分三○
十八	二十二八一六七	十二分五四	一百二十四一三一○	六十六四九七六	一千九百三八六二	三千○六一三八	三分五一
十九	二十二六九一三	十三分二五	一百二十四○○五六	六十六六二三○	一千九百四二一二	三千○五七八七	三分六九
二十	二十二五五八八	十三分九五	一百二十三八七三一	六十六七五五五	一千九百四五八二	三千○五四一八	三分八八
二十一	二十二四一五三	十四分六六	一百二十三七三三六	六十六八九五○	一千九百四九七○	三千○五○三○	四分○七

二十二	二十二 二七二七	十五分 三七	一百十三 五八七〇	六十九 〇四一六	二千九百 五三七七	三千〇 四六二三	四分 二六
二十三	二十二 一一九〇	十六分 〇六	一百十三 四三三三	六十九 一九五三	二千九百 五八〇三	三千〇 四一九七	四分 四三
二十四	二十二 九五八四	十六分 七八	一百十三 二七二七	六十九 三五五九	二千九百 六二四六	三千〇 三七三四	四分 六二
二十五	二十二 七九〇六	十七分 四七	一百十三 一〇四九	六十九 五二三七	二千九百 六七〇八	三千 三二九二	四分 八〇
二十六	二十二 六一五九	十八分 二〇	一百十二 九三〇二	六十九 六九八四	二千九百 七一八八	三千 二八一二	四分 九八
二十七	二十二 四三三九	十八分 九〇	一百十二 七四八二	六十九 八八〇四	二千九百 七六八六	三千 二三一四	五分 一六
二十八	二十二 二四四九	十九分 六〇	一百十二 五五九二	七十 〇六九四	二千九百 八二〇二	三千 一七九八	五分 三五
二十九	二十二 〇四八九	二十分 二七	一百十二 三六三二	七十 二六五四	二千九百 八七三七	三千 一二六三	五分 四九
三十	二十 八四六二	二十分 九九	一百十二 一六〇五	七十 四六八一	二千九百 九二八六	三千 〇七一四	五分 六七
三十一	二十 六三六三	二十一分 六八	一百十一 九五〇六	七十 六七八〇	二千九百 九八五三	三千 〇一四七	五分 八五
三十二	二十 四一九五	二十二分 三五	一百十一 七三三八	七十 八九四八	二千 〇四三八	二千九百 九五六三	六分 〇一
三十三	二十 一九六〇	二十三分 〇三	一百十一 五一〇二	七十一 一一八三	二千 一〇三九	二千九百 八九六一	六分 一六

三十四	十九 九六五七	三十二分 七一	一百十 二八○○	七十二 五四八六	二千 一六五五	二千九百 八三四五	六分 三三
三十五	十九 七二八六	三十四分 三七	一百十 ○四二九	七十二 五八五七	二千 二二八八	二千九百 七七二二	六分 四八
三十六	十九 四八四九	三十五分 ○二	一百十○ 七九九二	七十二 八二九四	二千 二九三六	二千九百 七○六四	六分 六三
三十七	十九 二三四六	三十五分 六六	一百十 五四八九	七十二 ○七九七	二千○ 三五九九	二千九百 六四○一	六分 七八
三十八	十八 九七八○	三十六分 三一	一百十 二九二三	七十二 三三六三	二千○ 四二七七	二千九百 五七二三	六分 九二
三十九	十八 七一四九	三十六分 九三	一百十 ○一九二	七十二 五九九四	二千○ 四九六九	二千九百 五○三	七分 ○五
四十	十八 四四五六	三十七分 五二	一百○九 七五九九	七十二 八六八七	二千○ 五六七四	二千九百 四三二六	七分 一九
四十一	十八 一七○四	三十八分 一四	一百○九 四八四七	七十三 一四三九	二千○ 六三九三	二千九百 三六○七	七分 三三
四十二	十七 八八九○	三十八分 七二	一百○九 二○三三	七十三 四二五三	二千○ 七一二五	二千九百 二八七五	七分 四四
四十三	十七 六○一八	三十九分 二九	一百○八 九一六一	七十三 七一二五	二千○ 七八六九	二千九百 二一三一	七分 五六
四十四	十七 三○八九	三十九分 八四	一百○八 六二三二	七十四 ○○五八	二千○ 八六二五	二千九百 一三七五	七分 六八
四十五	十七 ○一○五	三十分 三八	一百○八 三二四八	七十四 三○三八	二千○ 九三九三	二千九百 ○六○七	七分 七八

四十六	十六七〇六七	三十分九〇	一百〇八〇二一〇	七十四六〇六七	三千一百〇一七一	二千八百九八二九	七分八九
四十七	十六三九七七	三十一分四一	一百〇七七一二〇	七十四九一六六	三千一百〇九六〇	二千八百九〇四〇	七分九八
四十八	十六〇八三六	三十一分九一	一百〇七三九七九	七十五二三〇七	三千一百一七五八	二千八百八二四二	八分〇八
四十九	十五七六四五	三十二分三六	一百〇七〇七八八	七十五五四九八	三千一百二五六六	二千八百七四三四	八分一七
五十	十五四四〇九	三十二分八五	一百〇六七五五二	七十五八七三四	三千一百三三八三	二千八百六六一七	八分二六
五十一	十五一一二四	三十三分二六	一百〇六四二六七	七十六二〇一九	三千一百四二〇九	二千八百五七九一	八分三二
五十二	十四七七九八	三十三分六四	一百〇六〇九四一	七十六五三四五	三千一百五〇四一	二千八百四九五九	八分四〇
五十三	十四四四三四	三十四分〇七	一百〇五七五七七	七十六八七〇九	三千一百五八八一	二千八百四一一九	八分四六
五十四	十四一〇二七	三十四分四五	一百〇五四一七〇	七十七二一一六	三千一百六七二七	二千八百三二七三	八分五四
五十五	十三七五八二	三十四分八一	一百〇五〇七二五	七十七五五六一	三千一百七五八一	二千八百二四一九	八分五九
五十六	十三四一〇一	三十五分一五	一百〇四七二四四	七十七九〇四二	三千一百八四四〇	二千八百一五六〇	八分六四
五十七	十三〇五八六	三十五分四七	一百〇四三七二九	七十八二五五七	三千一百九五〇四	二千八百〇六九六	八分六九

五十八	十二	七〇三九	三十五分	七八	一百〇四	〇一八二	七十八	六一〇四	三千三百	〇一七三	三千七百	九八二七	八分七五
五十九	十二	三四六一	三十六分	〇七	一百〇三	六六〇四	七十八	九六八一	三千三百	一〇四八	三千七百	八九五二	八分七八
六十	十一	九八五四	三十六分	三三	一百〇三	二九九七	七十九	三二八九	三千三百	一九二六	三千七百	八〇七四	八分八一
六十一	十一	六二二一	三十六分	五九	一百〇二	九三六四	七十九	六九二二	三千三百	二八〇七	三千七百	七一九三	八分八四
六十二	十一	二五六二	三十六分	八三	一百〇二	五七〇五	八十〇	〇六一五	三千三百	三六九一	三千七百	六三〇九	八分八九
六十三	十	八八七九	三十七分	〇五	一百〇二	二〇二三	八十〇	四二六四	三千三百	四五八〇	三千七百	四五二〇	八分九〇
六十四	十	五一七四	三十七分	二四	一百〇一	八二一七	八十〇	七九六九	三千三百	四五七〇	三千七百	四五三〇	八分九二
六十五	十	一四五〇	三十七分	四四	一百〇一	四五九三	八十一	一九九三	三千三百	六三六二	三千七百	三六三八	八分九四
六十六	九	七七〇六	三十七分	六一	一百〇一	〇八四九	八十一	五四三七	三千三百	七二五六	三千七百	二七四四	八分九七
六十七	九	三九四五	三十七分	七六	一百〇〇	七〇八八	八十一	九一九八	三千三百	八一五三	三千七百	一八四七	八分九七
六十八	九	〇一六九	三十七分	九一	一百〇〇	三三一二	八十二	二九七四	三千三百	九〇五〇	三千七百	〇九五〇	八分九八
六十九	八	六三七八	三十八分	〇七	九十九	九五二一	八十二	六七六五	三千三百	九九四七	三千七百	〇〇五二	九分〇〇

七十	八 二五七一	三千八分一七	九十九 五七一四	八十三 ○五七一	三千三百 ○八四八	三千六百 九一五二	九分○○
七十一	七 八七五四	三千八分二八	九十九 一八九七	八十三 四三八九	三千三百 一七四八	三千六百 八二五二	九分○一
七十二	七 四九二六	三千八分三八	九十八 八○六九	八十三 八二一七	三千三百 二六四九	三千六百 七三五一	九分○一
七十三	七 一○八八	三千八分四七	九十八 四二三三	八十四 二○五五	三千三百 二五五○	三千六百 六四五○	九分二一
七十四	六 七二四一	三千八分五四	九十八 ○三八四	八十四 五九○二	三千三百 四四五一	三千六百 五五四九	九分○一
七十五	六 三三八七	三千八分六二	九十七 六五三○	八十四 九七五六	三千三百 五三五二	三千六百 四六四八	九分○一
七十六	五 九五二五	三千八分六七	九十七 二六六八	八十五 三六一八	三千三百 六二五三	三千六百 三七四七	九分○一
七十七	五 五六五八	三千八分七三	九十七 八八○一	八十五 七四八五	三千三百 七一五四	三千六百 二八四六	九分○○
七十八	五 一七八五	三千八分七七	九十六 四九三八	八十六 一三五八	三千三百 八○五四	三千六百 一九四六	九分○○
七十九	四 七九○八	三千分八一	九十六 一○五一	八十六 五二三五	三千三百 八九五四	三千六百 一○四六	九分○○
八十	四 四○二七	三千八分八五	九十五 七一七○	八十六 九一一六	三千三百 九八五四	三千六百 ○一四六	九分○○
八十一	四 ○二四二	三千分八八	九十五 三二八五	八十七 三○○一	三千四百 ○七五四	三千五百 九二四六	九分○○

八十二	三六二四五	三十八分八九	九十四九四六四	八十七六八二二	二十四百一六五四	二十五百八五四六	八分九七
八十三	三二三六五	三十八分九〇	九十四五五〇九	八十八〇七七七	二十四百二五五一	二十五百七四四九	八分九七
八十四	二八四七五	三十八分九二	九十四一六一八	八十八四六六八	二十四百三四四八	二十五百六五五二	八分九七
八十五	二四五八三	三十八分九三	九十三七七二六	八十八六五六〇	二十四百四三四五	二十五百五六五五	八分九七
八十六	二〇六九〇	三十八分九四	九十三三八三三	八十九二四五三	二十四百五二四二	二十五百四七五八	八分九六
八十七	一六七九六	三十八分九四	九十二九九三九	八十九六三四七	二十四百六一三八	二十五百三八六二	八分九六
八十八	一二九〇二	三十八分九五	九十二六〇四五	九十〇〇二四一	二十四百七〇三四	二十五百二九六六	八分九六
八十九	九〇〇七	三十八分九五	九十二二一五〇	九十〇四一三六	二十四百七九三〇	二十五百二〇七〇	八分九六
九十	五一一二	三十八分九五	九十一八二五五	九十〇八〇三一	二十四百八八二六	二十五百一一七四	八分九五
九十一	一二一七	三十八分一七	九十一四三六〇	九十一一九三六	二十四百九七二一	二十五百〇二七九	二分七九
九十一三	空	空	九十一三一四三	九十一三一四三	二十四百	二十五百	空

求每日黃道出入赤道內外去極度

置所求日晨前夜半黄道積度滿半歲周去之在象限已下爲初限已上復減半歲周餘爲入末限滿積度去之餘以其段內外差乘之百約之所得用減內外度爲出入赤道內外度內減外加象限即所求去極度及分秒

求每日半晝夜及日出入晨昏分

置所求入初末限滿積度去之餘以晝夜差乘之百約之所得加減其段半晝夜分爲所求日半晝夜分（前多後少爲減前少後多爲加）以半夜分便爲日出分用減日周餘爲日入分以昏明分減日出分餘爲晨分加日入分爲昏分

求晝夜刻及日出入辰刻

置半夜分倍之百約爲夜刻以減百刻餘爲晝刻以日出入分依發斂求之即得所求辰刻

求更點率

置晨分倍之五約爲更率又五約更率爲點率

求更點所在辰刻

置所求更點數以更點率乘之加其日昏分依發斂求之

卽得所求辰刻

求距中度及更差度

置半日周以其日晨分減之餘爲距中分以三百六十六

度二十五分七十五秒乘之如日周而一所得爲距中度

用減一百八十三度一十二分八十七秒半倍之五除爲

更差度及分

求昏明五更中星

置距中度以其日午中赤道日度加而命之卽昏中星所

臨宿次命爲初更中星以更差度累加之滿赤道宿次去之爲逐更及曉中星宿度及分秒　其九服所在晝夜刻分及中星諸率並準隨處北極出地度數推之已上諸率與晷漏所推自相符契

求九服所在漏刻

各於所在以儀測驗或下水漏以定其處冬至或夏至夜刻與五十刻相減餘爲至差刻置所求日黃道去赤道內外度及分以至差刻乘之進一位如二百三十九而一所得內減外加五十刻即所求夜刻以減百刻餘爲晝刻其日出入辰刻及更點等率依術求之

步交會第六

交中分二十七萬二千一百二十二分二十四秒

交終二十七日二千一百二十二分二十四秒

交中十三日六千六十一分一十二秒

交差二日三千一百八十三分六十九秒

交望十四日七千六百五十二分九十六秒半

交應二十六萬一百八十七分八十六秒

交終三百六十三度七十九分三十四秒

交中一百八十一度八十九分六十七秒

正交三百五十七度六十四分

中交一百八十八度五分

日食陽歷限六度　定法六十

陰歷限八度　定法八十

月食限十三度五分　定法八十七

推天正經朔入交

置中積加交應減閏餘滿交終分去之不盡以日周約之爲日不滿爲分秒即天正經朔入交汎日及分秒上考者中積內加所求閏餘減交應滿交終去之不盡以減交終餘如上

求次朔望入交

置天正經朔入交汎日及分秒以交望累加之滿交終日去之即爲次朔望入交汎日及分秒

求定朔望及每日夜半入交

各置入交汎日及分秒減去經朔望小餘即爲定朔望夜半入交若定日有增損者亦如之否則因經爲定大月加二日小月加一日餘皆加七千八百七十七分七十六秒即次朔夜半入交累加一日滿交終日去之即每日夜半

入交汎日及分秒

求定朔望加時入交

置經朔望入交汎日及分秒以定朔望加減差加減之即定朔望加時入交日及分秒

求交常交定度

置經朔望入交汎日及分秒以月平行度乘之爲交常度以盈縮差盈加縮減之爲交定度

求日月食甚定分

日食視定朔分在半日周已下去減半周爲中前已上減去半周爲中後與半周相減相乘退二位加九十六而一爲時差中前以減中後以加皆加減定朔分爲食甚定分以中前後分各加時差爲距午定分月食視定望分在日

周四分之一已下爲卯前已上覆減半周爲卯後在四分之三已下減去半周爲酉前已上覆減日周爲酉後以卯酉前後分自乘退二位如四百七十八而一爲時差子前以減子後以加皆加減定望分爲食甚定分各依發斂求之即食甚辰刻

求日月食甚入盈縮歷及日行定度

置經朔望入盈縮歷日及分以食甚日及定分加之以經朔望日及分減之即爲食甚入盈縮歷依日躔術求盈縮差盈加縮減之爲食甚入盈縮歷定度

求南北差

視日食甚入盈縮歷定度在象限已下爲初限已上用減半歲周爲末限以初末限度自相乘如一千八百七十而

一爲度不滿退除爲分秒用減四度四十六分餘爲南北汎差以距午定分乘之以半晝分除之所得以減汎差爲定差（汎差不及減者反減之爲定差應加者減之應減者加之）在盈初縮末者交前陰歷減陽歷加交後陰歷加陽歷減在縮初盈末者交前陰歷加陽歷減交後陰歷減陽歷加

求東西差

視日食甚入盈縮歷定度與半歲周相減相乘如一千八百七十而一爲度不滿退除爲分秒爲東西汎差以距午定分乘之以日周四分之一除之爲定差（若在汎差已上者倍汎差減之餘爲定差依其加減）在盈中前者交前陰歷減陽歷加交後陰歷加陽歷減中後者交前陰歷加陽歷減交後陰歷減陽歷加在縮中前者交前陰歷加陽歷減交後陰歷減陽歷加中

後者交前陰歷減陽歷加交後陰歷加陽歷減

求日食正交中交限度

置正交中交度以南北東西差加減之爲正交中交限度及分秒

求日食入陰陽歷去交前後度

視交定度在中交限已下以減中交限爲陽歷交前度已上減去中交限爲陰歷交後度在正交限已下以減正交限爲陰歷交前度已上減去正交限爲陽歷交後度

求月食入陰陽歷去交前後度

視交定度在交中度已下爲陽歷已上減去交中爲陰歷視入陰陽歷在後準十五度半已下爲交後度前準一百六十六度三十九分六十八秒已上覆減交中餘爲交前

度及分

求日食分秒

視去交前後度各減陰陽歷食限者不及減餘如定法而一

各爲日食之分秒

求月食分秒

視去交前後度不用南北東西差者用減食限不及減者不食餘如定法而

一爲月食之分秒

求日食定用及三限辰刻

置日食分秒與二十分相減相乘平方開之所得以五千

七百四十乘之如入定限行度而一爲定用分以減食甚

定分爲初虧加食甚定分爲復圓依發斂求之爲日食三

限辰刻

求月食定用及三限五限辰刻

置月食分秒與三十分相減相乘平方開之所得以五千七百四十乘之如入定限行度而一爲定用分以減食甚定分爲初虧加食甚定分爲復圓依發斂求之即月食三限辰刻

月食既者以既內分與一十分相減相乘平方開之所得以五千七百四十乘之如入定限行度而一爲既內分用減定用分爲既外分以定用分減食甚定分爲初虧加既外爲食既又加既內爲食甚再加既內爲生光復加既外爲復圓依發斂求之即月食五限辰刻

求月食入更點

置食甚所入日晨分倍之五約爲更法又五約更法爲點

法乃置初末諸分昏分已上減去昏分晨分已下加晨分以更法除之爲更數不滿以點法收之爲點數其更點數命初更初點筭外各得所入更點

求日食所起

食在陽歷初起西南甚於正南復於東南食在陰歷初起西北甚於正北復於東北食八分已上初起正西復於正東此據午地而論之

求月食所起

食在陽歷初起東北甚於正北復於西北食在陰歷初起東南甚於正南復於西南食八分已上初起正東復於正西此亦據午地而論之

求日月出入帶食所見分數

視其日月出入分在初虧已上食甚已下者爲帶食各以食甚分與日出入分相減餘爲帶食差以乘所食之分滿定用分而一如月食既者以既內分減帶食差餘進一位如既外分而一所得以減既分即月帶食出入所見之分不及減者爲帶食既出入以減所食分即日月出入帶食所見之分其食甚在晝晨爲漸進昏爲已退其食甚在夜晨爲已退昏爲漸進

求日月食甚宿次

置日月食甚入盈縮曆定度在盈便爲定積在縮加半歲周爲定積望即更加半周天度以天正冬至加時黃道日度加而命之各得日月食甚宿次及分秒

步五星第七

曆度

三百六十五度二十五分七十五秒

歷中

一百八十二度六十二分八十七秒半

歷策

一十五度二十一分九十秒六十二微半

木星

周率三百九十八萬八千八百分

周日三百九十八日八十八分

歷率四千三百三十一萬二千九百六十四分八十六

秒半

度率一十一萬八千五百八十二分

合應一百一十七萬九千七百二十六分

歷應一千八百九十九萬九千四百八十一分

盈縮立差二百三十六加

平差二萬五千九百一十二減

定差一千八十九萬七千

伏見一十三度

段目	段日	平度	限度	初行率
合伏	一十六日八十六	三度八十六	二度九十三	二十三分
晨疾初	二十八日	六度一十一	四度六十四	二十二分
晨疾末	二十八日	五度五十一	四度二十九	二十一分
晨遲初	二十八日	四度三十一	三度二十八	一十八分
晨遲末	二十八日	一度九十一	一度四十五	一十二分
晨留	二十四日			
晨退	四十六日五十八	四度八十八一十二半	空三十二八十七半	

夕退	四十六日五十八	四度八十八十二半	空三十二八十七半	一十六分
夕留	二十四日			
夕遲初	二十八日	一度九十一	一度四十五	
夕遲末	二十八日	四度三十一	三度二十五	一十二分
夕疾初	二十八日	五度五十一	四度一十九	一十八分
夕疾末	二十八日	六度一十一	四度六十四	二十一分
夕伏	二十六日八十六	三度八十六	二度九十五	二十三分

火星

周率七百七十九萬九千二百九十分

周日七百七十九日九十二分九十秒

歷率六百八十六萬九千五百八十分四十三秒

度率一萬八千八百七分半

合應五十六萬七千五百四十五分

歷應五百四十七萬二千九百三十八分

盈初縮末立差一千一百三十五減

平差八十三萬一千一百八十九減

定差八千八百四十七萬八千四百

縮初盈末立差八百五十一加

平差三萬二百三十五負減

定差二千九百九十七萬六千三百

伏見一十九度

段目	段日	平度	限度	初行率
合伏	六十九日	五十度	四十六度三十	七十三分
晨疾初	五十九日	四十一度八十	三十八度八十七	七十二分

晨疾末 五十七日 三十九度〇八 二十六度三十四 七十分

晨次疾初 五十三日 三十四度一十六 二十一度七十七 六十七分

晨次疾末 四十七日 二十七度〇六 二十五度一十五 六十二分

晨遲初 三十九日 一十七度七十二 一十六度四十八 五十三分

晨遲末 二十九日 六度二十 五度七十七 三十八分

晨留 八日

晨退 二十八日九十六四十五 八度六十五六十七半 六度四十六三十二半

夕退 二十八日九十六四十五 八度六十五六十七半 六度四十六三十二半 四十四分

夕留 八日

夕遲初 二十九日 六度二十 五度七十七

夕遲末 二十九日 一十七度七十二 一十六度四十八 三十八分

夕次疾初 四十七日 二十七度〇四 二十五度一十五 五十三分

夕次疾末	五十三日	三十四度一十六	三十一度七十七六十二分
夕疾初	五十七日	三十九度〇八	三十六度三十四六十七分
夕疾末	五十九日	四十一度八十	三十八度八十七七十分
夕伏	六十九日	五十度	四十六度五十七十二分

土星

周率三百七十八萬九百一十六分

周日三百七十八日九分一十六秒

曆率一億七百四十七萬八千八百四十五分十六秒

度率二十九萬四千二百五十五分

合應一十七萬五千六百四十三分

曆應五千二百二十四萬五百六十一分

盈立差二百八十三加

平差四萬一千二十二減

定差一千五百一十四萬六千一百

縮立差三百三十一加

平差一萬五千一百二十六減

定差一千一百一萬七千五百

伏見一十八度

段目	段日	平度	限度	初行率
合伏	二十日四十	二度四十	一度四十九	一十二分
晨疾	三十一日	三度四十	三度一十一	一十一分
晨次疾	二十九日	二度七十五	一度七十一	一十分
晨遲	二十六日	一度五十	初八十三	八分
晨留	二十日			

晨退	五十二日六十四五十八	三度六十二五十四半	初二十八四十五半	
夕退	五十二日六十四五十八	三度六十二五十四半	初二十八四十五半	一十分
夕留	三十日			
夕遲	二十六日	一度五十	初八十三	
夕次疾	二十九日	二度七十五	一度七十一	八分
夕疾	三十日	三度四十	二度一十一	一十分
夕伏	二十日四十	三度四十	一度四十九	一十一分

金星

周率五百八十三萬九千二十六分

周日五百八十三日九十分二十六秒

曆率三百六十五萬二千五百七十五分

度率一萬

合應五百七十一萬六千三百三十分

歷應一十一萬九千六百三十九分

盈縮立差一百四十一加

平差三減

定差三百五十一萬五千五百

伏見一十度半

段目	段日	平度	限度	初行率
合伏	三十九日	十九度五十	四十七度六十四	一度二十七分半
夕疾初	五十二日	六十五度五十	六十三度〇四	一度二十六分半
夕疾末	四十九日	六十一度	五十八度七十	一度二十五分半
夕次疾初	四十二日	五十度三十五	四十八度二十六	一度二十三分半
夕次疾末	三十九日	四十二度五	四十度九十	一度二十六分

夕遲初	三十三日	二十七度	三十五度九十九	一度二分
夕遲末	一十六日	四度二十五	四度〇九	六十二分
夕留	五日			
夕退	一十日九十五一十三	三度六十九八十七	一度五十九一十三	
夕退伏	六日	四度三十五	一度六十三	六十一分
合退伏	六日	四度三十五	一度六十二	八十二分
晨退	二十日九十五一十一	三度六十九八十七	一度五十九一十三	六十一分
晨留	五日			
晨遲初	一十六日	四度二十五	四度〇九	
晨遲末	三十三日	二十七度	二十五度九十九	六十二分
晨次疾初	三十九日	四十二度五十	四十度九十	一度一分
晨次疾末	四十二日	五十度二十五	四十八度三十六	一度一十六分

晨疾初	四十九日	六十一度	五十八度七十一	一度二十二分半
晨疾末	五十二日	六十五度	六十三度〇四	一度二十五分半
晨伏	三十九日	四十九度五十	四十七度六十四	一度二十六分半

水星

周率一百一十五萬八千七百六十分

周日一百一十五日八十七分六十秒

歷率三百六十五萬二千五百七十五分

度率一萬

合應七十萬四百三十七分

歷應二百五萬五千一百六十一分

盈縮立差一百四十一加

平差二千一百六十五減

定差三百八十七萬七千

晨伏夕見一十六度半

夕伏晨見一十九度

段目	段日	平度	限度	初行率
合伏	一十七日七十五	三十四度二十五	二十九度〇八	二度一十五分五十八
夕疾	一十五日	二十一度三十八	一十八度一十六	一度七十分三十四
夕遲	一十二日	一十度一十二	八度五十九	一度一十四分七十二
夕留	二日			
夕退伏	一十一日一十八八十	七度八十一二十	二度一十八十	
合退伏	一十一日一十八八十	七度八十一二十	二度一十八十	一度三分四十六
晨留	二日			
晨遲	一十二日	一十度一十二	八度五十九	

晨疾	一十五日	二十一度三十八	一十八度六	一十二度一十四分七十二
晨伏	一十七日七十五	三十四度二十五	二十九度〇八	一度七十分三十四

推天正冬至後五星平合及諸段中積中星

置中積加合應以其星周率去之不盡爲前合復減周率餘爲後合以日周約之得其星天正冬至後平合中積中星命爲日日中積命爲度日中星以段日累加中積卽諸段中積以度累加中星經退則減之卽爲諸段中星上考者中積內減合應滿周率去之不盡便爲所求後合分

推五星平合及諸段入歷

各置中積加歷應及所求後合分滿歷率去之不盡如度率而一爲度不滿退除爲分秒卽其星平合入歷度及分秒以諸段限度累加之卽諸段入歷上考者中積內減歷應滿歷率去之不盡

反減歷率餘加其年後合餘同上

求盈縮差

置入歷度及分秒在歷中已下爲盈已上減去歷中餘爲縮視盈縮歷在九十一度三十一分四十三秒太已下爲初限已上用減歷中餘爲末限

其火星盈歷在六十度八十七分六十二秒半已下爲初限已上用減歷中餘爲末限縮歷在一百二十一度七十五分二十五秒已下爲初限已上用減歷中餘爲末限置各星立差以初末限乘之去加減平差得又以初末限乘之去加減定差再以初末限乘之滿億爲度不滿退除爲分秒卽所求盈縮差

又術置盈縮歷以歷策除之爲策數不盡爲策餘以其下

損益率乘之歷策除之所得益加損減其下盈縮積亦爲所求盈縮差

求平合諸段定積

各置其星其段中積以其盈縮差盈加縮減之卽其段定積日及分秒以天正冬至日分加之滿紀法去之不滿命甲子筭外卽得日辰

求平合及諸段所在月日

各置其段定積以天正閏日及分加之滿朔策除之爲月數不盡爲入月已來日數及分秒其月數命天正十一月筭外卽其段入月經朔日數及分秒以日辰相距爲所在定月日

求平合及諸段加時定星

各置其段中星以盈縮差盈加縮減之金星倍之水星三之即諸段定星以天正冬至加時黃道日度加而命之即其星其段加時所在宿度及分秒

求諸段初日晨前夜半定星

各以其段初行率乘其段加時分百約之乃順減退加其日加時定星即其段初日晨前夜半定星加命如前即得所求

求諸段日率度率

各以其段日晨距後段日晨爲日率以其段夜半宿次與後段夜半宿次相減餘爲度率

求諸段平行率

各置其段度率以其段日率除之即其段平行度及分秒

求諸段增減差及日差

以本段前後平行分相減爲其段汎差倍而退位爲增減差以加減其段平行分爲初末日行分（前多後少者加爲初減爲末前少後多者減爲初加爲末）倍增減差爲總差以日率減一除之爲日差

求前後伏遲退段增減差

前伏者置後段初日行分加其日差之半爲末日行分

後伏者置前段末日行分加其日差之半爲初日行分以減伏段平行分餘爲增減差

前遲者置前段末日行分倍其日差減之爲初日行分

後遲者置後段初日行分倍其日差減之爲末日行分以遲段平行分減之餘爲增減差（前後近留之遲段）

木火土三星退行者六因平行分退一位爲增減差

金星前後退伏者三因平行分半而退位爲增減差
前退者置後段初日行分以其日差減之爲末日行分
後退者置前段末日行分以其日差減之爲初日行分乃
以本段平行分減之餘爲增減差
水星退行者半平行分爲增減差皆以增減差加減平行
分爲初末日行分前多後少者加爲初減爲末前少後多者減爲初加爲末
又倍增減差爲總差以日率減一除之爲日差

求每日晨前夜半星行宿次

各置其段初日行分以日差累損益之後少則損之後多
則益之爲每日行度及分秒乃順加退減滿宿次去之即
每日晨前夜半星行宿次

求五星平合見伏入盈縮歷

置其星其段定積日及分秒若滿歲周日及分秒去之餘在次年天正冬至後如在半歲周已下爲入盈歷滿半歲周去之爲入縮歷各在初限已下爲初限已上反減半歲周餘爲末限即得五星平合見伏入盈縮歷日及分秒

求五星平合見伏行差

各以其星其段初日星行分與其段初日太陽行分相減餘爲行差若金水二星退行在退合者以其段初日星行分併其段初日太陽行分爲行差內水星夕伏晨見者直以其段初日太陽行分爲行差

求五星定合定見定伏泛積

木火土三星以平合晨見夕伏定積日便爲定合伏見汎積日及分秒　金水二星置其段盈縮差度及分秒水星倍之

各以其段行差除之爲日不滿退除爲分秒在平合夕見晨伏者盈減縮加在退合夕伏晨見者盈加減縮各以加減定積爲定合伏見汎積日及分秒

求五星定合定積定星

木火土三星各以平合行差除其段初日太陽盈縮積爲距合差日不滿退除爲分秒以太陽盈縮積減之爲距合差度各置其星定合汎積以距合差日盈減縮加之爲其星定合定積日及分秒以距合差度盈減縮加之爲其星定合定星度及分秒

金水二星順合退合者各以平合退合行差除其日太陽盈縮積爲距合差日不滿退除爲分秒順加退減太陽盈縮積爲距合差度順合者盈加縮減其星定合汎積爲其

星定合定積日及分秒退合者以距合差日盈加縮減距合差度盈加縮減其星退定合汎積爲其星退定合定積日及分秒命之爲退定合定星度及分秒以天正冬至日及分秒加其星定合定積日及分秒滿旬周去之命甲子算外即得定合日辰及分秒以天正冬至加時黃道日度及分秒加其星定合定星度及分秒滿黃道宿次去之即得定合所躔黃道宿度及分秒徑求五星合伏定日木火土三星以夜半黃道日度減其星夜半黃道宿次餘在其日太陽行分已下爲其日伏合金水二星以其星夜半黃道宿次減夜半黃道日度餘在其日金水二星行分已下者爲其日伏合金水二星伏退合者視其日太陽夜半黃道宿次未行到金水二星宿次又視次日太陽行過金水二星宿次金水二星退行過太陽宿次爲其日定合伏退定日

求木火土三星定見伏定積日

各置其星定見定伏汎積日及分秒晨加夕減九十一日

三十一分六秒如在半歲周已下自相乘已上反減歲周餘亦自相乘滿七十五除之爲分滿百爲度不滿退除爲秒以其星見伏度乘之一十五除之所得以其段行差除之爲日不滿退除爲分秒見加伏減汎積爲其星定見伏定積日及分秒加命如前郎得定見定伏日辰及分秒

求金水二星定見伏定積日

各以伏見日行差除其段初日太陽盈縮積爲日不滿退除爲分秒若夕見晨伏盈加縮減如晨見夕伏盈減縮加以加減其星定見定伏汎積日及分秒爲常積如在半歲周已下爲冬至後已上去之餘爲夏至後各在九十一日三十一分六秒已下自相乘已上反減半歲周亦自相乘冬至後晨夏至後夕一十八而一爲分冬至後夕夏至後

晨七十五而一爲分又以其星見伏度乘之一十五除之所得滿行差除之爲日不滿退除爲分秒加減常積爲定積在晨見夕伏者冬至後加之夏至後減之夕見晨伏者冬至後減之夏至後加之爲其星定見定伏定積日及分秒加命如前卽得定見定伏日晨及分秒

許文正公遺書卷十二終

許文正公遺書卷末

附錄

國學事蹟

至元八年授集賢大學士國子祭酒先生方居相府丞相傳旨令教蒙古生四人後又奉旨教七人至是有旨令四方及都下願受業者俱得預其列卽今南城之舊樞密院設學先生自開學家事悉委其子師可凡賓客來學中者皆謝絕之先生嘗謂學中若應接人事諸生學業必有所妨外人謗咎是我一己之事諸生學業乃上命也日令家具早膳午膳以老疾日西不復食矣先生時年六十有三以宿疾當忌鹽肉食勉三年且以治法不可以補而體力復不可以瀉故日節飲食未嘗敢至於飽以爲飽則必有

補邪氣也然朝夕蒞事畧無老人疲倦之意

先生嘗謂蒙古生質朴未散視聽專一苟置之好伍曹中涵養三數年將來必能爲國家用乃奏召舊弟子散居四方者王梓韓思永蘇郁耶律有尙孫安高凝姚燧及其弟墩劉季偉呂端善劉安中白棟皆驛致館下爲伴讀欲其夾輔匡弼薰陶浸潤而自得之也或謂先生何不博選時俊而獨用其門生曰我但教人而已非用人也方以我之拙學教人他人從否未可知也

先生嘗曰敬敷五教在寬君子以教思無窮容保民無疆則是爲教者當以寬容存心也今日學中大體雖要嚴密然就中節目須寬緩大槩人品不一有夙成者有晚成者有可成其大者有可成其小者且一事有所長必一事有

所短千萬不同遽難以强之也學記自一年離經辨志至九年知類通達强立而不反其始終節次幾多積累必不可以苟且致之故教人不止各因其材又當隨其學之所至而漸進也蓋教人與用人正相反用人當用其所長教人當教其所短

先生說書章數不務多唯懇款周折若未甚領解則引證設譬必使通曉而後已嘗問諸生此章書義若推之自身今日之事有可用否大凡欲其踐行而不貴徒說也先生嘗曰世謂能作文者可以驕人至於能說書者亦可以驕人諸生講書但使之省解可也何必要他會說及見學者能有疑問先生喜氣溢於眉宇嘗謂書中無疑看得有疑有疑卻看得無疑方是有功

先生教諸生習字必以顏魯公爲法嘗曰古者民無所知聖人御世有以教之然聖人不能久生於世故制爲文字以記其言文字之始義取記言而已後世習字書者多少話說書固六藝之一程先生謂一向好著亦自喪志然其作字時甚敬謂只此是學此爲可法

先生欲以蒙古生習學筭術遂自唐堯戊辰距至元壬申凡三千六百五年編其世代歷年爲一書令諸生誦其年數而加減之

諸生讀書之暇先生令蒙古生年長者習拜及受宣拜詔儀釋奠冠禮時亦習之小學生有倦意令習跪拜揖讓進退應對之節或投壺習射負者罰讀書若干遍

先生之教人也恩同父子義若君臣因其所明開其所蔽

而納諸善時其動息而張馳之慎其萌蘖而防範之其日漸月積不自知其變也日新月盛不自知其化也其言談舉止望而知其爲先生弟子卒皆爲世用也

歲時諸伴讀以酒禮至先生家先生辭曰所以奏取諸生者蓋爲國家爲吾道爲學校爲後進非爲供備我也我爲官守學所當得者俸祿也俸祿之外復於諸生有取焉欲師嚴道尊難矣

先生嘗言爲學者治生最爲先務苟生理不足則於爲學之道有所妨彼旁求妄進及作官嗜利者殆亦窘於生理之所致也諸葛孔明身都將相死之日廩無餘粟庫無餘財其廉所以能如此者以成都桑土子弟衣食自有餘饒爾治生者農工商賈而已士子多以務農爲生商賈雖爲

逐末亦有可爲者果處之不失義理或以姑濟一時亦無不可若以敎學與作官規圖生計恐非古人之意也

神道碑　歐陽元

洪惟聖元度越千古世祖皇帝以天縱之資得帝王不傳之學上接伏羲神農黄帝堯舜禹湯文武以來數聖人之道統而爲不世出之君河内許先生以天挺之才得聖賢不傳之學上接周公孔子曾思孟軻以來數君子之道統而爲不世出之臣君臣遇合之契堂陛都俞之言所以建皇極立民命繼絶學開太平者萬世猶一日也猗歟盛哉先生既没之三十三年爲皇慶二年仁宗皇帝詔暨宗九儒從祀宣聖廟廷明斯道之所自傳矣又二十三年爲元統三年今上皇帝敕詞臣元文其神道之碑以賜其子師敬使刻之於是臣元再拜稽首以復明詔曰論世祖之爲君而稱述許先生之爲臣則見我元朝廷之閒有唐虞明

艮之氣象論許先生之爲臣而推世祖之爲君則見我元國家之初當貞元會合之氣運故善言先生必以道統爲先而後及功業則上可以稱塞聖天子命臣作碑之初意下可以厭服天下後世學者景慕之盛心也臣謹按先生家乘及嘗私淑於父師者序而銘之先生以金太和九年己巳九月丙寅生於新鄭邑中幼有異質八歲入學從師問讀書欲何爲師曰應舉取第耳曰如是而已乎師大奇之謂其識趣非常他日必有大過人者自顧章句儒非其師遂辭去年十餘有道士過門見之驚曰骨清神完目光射人苟非命世大賢即當神超八表人間富貴不足道也稍長嗜學如饑渴而精彊絶人世亂家貧無從得書聞有善本冒險數百里就而鈔之讀之有疑即能有所折衷歲

壬辰天兵渡河爲游騎所得其萬夫長酗酒殺人爲嬉先生從容曲譬卒革其暴久乃信其言如蓍龜人賴全活者無筭萬夫長南往乃東去隱徂徠山遷泰安之東館鎮尋居大名扁其齋曰魯世因號曰魯齋先生國家既有河朔遣官分道以試選士中者得占籍爲儒魏人力勸應試既中選留魏三年自挽鹿車載書還河内魏人致僕馬不聽入洛求弟術得之自洛適魏聞河内政虐還止蘇門十餘年間雖顛沛流離行不愧影其與人交中剛外和一介取予必揆於義人與之居雖有忮求馴致俱化所至學者翕然歸之察其誠至始留館下既留誘掖忘倦身教屬屬言教循循於是師道日立友道日親在魏友竇默蘇門友姚樞相與論辨探幽析微詣者慴伏既得伊洛性理之書及

程子易傳朱子論孟集註中庸大學章句或問小學等書言與心會召向所從游教以進德之基慨然思復三代庠序之法甲寅世祖受地秦中聞先生名遣使者徵赴京兆教授先生避之魏使者物色偕行廉希憲宣撫陝右傳教令授以京兆提學卜居雁塔之東與同志講井田之制買園爲義桑會得請還世祖即祚建元中統召先生於家既至謁歸既歸復召至上京入見上問所學以學孔子對留上所無幾以疾還燕明年自上京召數有敷對時相王文統用事而先生及姚樞竇默日被顧問默在上前屢斥其學術不正樞尤以才見嫉蓋竇言本出於先生文統亦頗疑之乃奏姚爲太子太師竇爲太子太傅先生爲太子太保外示尊禮內欲擯使疏遠姚竇拜命將入謝先生獨毅

然辭謂二公曰禮師傅見太子位東西向師傅坐太子乃坐今能遽復此禮乎否則師道自我廢也乃與二公懷制闕下辭文統聞斯言遂寢其命改授先生爲國子祭酒賓爲翰林侍讀學士姚爲大司農先生亟辭以疾久乃予告還河內既而上京使狎至應命至燕病弗能往至元元年自燕復還先是有詔郎家爲校以業來學乃躬耕里中未嘗以詔示人至是召入省議事旋踵求去丞相安童來謁欲勉留之退謂人曰時流皆欲輩行許先生吾見相去千百尋有詔趣赴省遂北行見上檀州諭之曰安童少不更事卿無負所學悉以傳之有嘉謀嘉猷語使人告對曰聖人道極高遠學者所得有淺深然當罄所知如聖詔其所不知不敢强也安童明敏有操守告以古人格言往往領

悟第恐有聞之者則難行耳自是預國大議時至都堂扈行上京咨訪日廣宿衛之士見先生入對舉手加額相慶曰是欲澤被生民者上疏陳五事曰立國規模曰中書大要曰爲君難曰農桑學校曰愼微累數千百言讀奏未徹上久聽微有倦色先生卽斂卷求退上肅然正襟危坐先生乃再讀讀訖上嘉納之其餘論諫多削其藁世罕得聞有頃辭疾聽五日一詣省賜西域名藥善酒俄許其還繼召與太保劉秉忠左丞張文謙議朝儀官制多所詳定阿合馬請建尙書省總六部與中書角立上特用先生爲中書左丞先生求面辭不得見者再越數日奏所議事畢自陳曰臣有三宜辭一非勳舊二蔑才德三所學迂恐於聖謨神筭未能盡合上曰用卿出朕意無事多讓先生辭不

已上命從官掖之起有旨曰出既出及闕還奏曰陛下令
臣出省耶上改容曰出殿門耳明日又辭遣近臣合刺合
孫先諭止之强出視事至上京奏論阿合馬罔上不道事
不報因移疾謝機務丞相難之御史中丞李羅爲之請上
惻然召子師可諭使舉代對曰用人宜出上意臣下舉代
恐開市恩覬覦之漸尋有旨以國人世冑子弟就學遂篤
意教事奏門生王梓劉季偉韓思永耶律有尚呂端善姚
燧高凝白棟蘇郁姚燉孫安劉安中十二人爲伴讀被旨
咸驛致之以先生爲集賢大學士兼國子祭酒生生之爲
教精粗有序張弛有宜而必本諸聖賢啓迪後學之方踰
年諸生涵養薰陶周旋中禮講貫適用上喜其業成時自
程之越三歲以改葬親喪謁歸屬召赴行在遂請朝辭以

行上命諸老議其去畱簀默謂先生出處有關世運宜成其志更命張文謙問所以告歸之意其對如初始允十三年召議改歷法仍拜集賢大學士兼國子祭酒教領太史院事十七年授時歷成以疾屢告上禮貌隆至路朝賜杖内殿賜坐疾少劇裕皇在東宫聞之爲言於上以驛送還師可以河東按察副使改懷孟路總管以便養皆東宫請也且使宫臣諭曰先生近醫藥自輔無以道不行爲憂十八年三月戊戌薨於私第之正寢易簀不變年七十三是日大雷電風拔木城中無貴賤少長哭於門商唁於塗農弔於野天下識與不識聞訃慨嘆四月乙酉葬李封村先塋之南既葬四方學者來會爲位哭墓次而去先生眞知力行實見允蹈齋居終日肅如神明嘗遇迅霆起前泰宇

凝定不喪執守其爲學也以明體達用爲主其修己也以存心養性爲要其事君也以責難陳善爲務其敎人也以洒掃應對進退爲始精義入神爲終雖時尙柄鑿不少變其規矩也故君召輒往進輒思退方世祖急於親賢而先生篤於信己以是終無枉尺直尋之意及夫仕不受祿人以爲高則喟然嘆曰甚矣子之不幸而有是名也仕豈有不食君祿者哉食求無忝而已伐宋之舉一時名公卿人售攻取之略先生言惟當修德以致賓服若以力取必戕兩國之生靈以決萬一之勝負及宋既平未嘗以失計爲慊世祖亦未嘗以是少之臣嘗觀三代而下漢唐君臣未聞以道統繫之者當世儒宗或智足與知仁未足與居也宋濂洛數公克緒斯道然未聞有得君者世祖龍潛諸儒

請上其號曰儒教大宗師嗚呼漢唐宋創業之主烏得而有是號哉此天以道統屬之世祖也先生出際斯運一時君臣心以堯舜爲心學以孔孟爲學中外如出一喙號公魯齋先生嗚呼魯者曾子傳道之器歷代佐命之臣雖欲爲此號豈可得也非天以道統屬之先生乎先生之謀國譬之工師受命作室既得大木不肯斲而小之是以寧不受宮師之命而必使學焉後臣之道無愧於伊尹寧一不預平宋之功而必使以德行仁之言無負於孟軻故中統至元之治上有不世出之君能表章其臣繼述往聖之志下有不世出之臣能贊襄其君憲章往聖之心於是我元之宏規有非三代以下有國家者之可及矣及夫元貞大德高第弟子彬彬輩出致位卿相爲代名臣皇慶延祐之設

科子師敬參預大政以通經學古之制一洗隋唐以來聲律之陋致海内之士非程朱子之書不讀又豈非其家學之效見諸已試者歟先生平時頗病文籍之繁嘗曰聖人復出必大芟而治之斯則周衰以來文勝之弊猶將有以正救於其閒是豈淺之爲志者乎先生諱衡字仲平其先河内人父通避地河南隱德弗耀今贈銀青榮祿大夫大司徒追封魏國公謚惠和妣李氏追封魏國公夫人子男四師可師遜師孚追封魏國公夫人敬氏子師敬封魏國公夫人賀氏子先生閨門有禮中饋皆賢事公甚敬師可由河東按察副使歷衞輝襄陽路總管終通議大夫廣平路總管贈禮部尚書謚文簡志趣端正惜未究用有文集遺後師遜師孚未仕卒師敬由監察御史踐歷中外歷治

書侍御史吏部尚書中書參知政事國子祭酒太子詹事中書左右丞兩爲翰林學士承旨知經筵事今由西臺中丞拜御史中丞階光祿大夫明經務誠學尚節槩肖父風女三長適於章儒者餘早逝孫男六長從憲以蔭累遷湖廣行省理問以歸德知府致仕次東孫天次從宸積官山南憲僉監察御史終河東憲副迺先生之嫡宗孫也次從宜太史院經歷中書省照磨今翰林國史院經歷次從宣太保府長史中書左三部照磨官次從宗章珮監異珍庫提點孫女五長適廣東宣尉使都元帥甯居仁封覃懷郡夫人次適太禧院管句覃質次適翰林應奉蕭璘次適甯陵簿張構次適阜城尉張恕曾孫六長崇祖次紹祖祕書著作從宸之嫡子也次書童文童禮童武童曾孫女四皆

幼先生有魯齋集及中庸語意門人記載語錄行於世昔王文忠公磐論先生曰吾年八十閲人多矣平生力學不知聖道之所在非天與幸幾失此人大德元年贈大司徒謚文正制詞有曰聖學方湮惟洙泗之源是泝嘉謀入告非堯舜之道不陳至大二年加贈太傅追封魏國公制詞有曰天非繼聖學之墜緒則不生命世之大才國欲與王道以比隆肆用爲烝民之先覺姚文公燧作祠堂記則謂五百年必有王者興其閒必有名世者出惟公足以當之蓋太祖皇帝建國丙寅而先生生於己巳上距宋慶元庚申朱子之卒纔十年當興王之會續傳道之業必有數存焉世祖嘗稱其論事多與太祖之言合至取祖訓示之元生晚學陋何以知先生然嘗誦諸儒之說而想望其餘光

焉先生之於道統非徒託諸言語文字之閒而已也蓋自慎獨之功充而至於天德王道之蘊故告世祖治天下之要唯曰王道及問其功則曰三十年有成是以啟沃之際務以堯舜其君堯舜其民爲己任由其眞積力久至誠交孚言雖剴切終以無忤至於其身之進退則凜然萬夫之勇何可以利祿誘而威武屈也晚年義精仁熟躬備四時之和道出萬物之表無事而靜則太空晴雲卷舒自如應物而動則雷雨滿盈草木甲拆事至而不疑事過而無迹四方之人聞之而知敬望之而知親近之而知愛遠之而知慕求其所以然則惟見其胸中旁礴浩大人欲淨盡天理流行動靜語默無往而非斯道之著形也又嘗竊論之先生天資之高固得不傳之妙於聖賢之遺經然純篤似

司馬君實剛果似張子厚光霽似周茂叔英邁似邵堯夫窮理致知擇善固執似程叔子朱元晦至於體用一原顯微無間超然自得於不動而敬不言而信之域者又有濂洛數君子所未發者焉宜夫抗萬鈞之勢而道不危擅四海之名而行無毀近代元豐之異論湻熙之分爭先生處之寧有是哉臣元再拜稽首銘曰世降邃古大樸日雕天吏不作治教寂寥帝恫我民眷求有德世祖齊聖作其建極臣有許公身任斯道爲仁肫肫制行慥慥昔公在野世難薦臻精義致用屈蠖之伸心樂則顏志任則伊朝夕思惟天將啟之朋來遠方以辯以問會融一貫冰釋理順世祖居潛時號儒宗多士既歸功德日崇召公起家斯世將泰灼知俊心天地正大既握乾符尊履五位利見大人乃

在九二覃懷之居軺車十來屢進亟退求福不回論議上
所德容休休獻可替否言直以遒上曰仲平汝左朕丞其
悉爾學資朕股肱惟誠惟一以結主知惟明惟哲其止也
時初問伐國對不以兵上遠公猷不在宋平官盛既廩公
恥素餐敬事後食匪爲苟難近臣貴胄世荷國寵我淑以
道國收其用小學功隳大學陵飭我教多術循循無越惟
聖有謨載範其驅以步以趨疇敢侮予自古在昔氣化推
移仁人之興爲世盛衰凡今有生孰司榮悴惟道爲大與
天罔墜世祖繼天惟天生賢道統有在民彝賴焉有德有
言有子有孫皇命作誄貽厥永存至元元年歲次乙亥冬
十一月己卯朔二十六日甲辰第四子光祿大夫御史中
丞師敬立於石

本傳元史

許衡字仲平懷之河内人也世爲農父通避地河南以金泰和九年九月生於新鄭縣幼有異質七歲入學授章句問其師曰讀書何爲師曰取科第耳曰如斯而已乎師大奇之每授書又能問其旨義久之師謂其父母曰兒穎悟不凡他日必有大過人者吾非其師也遂辭去父母强之而不能止如是者凡更三師稍長嗜學如饑渴然遭世亂且貧無書嘗從日者家見書疏義因請寓宿手抄歸既逃難徂徠山始得易王輔嗣說時兵亂中夜思晝誦身體力踐之言動必揆諸義而後發嘗暑中過河陽渴甚道有梨衆爭取啖之衡獨危坐樹下自若或問之曰非其有而取之不可也人曰世亂此無主曰梨無主吾心獨無主乎轉

魯留魏人見其有德稍稍從之居三年聞亂且定乃還懷往來河洛間從柳城姚樞得伊洛程氏及新安朱氏書益大有得尋居蘇門與樞及竇默相講習凡經傳子史禮樂名物星歷兵刑食貨水利之類無所不講而慨然以道爲己任嘗語人曰綱常不可一日而亡於天下苟在上者無以任之則下之任也凡喪祭娶嫁必徵於禮以倡其鄉人學者寖盛家貧躬耕粟熟則食粟不熟則食糠覈菜茹處之泰然謳誦之聲聞戶外如金石財有餘即以分諸族人及諸生之貧者人有所遺一毫弗義弗受也樞嘗被召入京師以其雪齋居衡命守者館之衡拒不受庭有果熟爛墮地童子過之亦不睨視而去其家人化之如此甲寅世祖出王秦中以姚樞爲勸農使教民耕植又思所以化秦

人乃召衡爲京兆提學秦人新脫於兵欲學無師聞衡來人人莫不喜幸來學郡縣皆建學校民大化之世祖南征乃還懷學者攀留之不得從送之臨潼而歸中統元年世祖即皇帝位召之京師時王文統以言利進爲平章政事默樞輩入侍言治亂休戚必以義爲本文統患之且竇默嘗於帝前排其學術疑衡與之爲表裏乃奏以樞爲太子太師默爲太子太傅衡爲太子太保陽爲尊用之實不使數侍上也默以屢攻文統不中欲因東宮以避禍與樞拜命將入謝衡曰此不安於義也姑勿論禮師傅與太子位東西鄉師傅坐太子乃坐公等度能復此乎不能則師道自我廢也樞以爲然乃相與懷制立殿下五辭乃免改命樞大司農默翰林侍講學士衡國子祭酒未幾衡亦謝病

歸至元二年帝以安童爲右丞相欲衡輔之復召至京師命議事中書省衡乃上疏曰臣性識愚陋學術荒疎不意虛名偶塵聖聽陛下好賢樂善舍短取長雖以臣之不才自甲寅至今十有三年凡八被詔旨中懷自念何以報塞又日者面奉德音可噬懇至中書大務容盡臣言臣雖昏愚荷陛下知待如此其厚敢不罄竭所有裨益萬分孟子以責難於君謂之恭陳善閉邪謂之敬孔子謂以道事君不可則止臣之所守大意蓋如此也伏望陛下寬其不佞察其至懷則區區之愚亦或有小補云乃陳立國規模中書大要爲君難及農桑學校等事詳見奏議帝深嘉納之阿合馬爲中書平章政事領尚書省六部事因擅權勢傾朝野一時大臣多阿之衡每與之議必正言不少讓已而

其子又有簽樞密之命衡獨執議曰國家事權兵民財三者而已今其父典民與財子又典兵不可帝曰卿慮其反耶衡對曰彼雖不反此反道也阿合馬由是銜之亟薦衡宜在中書欲因以事中之俄除左丞衡屢入辭免帝命左右掖衡出衡出及閾還奏曰陛下命臣出豈出省耶帝笑曰出殿門耳從幸上京乃論列阿合馬專權罔上蠹政害民若干事不報因謝病請解機務帝惻然召其子師可入諭旨且命舉自代者衡奏曰用人天子之大柄也臣下汎論其賢否則可若授之以位則當斷自宸衷不可使臣下有市恩之漸也帝久欲開太學會衡請罷益力乃從其請八年以爲集賢大學士兼國子祭酒親爲擇蒙古弟子俾教之衡聞命喜曰此吾事也國人子弟太朴未散視聽專

一若置之善類中涵養數年將必爲國用乃請徵其弟子王梓劉季偉韓思永耶律有尚呂端善姚燧高凝白棟蘇郁姚燉孫安劉安中十二人爲伴讀詔驛召之來京師分處各齋以爲齋長時所選弟子皆幼稚衡待之如成人愛之如子出入進退其嚴若君臣其爲教因覺以明善因明以開蔽相其動靜以爲張弛課誦少暇卽習禮或習書筭少者則令習拜跪揖讓進退應對或射或投壺負者罰讀書若干遍久之諸生人人自得尊師敬業下至童子亦知三綱五常爲生人之道十年權臣屢毀漢法諸生廩食或不繼衡請還懷帝以問翰林學士王磐磐對曰衡教人有法諸生行可從政此國之大體宜勿聽其去帝命諸老臣議其去留竇默爲衡懇請之乃聽衡還以贊善王恂攝學

事劉秉忠等奏乞以衡弟子耶律有尚蘇郁白棟爲助教以守衡規矩從之國家自得中都用金大明歷自大定是正後六七十年氣朔加時漸差帝以海宇混一宜協時正日十三年詔王恂定新歷恂以爲歷家知歷數而不知歷理宜得衡領之乃以集賢大學士兼國子祭酒教領太史院事召至京衡以爲冬至者歷之本而求歷本者在驗氣今所用宋舊儀自汴還至京師已自乖舛加之歲久規環不叶乃與太史令郭守敬等新製儀象圭表自丙子之冬日測晷景得丁丑戊寅己卯三年冬至加時減太明歷十九刻二十分又增損古歲餘歲差法上考春秋以來冬至無不盡合以月食衡及金木二星距驗冬至日躔校舊歷退七十六分以月轉遲疾中平行度驗月離宿度加舊歷

三十刻以綫代管闚測赤道宿度以四正定氣立損益限以定日之盈縮分二十八限爲三百三十六以定月之遲疾以赤道變九道定月行以遲疾轉定度分定朔而不用平行度以日月實合時刻定晦而不用虚進法以躔離朓朒定交食其法視古皆密而又悉去諸歷積年日法之傅會者一本天道自然之數可以施之永久而無弊其餘正訛完缺蓋非一事十七年歷成奏上之賜名曰授時歷頒之天下六月以疾請還懷皇太子爲請於帝以子師可爲懷孟路總管以養之且使東宫官來諭衡曰公毋以道不行爲憂也公安則道行有時矣其善醫藥自愛十八年衡病革家人祠衡曰吾一日未死盇不有事於祖考扶而起奠獻如儀既徹家人餕怡怡如也已而卒年七十三是日

大風拔木雷電懷人無貴賤少長皆哭於門四方學士聞訃皆聚哭有數千里來祭哭墓下者衡善教煦煦雖與童子語如恐傷之故所至無貴賤賢不肖皆樂從之隨其才昏明大小皆有所得可以爲世用所去人皆哭泣不忍舍服念其教如金科玉條終身不肯忘或未嘗及門傳其緒餘而折節力行爲名士者往往有之聽其言雖武夫俗士異端之徒無不感悟者丞相安童一見衡語同列曰若輩自謂不相上下蓋十百而千萬也翰林承旨王磐氣蓋一世少所與可獨見衡曰先生神明也大德元年贈榮祿大夫司徒謚文正至大二年加正學垂憲佐運功臣太傅開府儀同三司封魏國公皇慶二年詔從祀孔子廟庭延祐初又詔立書院京兆以祀衡給田奉祀事名魯齋書院曾

齋衡居魏時所署齋名也

名儒論贊

邵庵虞氏曰南北未一許文正公先得朱子之書伏讀而深信之持其說以事世祖而儒者之道不廢許公實啓之是以世祖以來不愛名爵以起天下之處士雖所學所造各有以自見其質諸聖賢而不悖俟乎百世而不惑者論者尚慊然也

國學之置肇自許文正公以篤實之資得朱子數書於南北未通之日讀而領會起敬起畏及被遇世祖純乎儒者之道諸公所不及也世祖聖明天縱深知儒術之大思有以變化其人而用之以爲學成於下而後進於上或疏末卽自達莫若先取侍御貴近之師是時風氣渾厚人材樸茂文正故表彰朱子小學一書以先之勤之以灑掃應對

以折其外嚴之以出入游息以養其中掇忠孝之大綱以立其本發禮法之微權以通其用於是數十年彬彬然號稱名卿士大夫者皆其門人矣嗚呼使國人知有聖賢之學而朱子之書得行於斯世者文正之功甚大矣

牧庵姚氏曰先生之學一以朱子之言爲師窮理以致其知反躬以踐其實始而行於家終而及之人故於魏於輝於秦摳衣其門所在林立盛德之聲昭聞於時官諸胄學其教也入德之門始惟由小學而四書講貫之精而後進於易詩書春秋耳提面命莫不以孝弟忠信爲本四方化之雖吏爲師刀筆筐篋之流爻以之訓其子兄以之勖其弟者亦惟以是爲先語述作固不及朱子之富而扶植人極開世太平之功不慚德焉

文正微時於大名於輝於河內於秦以倡鳴斯道爲己任諄諄私淑少長不一其年也詷鈍不一其才也積多至數百人聞之天聰徵爲成均俄拜左丞歲餘辭免復求成均後其弟子繼司鼎鉉者將十人卿曹風紀二千石吏碁錯中外者又十此焉其於隆平之治豈不少贊乎

耶律氏曰先生天資宏毅卓然有守其恭儉正直出於天性雖艱危窮阨之際所守益堅而好學不倦聞一善言見一善行不啻饑渴於名利紛華畏若探湯誠心自然人皆信之建元以來十被召旨未嘗不起然卒不肯枉尺直尋而去每入對則衆皆注意而聽之衛士舉手加額曰是欲澤被生民者也

陳氏剛曰魏國文正公出學者翕然師之其學尊信朱子

而濂洛之道益明使天下之人皆知誦習程朱之書以至於今日公之力也

眉山劉氏曰聖朝道學一脈迺自先生發之至今學術正人心一不爲邪論曲學所勝先生力也所以繼往聖開來學功不在文公下

鹿庵王氏曰自關洛大儒倡絕學於數千載之後門人傳誦之未能徧江左也伊川殁二十餘年而文公生焉繼程氏之學集厥大成未能徧中州也文公殁十年而魯齋先生生焉

雒正楊氏曰新安朱子没而其傳及於我朝許文正公此歷代道統之源委也

敬軒薛氏曰許魯齋自謂學孔子觀其去就從容真仕止

久速之氣象也且召之未嘗不往往則未嘗不辭善學孔子者也

朱子集小學之書以爲大學之基本註釋四書以發聖賢之淵微是則繼二程之統者朱子也至許魯齋專以小學四書爲修己教人之法不尚文辭務敦實行是則繼朱子之統者魯齋也

魯齋吾莫測其爲何如人但想其大而已元人有以北有許衡南有吳澄並稱者此非後學所敢輕議然即其書求其心考其行評其出處則二公之實可見

魯齋出處合乎聖人之道

視富貴如浮雲許魯齋其人也

魯齋在後學固莫能窺測竊嘗思之蓋眞知實踐者也

魯齋力行之意多
實過其名者魯齋其人也
自朱子沒而道之所寄不越乎言語文辭之閒能因文辭
而得朱子之心學者許魯齋一人而已
朱子之後諸儒有失朱子之本義者至魯齋許氏尊朱子
之學至矣
魯齋不陳伐宋之謀其志大矣
魯齋不對伐宋之謀伐國不問仁人之意也
魯齋以王道望其君不合則去未嘗少貶以徇世眞聖人
之學也
世祖雖不能盡行魯齋之道然待之之心極誠接之之禮
極厚自三代以下道學君子未有際遇之若此也

敬齋胡氏曰魯齋先生天資純正所行自不苟

整庵羅氏曰許魯齋始終尊信朱子其學行皆平正篤實遭逢世祖使儒者之道不廢可謂有功於斯文矣

禹錫閻氏曰嗚呼自七十子喪而仁義之道不明於天下迨至戰國之時各售功利之說而不知仁義之道爲何事孟子起而正救之論性善論仁義蓋所以遏人欲於橫流存天理於既滅也孟子沒而仁義之道爲之一蝕至唐韓愈獨能原性以示學者天下仰之如泰山北斗韓愈有功於名教也有宋五星聚奎眞儒輩出周子者繪太極一圖以明性理之淵源程子謂性即理也之言乃窮本極源之至論張子謂形而後有氣質之性所以輔翼孟子性善之言朱子集羣賢之大成而折衷之然後仁義之道大明於

世後學豈容再贊一辭但至宋文弊爲之一極間有叛朱子之心學而逐於異學者許魯齋獨能沿流求源而專致力於躬行踐履之間尊小學爲入德之門蓋祖朱子之心學也

告從祀文 元門人許約

自太極剖而人文開包羲作而卦畫始備物以致天下之用成器以爲天下之利蓋肇乎乾坤者惟一理盈乎宇宙者惟一氣人倫由是而明萬物以之而理王之所以王帝之所以帝百世同符有一無二迄於周衰篤生聖人有德無位遭時之屯周流天下而不我用乃獨任乎斯文明王道於已晦振綱常而再新顔曾再傳而得子思至孟子獨不迷其津泯泯棼棼歷歲時之既久承承繼繼乃寥廓而

無聞迨乎有宋實生周子畫無極之大原爲萬物之根柢扶泰山已摧之巔發千古不傳之秘淵淵河洛大暢斯旨天理之微人事之著鬼神之幽至於子朱子而大備天眷皇元我文正公實有得於此也合衆議而有歸惟前賢之是證既縷析而毫分亦提綱而振領盡小學之精微爲後人之龜鏡言仁義必本諸身言道德必由乎性動靜必循乎禮始終不忘乎敬春風靄然物我融會冰壺瑩然表裏輝映出而佐時也必欲底雍熙之和進而事君也必欲止唐虞之聖事必探乎幾先俟其久而乃應言治亂之所生盡天人之交勝其高也入於無倫其近也不離日用敍天工而振王綱正人心而祈永命觀其運用天理而見諸行事者欲名言而奚罄耶蓋嘗思之以百年凝道德之身千

載繼絕學之志，由布衣而起田野，總庶官而宅百揆，明歷
彔以授人時，創辟雍而教胄子，忠言亹亹，氣不少衰，爲學
孜孜，老而後已。蓋其所造者深，所積者廣，舉而措之事業
者，獨高乎一世，非義精而仁熟，道全而德備者，疇克爾耶？
宜乎聖天子念之不忘，崇以魏國之封，褒以文正之謚，又
欲加惠後人也，乃命列於從祀之位，既相其子，又撫其孫，
猶諄諄而不置也。況約等親出其門，提耳之言，面命之誨，
天地純全，古今大體，朝焉夕焉，誘掖諄至，容聲謦欬，不遠
伊邇。嗚呼！昊天罔極之恩，仰而思，俯而戚，曷其有既耶？

河内祠堂記 明何瑭

元魯齋許文正公祠在河内縣儒學西，蓋元時所剏以祀
公者也，迭毁迭修，有碑可考。正德七年，河南布政使慈谿

楊公以白金二十七兩屬懷慶府知府曲沃趙公鐸修公祠宇趙公祗奉德意市材木瓴甋之屬既備迺鳩工匠迺徵徒役正殿覆瓦脫落者補之丹雘漫漶者鮮之又於殿左建書房四楹殿前建東西廡各四楹經始於正德七年冬至八年春落成未幾楊公以疾卒於位趙公亦致仕歸故未有記正德丙子巡撫河南都御史四川李公表章先賢命有司伐石樹碑於文正公之祠公七世孫儒學廩膳生許泰和等因念楊公趙公修建祠宇雅意不可泯沒迺屬瑭爲記將並刻於石以示後人竊惟文正公道德功業萬世尊仰歐陽公所撰神道碑至矣茲無以贊爲也獨近世儒者謂公華人也迺臣於元非春秋內夏外夷之義有害名教搢紳之士間有惑於其說者瑭嘗著論辨之大略

以爲中夏夷狄之名不係其地與其類惟其道而已矣故春秋之法中國而用夷禮則夷之夷而進於中國則中國之無容心焉舜生於東夷文王生於西夷公劉古公之儔皆生於戎狄後世稱聖賢焉豈問其地與其類哉元之君雖未可與古聖賢竝論然敬天勤民用賢圖治葢亦駸駸乎中國之道矣夷狄之俗以攻伐殺戮爲賢其爲生民之害大矣苟有可以轉移其俗使生民不至於魚肉糜爛者仁人君子尙當盡心焉況元主知尊禮公而以行道濟時望之公亦安忍猶以夷狄外之固執而不仕哉且作春秋以訓萬世者非孔子乎春秋所外之夷莫大於楚楚昭王之聘孔子亦往拜焉使不沮於子西孔子固將爲楚之臣矣孔子魯人也尙可臣楚公元人也迺不可臣元歟然則

謂公之臣元有害名教者妄矣或有謂公雖臣元亦不能盡變其夷狄之俗似無所補者竊以爲不然大寒不能驟變而爲大暑大暑亦不能驟變而爲大寒故冬之後必有春迺至於夏夏之後必有秋迺至於冬天道尚不能驟變而況於人乎昔孔子謂齊一變至於魯魯一變至於道齊中國也胡不一變而至於道哉勢不可也元習於夷狄之俗久矣公疎遠之臣也乃欲以一朝相遇之言盡變其累世積染之俗豈易能哉以是疵公公固無愧矣由是而觀則公之臣元無不可者今觀楊公趙公修祠於先李公表章於後則公之道德功業爲世尊仰者固不以儒者之論而損然縉紳之士惑於其說者不盡無也故愚因記重修公祠事而附見鄙論以解縉紳之惑云

表彰碑記前人

都察院右副都御史四川李公奉命巡撫河南誕興文教欲風勵諸士子以聖賢之道乃亟求儒先而表章之肆惟河內魯齋許文正公學有淵源實上接考亭之統爰命有司樹碑石以頌其德葺遺書以闡其道復祭田以奉其祀建坊牌以表其里縣尹平凉高侯祗奉德意惟謹既竣事復建坊於公祠大門之外設重門於内廟制益邃以嚴公七世孫泰和等迺來乞言以紀成績竊惟文正公道德之休光李公高侯表章之雅意葢有不待贊者予於此獨有感焉聖賢之道雖本於性命之微而實見於綱常之著雖極於彌綸參贊之功而亦不遺乎洒掃進退之節本末兼該巨細畢舉葢切於民生日用而非杳冥昏默之謂也

至入道之方則必先之以小學以立其基本繼之以大學以收其成功又有不可躐等而進者孔孟既沒道學失傳有宋諸儒繼出而考亭朱夫子實集其全既章句大學一書復蒐葺小學一編其示士子以入道之方可謂明且切矣魯齋幼而讀書即有志於聖賢之道後得考亭小學四書乃盡棄故習一從事於其間故立身行己立朝事君及啟迪後進莫不以朱子爲依歸學以躬行爲急而不徒事於言語文字之間道以致用爲先而不徒極乎性命之奧其所得者益純乎正而不可加矣近世之士有志乎聖賢之道者往往刻意著述留心性命至於修齊治平之方義利取舍之分則多忽而不省夫著述以明道聖賢不廢然非所急也性與天道夫子罕言而四教之施必以文行忠

信則其所先者可知矣周子有言聖人之道蘊之爲德行行之爲事業彼以文詞而已者陋矣或問程子何不以太極圖示人曰恐滋學者入耳出口之弊然則刻意著述留心性命而忽於躬行致用之實者不幾於陋而僘乎弓病此久矣而未能救也巡撫公縣侯表章魯齋許文正公之雅意其有在於此乎有志於聖賢之道者可以省矣

許文正公遺書卷末終

圖書策劃　耿相新
責任編輯　楊　光
封面設計　孫憲勇

ISBN 978-7-215-11036-6
定價：332.00 圓